DETEKTIVE

Wolfgang Ecke
Club der Detektive

Wolfgang Ecke

Sein Name ist zu einem Begriff für gute, spannende Unterhaltung geworden. Spannung nicht durch sensationelle Gewalt, sondern aus der Aufforderung zum Mitdenken und durch lebendige Dialoge. Er hat über 600 Hörspiele geschrieben, von denen unzählige, ebenso wie ein Großteil seiner Bücher in viele Sprachen übersetzt wurden. Er war ständiger Mitarbeiter bei Radiosendern im In- und Ausland, schrieb für Jugendzeitschriften und produzierte Platten und Fernsehfilme.

Von Wolfgang Ecke sind in den Ravensburger Taschenbüchern außerdem erschienen:

RTB 1603
Geister, Spuk und Nachtgespenster

RTB 2037
The Face at the Window

RTB 2063
Der Mann in Schwarz

RTB 2065
Das Haus der 99 Geister

RTB 2068
The Man in Black

RTB 2081
The House of the 99 Ghosts

RTB 2096
Gauner, Gangster, Geistesblitze

Club der Detektive

65 Kriminalfälle
zum Selberlösen

RAVENSBURGER BUCHVERLAG

Mit Bildern von Stephan Kaluza

Als Ravensburger Taschenbuch
Band 2076,
erschienen 1997
Erstmals in den Ravensburger
Taschenbüchern erschienen 1994
(als RTB 1904)

Diese Ausgabe enthält die drei Bände
„Das Geheimnis der alten Dschunke",
„Das Gesicht an der Scheibe" und
„Das Schloss der roten Affen", die
unter den Nummern RTB 264, 221, und 208
innerhalb der Serie „Club der Detektive"
in den Ravensburger Taschenbüchern
erschienen sind.

© für die Illustrationen
1997 Ravensburger Buchverlag

Umschlagillustration: Stephan Kaluza

RTB-Reihenkonzeption:
Heinrich Paravicini, Jens Schmidt

**Alle Rechte vorbehalten durch
Ravensburger Buchverlag**

**Gesamtherstellung: Ebner Ulm
Printed in Germany**

**Die Schreibweise entspricht den Regeln
der neuen Rechtschreibung.**

6 5 4 3   02 01 00 99

ISBN 3-473-52076-4

INHALT

Das Geheimnis der alten Dschunke
Seite 7

Das Gesicht an der Scheibe
Seite 129

Das Schloss der roten Affen
Seite 237

Das Geheimnis der alten Dschunke

Die ersten 20 Fälle

INHALT

☆☆ **1** Das Geheimnis der alten Dschunke ⊙➜ 11

☆☆ **2** Haschisch für den Mops ⊙➜ 24

☆☆ **3** Schließfach-Hyänen ⊙➜ 32

☆☆ **4** Das Zahlenspiel ⊙➜ 34

☆☆ **5** Drei Tuben Peostan ⊙➜ 38

☆ **6** Je später der Abend … ⊙➜ 43

☆☆ **7** Pech gehabt, Bernie! ⊙➜ 48

☆☆ **8** Die Taler-Lady ⊙➜ 53

☆ **9** Ein Kellner spielt Detektiv ⊙➜ 59

☆☆ **10** Der Ballon-Wettbewerb ⊙➜ 64

☆☆ **11** Vom Glück, ein Dorfpolizist ⊙➜ 66
zu sein oder Streichholzspuren

☆☆ **12** Die Geheimkonferenz ⊙➜ 84

☆ 13 Der Promille-Sünder	⊙→ 88
☆ 14 Das Ferngespräch	⊙→ 90
☆☆ 15 Der Plan des Mister Campell	⊙→ 93
☆☆ 16 Zirkusluft oder Zwischen Drahtseilakt und Hoher Schule	⊙→ 97
☆☆ 17 Die Jagd nach Johnny Geest	⊙→ 101
☆ 18 Eine fröhliche Feier	⊙→ 106
☆ 19 Elisabeth gewidmet	⊙→ 110
☆☆ 20 Geheimnisvolle Bestellungen	⊙→ 116
Lösungen	⊙→ 122

⊙→   Schwierigkeitsgrad der Fälle:

☆ leicht   ☆☆ mittelschwer   schwer

Das Geheimnis der alten Dschunke | 1

Sie lag ganz plötzlich da.

Sozusagen über Nacht hatte sie sich in den Hafen geschlichen. Breit, flach und dunkel schaukelte sie, vom Odem geheimnisvoller Exotik umspült, im behäbigen Auf und Ab am Pier von Ostende.

Verwundert und neugierig bestaunt von den belgischen Hafenarbeitern, die sich nicht erinnern konnten, jemals zuvor eine original chinesische Dschunke im Ostender Hafen gesehen zu haben.

Bald kursierten die verwegensten und abenteuerlichsten Gerüchte über das fernöstliche Gefährt in dem belgischen Badeort, in dem man sonst am liebsten über Touristen, Austern und Hummer sprach. Letztere wurden dort bekanntlich sogar gezüchtet.

Als an jenem Morgen Inspektor van Helder sein Büro betrat, wurde ihm die Neuigkeit gleich beim Eintritt von seinem Mitarbeiter Tony Himst serviert.

„Haben Sie schon von der Sache im Hafen gehört?"

„Ich habe nichts gehört. Läuft er aus?"

„Wer?"

„Der Hafen!"

Tony Himst lachte. „Nein, wir haben Besuch aus Ostasien. Eine Dschunke hat festgemacht!"

Inspektor van Helder schien ehrlich überrascht: „Eine Dschunke? Welcher Heimathafen?"

Himst zuckte mit den Schultern: „Keine Ahnung. Ich weiß nur, dass sie uralt sein und ‚Su Lin Fu' heißen soll."

„Und sicher voller kleiner Chinesen steckt!", vollendete der Inspektor mit einem leisen Lächeln. Sie unterhielten sich noch eine Weile über die mögliche Reiseroute der Dschunke, dann zog sie der polizeiliche Alltag wieder in seinen Bann.
Genau eine Stunde später allerdings überschnitten sich kurz hintereinander zwei Ereignisse von so entscheidender Aktualität, dass das gesamte Kommissariat förmlich vor Spannung zu knistern schien.

Ereignis Nr. 1 trat um 9 Uhr 10 ein und war die Meldung eines V-Mannes, der Jocco Barnecelli in Ostende gesehen haben wollte. Leider konnte er keine genaueren Angaben machen, weil er sich zum Zeitpunkt seiner interessanten Entdeckung in einem fahrenden Omnibus und der angebliche Barnecelli in einem überholenden Pkw befand.
Obwohl dieser Tipp jeden Polizisten Belgiens hätte vom Stuhl katapultieren müssen, blieb Inspektor van Helder reserviert und gelassen – wenigstens nach außen.
Er misstraute dieser Meldung!
Warum sollte sich einer der meistgesuchten Schmuck- und Juwelendiebe Europas ausgerechnet nach Ostende begeben? Warum?
Wahrscheinlich handelte es sich wieder um eine der zahlreichen falschen Spuren, die Jocco für viel Geld auslegen ließ, seitdem das Netz, das Interpol um ihn spannte, immer engmaschiger wurde.
In sieben Ländern waren hohe Belohnungen auf seine Ergreifung ausgesetzt. Insgesamt über 10 000 englische Pfund. Dagegen kamen auf sein Konto in den letzten drei Jahren

mindestens 50 Raubzüge. Und da Jocco ein Einzelgänger war, der sein Äußeres wie ein Chamäleon zu verändern verstand, war die Aufgabe für die Polizei alles andere als leicht.

Seinen letzten Aufsehen erregenden Coup landete er bei einem der größten Antwerpener Schmuckhändler, den er in der Maske eines Kapuzinermönches aufsuchte. Verlegenheit vortäuschend, wartete er bescheiden im Hintergrund, bis ein Teil der gerade zahlreichen Kundschaft die eleganten Verkaufsräume verlassen hatte.

Was dann geschah, war ein so gespenstisches Schauspiel, dass es wohl allen Beteiligten noch lange in Erinnerung bleiben würde. Ganz plötzlich hatte der Mönch eine Gasmaske vor dem Gesicht, das nach wie vor von der Kapuze eingerahmt war. Blitzschnell warf er dann sieben mit Flüssigkeit gefüllte Glaskugeln in die verschiedenen Räume, und innerhalb einer Viertelminute sanken Verkaufspersonal und Kundschaft in einen narkoseähnlichen Schlaf.

Der Mönch verschloss die beiden Geschäftstüren und begann die schönsten und wertvollsten Steine und Schmuckstücke einzupacken. Das Einzige, was die Polizei später am Tatort außer den Betroffenen vorfand, war die sauber zusammengelegte Kutte eines Kapuzinermönches.

An all das dachte jetzt auch Inspektor van Helder. Trotzdem hütete er sich davor, übereilte Schlüsse aus der Mitteilung des V-Mannes zu ziehen.

Doch dann trat Punkt 10 Uhr das zweite Ereignis ein. Diesmal schien van Helder förmlich elektrisiert, denn nun bekam auch Ereignis Nr. 1 plötzlich Farbe, Gewicht und Bedeutung.

Dieses Ereignis Nr. 2 war ein Fernschreiben direkt aus der Interpol-Zentrale in Paris. Es lautete:

> der in verdacht der großhehlerei stehende griechi-
> sche staatsangehörige jemje zachnaros verließ mit
> der gecharterten dschunke su lin fu in der nacht
> zum 28. des monats den hafen ramsgate/england.
> lief in südöstlicher richtung aus. zu besonderer
> wachsamkeit werden alle dienststellen im nord-
> westlichen küstenbereich von frankreich, belgien,
> niederlande aufgefordert.

„Dann st-stimmt das also mit Barnecelli!", verschluckte sich Tony Himst. Van Helder nickte geistesabwesend. Minutenlang hörte man nur das Ticken des alten Regulators im Zimmer. Dann gab der Inspektor seine Instruktionen: „Oberflächlich gesehen scheint das Eintreffen der Dschunke in direktem Zusammenhang mit dem Auftauchen von Jocco Barnecelli zu stehen. Hier ein Hehler – dort ein Dieb ... Aber laut Fernschreiben steht Zachnaros nur ‚in Verdacht'. Man hat ihm also noch nichts nachweisen können. Es wäre also durchaus möglich, dass er wirklich nur eine Spazierfahrt macht. Also, Tony, stellen Sie fest, von wem er die Dschunke gechartert hat, wie viel Mann Besatzung sie hat und wie lange sie hier liegen bleiben will. Ich werde inzwischen Vorsorge treffen, dass jede Maus, die von oder an Bord geht, ständig zwei Augen im Rücken hat."

Knappe zwei Stunden später saßen sich die Beamten wieder gegenüber, und Tony Himst begann seinen Bericht: „Also, Chef, ich habe eine Menge herausgefunden!"

„Schießen Sie los!"

„Zunächst die Dschunke: Ihr Heimathafen ist Ramsgate. Ebenfalls dort wohnhaft ist der Eigner der ‚Su Lin Fu'. Sein Name: Sir Keith Foreman. Siebzig Jahre alt. Seines Zeichens Schriftsteller und Amateurarchäologe. Nach Auskunft eines gewissen Sergeant McLanly von der Polizei in Ramsgate hat der alte Foreman einen ausgeprägten Chinatick. Nicht nur Haus und Garten sind chinesisch angelegt, er kleidet sich auch so. Und wenn er Einkäufe in Ramsgate zu tätigen hat, lässt er sich von einem bärenstarken Chinesen mit einer Rikscha durch die Stadt ziehen. Die alte Dschunke hat er sich für viel Geld per Deckslandung aus Hongkong kommen lassen. Fünf Mann gehören zur Stammbesatzung. Ein Schotte, ein Chinese, ein Norweger und zwei Iren."

Inspektor van Helder hatte aufmerksam zugehört und sich Notizen gemacht. „Man sollte diesen Foreman anrufen …"

„Habe ich getan, Chef!", rief Himst. „Der alte Herr war höchstpersönlich am Apparat. Und zwar gab er an, die Dschunke für eine Woche an Mister Zachnaros vermietet zu haben. Und das entgegen seiner sonstigen Gewohnheit. Wissen Sie, warum, Chef?" Noch bevor van Helder antworten konnte, verriet Himst: „Weil Zachnaros sich als exzellenter Kenner chinesischer Kunst ausgab."

„Mit anderen Worten, er hat den alten Mann regelrecht eingewickelt … Über die Höhe der Dschunkenmiete konnten Sie nichts erfahren?"

„Nein …"

„Nun, lassen wir uns überraschen, was die Beschattung der Leute einbringt ..."

Drei Tage lag die Dschunke bereits im Hafen, ohne dass sich etwas Verdächtiges tat.
Vier Seeleute, die zur ständigen Besatzung gehörten, verließen an jedem Nachmittag das Boot, um sich zum Amüsement zu begeben. Wenn sie zurückkehrten, taten sie es meist schwankend und singend – doch nie unbeobachtet. Jeder ihrer Schritte wurde überwacht. Sie gaben sozusagen keinen Ton von sich, den nicht mindestens ein Polizistenohr mithörte. Doch es war nichts Aufschlussreiches dabei. Sie waren mit ihrem Job zufrieden, weil er ihnen für wenig Arbeit gutes Geld brachte. Geizig war der verrückte Sir Keith jedenfalls nicht. Sie direkt nach Zachnaros auszufragen, hielt Inspektor van Helder für zu riskant. Hatte der Grieche wirklich etwas vor, so wäre er dadurch gewarnt.
Doch es tat sich nichts!
Ein Tagesablauf auf der Dschunke glich dem anderen. Kein Fremder kam. Weder am Tag noch in der Nacht ... Jeden Morgen gegen 9 Uhr erschien ein Mann, auf den die Beschreibung Zachnaros' passte, gähnte, streckte sich und ging, zwei bis drei Zigaretten rauchend, gemächlich an Bord auf und ab. Anschließend verschwand er wieder im Inneren.

Zwei Stunden später tauchte dann ein untersetzter Chinese auf. Er nahm ein Fahrrad, das am Aufgang zum Vorderschiff festgezurrt war, und verließ die Dschunke zum Einkaufen.

Es war immer derselbe Weg, den er dabei zurücklegte. Und es waren auch dieselben Geschäfte, die er nacheinander besuchte: eine Bäckerei, eine Gewürzgroßhandlung, einen Fleischer, ein Geschäft für Molkereiprodukte, ein chinesisches Restaurant und einen Kiosk mit Zeitungen und Souvenirs. Nirgends blieb er lange. Und wenn er nach jedem Einkauf das Fahrrad wieder bestieg, tat er es mit einer Miene, als habe er soeben das Geschäft seines Lebens abgewickelt.

Van Helder kannte diese Beobachtungen auswendig. So war es am 29. gewesen, so war es auch am 30. und 31.

Auf was wartete Zachnaros?

Auf Jocco Barnecelli? Wenn ja, wo blieb Barnecelli dann? Jener Hinweis vom 29. war nach wie vor die einzige Information, von der sich Barnecellis Anwesenheit in Ostende ableiten ließ. Und Inspektor van Helder fragte sich manchmal beklommen, ob der Aufwand im richtigen Verhältnis zu einer unbewiesenen Vermutung und einer Warnung von Interpol stand. Schließlich machten zusammen mit den ‚ausgeliehenen' Beamten aus Gent und Brügge inzwischen über 60 Beamte rund um die Uhr Dienst in Sachen Barnecelli.

Dann kam die Nacht zum Ersten. Es war gegen 2 Uhr morgens.

Ruhelos wälzte sich Jan van Helder in seinem Bett von einer Seite auf die andere.

Er wollte schlafen … Ja, er wollte es wirklich … Er hatte im Geist Schafe gezählt und zweimal versucht, von Tausend abwärts die Zahlen vor sich hinzumurmeln. Er ahnte, dass er der Lösung des Rätsels auf der Spur war … Und deshalb halfen weder Zahlen noch Schafe ... Barnecelli – Zachnaros – Barnecelli – Zachnaros ... Er blickte wieder zur Uhr: 2 Uhr 10 ...

Dann plötzlich durchfuhr es ihn. Es war wie ein Blitzschlag ... Er riss den Hörer von der Gabel des Telefons, das direkt neben seinem Bett stand. Himst meldete sich.

„Liegt die ‚Su Lin Fu' noch im Hafen?", bellte van Helder in die Muschel.

„Ja, Chef ... Ich dachte, Sie schliefen ..."

„Dachte ich auch. Gibt's sonst was Neues?"

„Nein, nicht dass ich wüsste. Von Barnecelli keine Spur. Warum fragen Sie nach der ‚Su Lin Fu'?"

„Ich habe das Gefühl, dass ich der Lösung ein Stück näher gekommen bin ... Ich glaube jetzt auch nicht mehr, dass die Dschunke vor morgen Mittag auslaufen wird ... Gute Nacht, Tony!"

„Gute Nacht, Chef!", sagte auch Tony Himst, doch van Helder hatte schon aufgelegt und seinen müden und ziemlich ratlosen Mitarbeiter wieder sich selbst überlassen.

12 Uhr 30 mittags.

Wie immer hatte Zachnaros gegen 9 Uhr seine Zigaretten geraucht. Vielleicht eine Spur nervöser als sonst. Und eine Spur hastiger.

Wie immer hatte sich auch der untersetzte Chinese zwei Stunden später auf sein Fahrrad gesetzt, um in Richtung Bäckerei zu radeln. Vielleicht eine Spur nervöser als sonst. Und eine Spur hastiger.

12 Uhr 30 mittags.

Fünf Beamte betraten das Deck der Dschunke ‚Su Lin Fu'. Verwundert betrachtet von den beiden irischen Matrosen, die im Schatten einer Bastmatte saßen und Schach spielten.

„Tschang!!", brüllte eine Stimme von irgendwo.

Einer der Beamten, es war Inspektor van Helder, ging der Stimme nach. Der Weg führte ihn geradewegs in einen luxuriös eingerichteten Salon. Ein Mann saß über eine Seekarte gebeugt und kehrte ihm den Rücken zu. Ohne sich umzuwenden sprach er: „Sag der irischen Kanaille O'Brien, dass wir ablegen. Wo warst du eigentlich so lange, Tschang? Gab es Schwierigkeiten?"

Als seine Frage ohne Antwort blieb, wandte er sich heftig um. Und Inspektor van Helder konnte nicht umhin, die Beherrschtheit und Kaltblütigkeit Zachnaros' zu bewundern.

Dieser hatte sich erhoben und verbeugte sich kurz. Er steckte in einem vornehmen hellgrauen Anzug. Auf seinem makellos weißen Hemd trug er seine silbergraue Krawatte, auf der eine Krawattennadel mit einer haselnussgroßen rosafarbenen Perle steckte.

Sein Ton war vornehm wie sein Gehabe und sein Habitus: „Ich muss Ihr Klopfen überhört haben, Sir!"

„Ich hatte gar nicht geklopft. Ich hörte Sie rufen und …" Den Rest verschluckte van Helder.

„Ich glaubte, Tschang, mein Koch, sei zurückgekommen."

Van Helder griff in die Tasche und reichte Zachnaros seine Legitimation.

„Polizei??" Zachnaros zog die Augenbrauen hoch. „Was sucht die Polizei auf meinem Schiff?"

Van Helder steckte seinen Ausweis zurück und korrigierte:

„Wenn ich richtig informiert wurde, gehört die Dschunke nicht Ihnen, sondern Sir Keith Foreman in Ramsgate."

Zachnaros winkte ab.

„Ich habe sie gechartert ... Was ist daran strafbar?"

Van Helder sah sich aufmerksam im Salon um. „Mit viel Geschmack eingerichtet ... Übrigens, wissen Sie, wo sich Ihr Koch befindet?"

„Er ist zum Einkaufen gefahren. Eigentlich sollte er längst wieder zurück sein ... Es gehört nämlich zu seiner Eigenheit, die Gerichte tagesfrisch zuzubereiten. Ich kann daran leider nichts ändern, er gehört zum gecharterten Personal."

„Sie lügen, Mister Zachnaros!"

Van Helder hatte es in einem Tonfall gesagt, als wünsche er jemandem einen friedlichen ‚Guten Morgen'. Doch die Wirkung war alles andere als friedlich. Jemje Zachnaros richtete sich steif auf, und aus seinen Augen schossen Blitze: „Was erlauben Sie sich?"

„Sie haben zwar Recht, dass ein chinesischer Koch zur ständigen Mannschaft gehört, doch der musste auf Ihren ausdrücklichen Wunsch hin in Ramsgate bleiben, weil Sie Ihren eigenen Koch mit auf die Reise nehmen wollten."

Zachnaros lächelte. Er schien nicht sonderlich beeindruckt: „Sie scheinen sich gut informiert zu haben, Inspektor."

„Sie sagen es! Und deshalb bin ich auch in der Lage Ihnen zu sagen, wo sich Ihr Koch Tschang zur Zeit befindet: Im örtlichen Kommissariat. Wir haben ihn verhaftet!"

„Verhaftet?" Zachnaros schluckte.

„Verhaftet, als er gerade wieder – wie es seine Eigenart ist – tagesfrisch einkaufte."

„Und warum haben Sie ihn verhaftet?"

Van Helder antwortete mit einer Gegenfrage: „Kennen Sie Jocco Barnecelli?"

Kein verräterisches Muskelzucken bei Zachnaros: „Ich hatte noch nicht das Vergnügen … Sollte ich ihn denn kennen, Inspektor?"

„Eigentlich nicht. Tschang als ergebener Bote war ausreichend. Das ändert jedoch nichts daran, dass Sie Ihren unbekannten Geschäftspartner Barnecelli bald kennen lernen werden."

„Ich bin nicht interessiert!"

„Jemje Zachnaros, ich muss Sie leider festnehmen und dem Untersuchungsrichter vorführen."

„Und was werfen Sie mir vor?"

„Hehlerei! Wir haben Ihren Koch bei seiner täglichen Runde zusammen mit Jocco Barnecelli festgenommen. Bei Tschang fanden wir die letzte Rate des Schmucks und bei Barnecelli dreißigtausend englische Pfund. Jetzt fehlt eigentlich nur noch die Hauptmenge der zusammengeraubten Juwelen, die Sie bereits übernommen haben, nachdem sie Tschang von seinem täglichen Einkaufsbummel mitgebracht hat."

Zachnaros lächelte ironisch: „Und nur wenn Sie *die* finden, Inspektor, haben Sie einen Beweis gegen mich. Sonst … sonst bleibt es bei einer Vermutung … Soll ich Ihnen mal verraten, wie oft man bei mir schon falsch vermutet hat?"

Van Helder nickte: „Sie haben Recht … Aber ich verspreche Ihnen, dass ich die Dschunke auf den Kopf stellen werde. Nicht ein einziger Quadratzentimeter wird unbesehen bleiben …"

Jemje Zachnaros verbeugte sich ironisch: „Ich wünsche Ihnen bei Ihrer Expedition viel Vergnügen, Inspektor!"

Der Grieche wurde ins Kommissariat gebracht, und insgesamt zehn Beamte, darunter Spezialisten des Zolls, begannen mit der Durchsuchung der Dschunke.

Nach fünf Stunden hatten sie noch kein Stück des Hehlergutes gefunden. Inspektor van Helder wurde immer nervöser. Fanden sie nichts, mussten sie Zachnaros wieder auf freien Fuß setzen. Denn dann blieb alles auf dem Chinesen Tschang sitzen. Endlich, es war bereits 22 Uhr, hatten sie das Versteck entdeckt. Es war so einfach und so raffiniert: ein präparierter Rettungsring.

Zachnaros und Tschang hatten ihn gegen einen der anderen ausgetauscht. Er enthielt in seinem Inneren zwölf Beutel mit Schmuck und kostbaren Steinen. Jeder Beutel war mit einer genauen handschriftlichen Aufstellung über Inhalt und Wert versehen. Und es war Zachnaros' Handschrift.

Gegen Mitternacht legte Jemje Zachnaros ein Geständnis ab. Für die Beamten von Ostende war es ein großer Fang. Sogar einer der größten in ihrer Geschichte.

Und damit kommen wir zu unserer Aufgabe. Als Inspektor van Helder in jener schlaflosen Nacht nach der Lösung suchte, war er auf ein Detail gestoßen, das mit der Beobachtung des chinesischen Kochs zusammenhing. Und zwar besuchte dieser jeden Tag eine Reihe von Geschäften in gleicher Reihenfolge.

Und plötzlich ahnte der Inspektor, dass Tschang dabei in einem der Geschäfte mit dem gesuchten Jocco Barnecelli zusammentraf. Wie wir inzwischen wissen, bestätigte sich diese Vermutung.

Hier ist nun unsere Frage:

○─⊙→ In welchem der Geschäfte, glaubt ihr,
hat Inspektor van Helder den Chinesen Tschang
und den Juwelendieb Barnecelli festgenommen?
Oberflächlich gesehen könnte dafür natürlich jedes
dieser Geschäfte in Betracht kommen.
Aber eben nur oberflächlich.
Denn wenn ihr genau und logisch überlegt,
kann es nur eine richtige Antwort geben.

2 | Haschisch für den Mops

Wolken, Dunst und Nebel lagen seit drei Tagen über dem Landstrich an der deutsch-österreichischen Grenze zwischen Freilassing und Bad Reichenhall. Keine Bergspitze aus dem Salzburger Land war zu sehen. Es war ein Wetter, das die Einheimischen nur unwillig und die Fremden überhaupt nicht aus dem Haus gehen ließ.

Die Uhr über dem altmodischen Tresen aus Eichenholz zeigte 18 Uhr 11 an, als ein Fremder die leere Gaststube des Dorfgasthofes ‚Altes Zollamt' betrat. Er war mittelgroß, trug einen dunkelgrünen Lodenmantel, kräftige halbhohe Schnürstiefel und auf dem Kopf einen verblichenen Lederhut, den er in diesem Augenblick abnahm und an den Kleiderrechen warf. Während er sich mit einem Taschentuch die Feuchtigkeit von der Stirn wischte, sah er dem aus der Küche auftauchenden Xaver Bernhuber entgegen. Es schien ihm offensichtlich einige Mühe zu bereiten, auf sein etwas zerknautschtes Gesicht Ähnliches wie Freundlichkeit zu zaubern.

„Sind Sie der Wirt?"

Xaver Bernhuber, ein Zweizentnermann, betrachtete den zwei Köpfe kleineren Gast mit einer Mischung aus Neugier und Höflichkeit. Dann nickte er: „Der bin ich!"

„Hätten Sie ein Zimmer für jemanden, den der böse Zufall hierher verschlagen hat?"

Wieder nickte Bernhuber: „Wenn Sie keine zu großen Ansprüche stellen, schon. Viel Luxus habe ich nicht zu bieten … leider! Meine Zimmer haben weder Telefon noch warmes Wasser. Wie lange wollen Sie denn bleiben?"

Der Fremde zuckte mit den Schultern: „Wenn das Wetter so bleibt, nur bis morgen …" Und dann schlug er wütend die geballte Faust in die flache Hand und schimpfte: „Ich habe eine Panne. Mein Wagen steht gute zwei Kilometer von hier entfernt am Straßenrand … Dabei hatte ich ihn gerade erst bei der Inspektion …"

„Jaja, die Handwerker!", seufzte Bernhuber höflich. „Wie sind Sie denn hierher gekommen?"

„Auf Schusters Rappen … Eine ziemlich ungewohnte Tätigkeit für jemanden, der nicht gern zu Fuß geht. Gibt's hier im Ort eine Autoreparaturwerkstatt?"

„Nein. Die nächste ist in Piding!", erwiderte der Wirt und wusste plötzlich, an wen ihn der Fremde erinnerte: an einen Mops. Ja, er hatte das gleiche zusammengedrückte, faltenreiche Gesicht wie ein Mops. Sogar die Art seines Sprechens erinnerte irgendwie an das heisere Gekläff eines Hundes.

„Können Sie mir mal die Nummer dieser Werkstatt in Piding heraussuchen?", bat der Mops, und Xaver Bernhuber griff zum Telefonbuch.

Wenig später bellte sein Gast ins Telefon: „Hier spricht Born! Ich habe mich im Gasthof ‚Zollamt' einquartiert. Mein Wagen steht ungefähr zwei Kilometer von hier entfernt. Könnten Sie mal jemand hinschicken?"

Der Mann am anderen Ende der Leitung erklärte, dass niemand mehr in der Werkstatt sei und dass er es selbst machen müsse. Das wiederum ginge erst in einer guten Stunde. Der Mops namens Born stimmte zu.

„Wollen Sie was essen, Herr Born?", erkundigte sich Xaver Bernhuber.

Herr Born wollte und räumte in der nächsten Stunde des Xavers bisherige Ansicht fort, dass zu einem kleinen Mann auch nur eine kleine Portion passe.

Außer drei angebackenen Scheiben Leberkäse aß Herr Born noch zwei Brezeln, vier Scheiben Brot, ein kaltes Rippchen mit Gurken und eine Riesenportion Wurstsalat, den er mit so viel Pfeffer ,aufbereitete', dass dem Xaver allein vom Zusehen Tränen in die Augen traten. Dazu trank das ,Esswunder' noch drei Maß Bier. Xaver Bernhuber kam aus dem Staunen nicht heraus. Nie hätte er geglaubt, dass das alles in den Mopsbauch hineinpasse.

Langsam füllte sich die Gaststube mit Zechern. Gegen 19.30 Uhr erschien der Mann von der Werkstatt in Piding, um Borns Autoschlüssel zu holen. 30 Minuten später kam er ein zweites Mal. Seine Miene drückte teils Spott, teils Ärger aus, als er an Borns Tisch trat.

„Sie, Herr, wollten Sie mich auf den Arm nehmen?"

Der Mops tat erstaunt. „Warum sollte ich?"

„Wegen des Autos, meine ich."

„Was ist mit dem Auto?"

„Sie sagten doch, es sei defekt. Sie hätten eine Panne ..."

„Ja, so war's. Es fuhr plötzlich nicht mehr weiter ..."

Der Monteur grinste hinterhältig. Der Mops war irritiert. „Was war denn nun wirklich?"

„Das Benzin war alle!"

Borns Unterkiefer klappte nach unten, während ein ungläubiges Staunen in seine Augen trat. Er schluckte: „Das Benzin war alle?"

„Ja ... Hier ist Ihr Schlüssel und hier meine Rechnung."

„Und wo steht mein Wagen?"

„Noch immer am gleichen Fleck. Ich habe zehn Liter eingefüllt. Das sollte in jedem Fall bis zur nächsten Tankstelle reichen. Wenn Sie allerdings wollen, dass Ihr Wagen hierher gefahren wird, dann müssen Sie noch einen Zwanziger zulegen!"

Herr Born war einverstanden.

Außer dem Rechnungsbetrag und den geforderten 20 Mark legte er sogar noch einen Zehnmarkschein hinzu.

Nach weiteren 15 Minuten stand dann sein Fahrzeug im Hof des ‚Alten Zollamts'.

Er aß noch zwei Pärchen Wiener, zusammen mit dem gesamten Inhalt des Meerrettichglases, trank zwei Maß Bier dazu, klemmte sich zwei Zeitungen unter den Arm und stieg die knarrende Treppe in den Oberstock hinauf.

Der neue Tag begann, wie der alte geendet hatte: grau und dunstig.

Wenige Minuten nach 7 Uhr erschien der gelbe Post-VW mit einem Telegramm für Alfons Born. Da der Mops jedoch erst um 8 Uhr geweckt werden wollte, legte es Xaver ins Regal.

7.30 Uhr kam der Briefträger und brachte Post und neue Zeitungen.

Eine Viertelstunde später polterten dann die vier Axenmeyer-Buben in die Gaststube und verlangten ein Frühstück mit Enzian und Kaffee. Das taten sie jeden Morgen regelmäßig, seitdem sie in der Nähe im Wald arbeiteten. Während Xaver Bernhuber die vier Axenmeyers bediente, wurde er immer stiller und nachdenklicher. Ganz plötzlich war ihm nämlich ein Gedanke gekommen. Der beschäftigte ihn so sehr, dass er vergaß, zur vereinbarten Zeit Herrn Born zu wecken.

8 Uhr 15 verließen die vier Männer das ‚Zollamt‘, und Xaver griff zum Telefon. Nach einigem Hin und Her hatte er endlich Inspektor Loibl aus Bad Reichenhall, den er seit längerer Zeit kannte, am Apparat.

„Ja, Herr Bernhuber, was gibt's denn?"

Bernhuber legte die Hand lautdämpfend über Mund und Sprechmuschel. Dazu erklärte er: „Ich spreche etwas leiser. Können Sie mich trotzdem verstehen?"

„Ich verstehe gut!", versicherte der Inspektor.

„Seit gestern Abend wohnt bei mir ein Mann. Er heißt Alfons Born und hatte angeblich hier in der Nähe eine Panne. Wie sich dann herausstellte, war ihm lediglich das Benzin ausgegangen ... Irgendwas stimmt mit dem nicht, Herr Inspektor."

„Wo befindet sich dieser Mann jetzt?"

„Er schläft noch ... Er ist auch ganz leicht zu beschreiben!"

„Wie soll ich das verstehen?"

Xaver Bernhuber musste unwillkürlich lachen: „Er sieht aus wie ein Mops!"

Die höfliche Aufmerksamkeit des Inspektors war einem gespannten Interesse gewichen. Seine Fragen waren plötzlich sachlich und ... ein wenig atemlos.

„Ist Ihr Herr Born untersetzt?"

„Ja. Zwei Köpfe kleiner als ich!"

„Sein Kopfschmuck besteht aus einer kurzen grauen Haarbürste?"

„Ja!"

„Spricht er ein wenig heiser? Ich meine, klingt es vielleicht wie Bellen?"

Bernhuber war so erstaunt, dass er statt zu sprechen nur nickte. Das allerdings konnte der Inspektor nicht hören. Deshalb rief er laut und nachdrücklich: „He, Herr Bernhuber, was ist los?"

„Sie haben Recht, Herr Inspektor. Wenn er spricht, klingt's wie Bellen ... Woher wissen Sie das denn alles? Kennen Sie denn den Mops?"

„Der Mops heißt nicht Mops oder Born, sondern Dichsler. Sehen Sie zu, dass er uns nicht durch die Lappen geht. Wir machen uns sofort auf den Weg."

Es dauerte wirklich nicht lange. Und sie kamen zu dritt. Während zwei von ihnen den vor Wut kochenden Dichsler alias Alfons Born in den Streifenwagen verfrachteten, klärte Inspektor Loibl den sprachlosen Xaver Bernhuber auf: „Sie haben eine tolle Nase gehabt. Tausend anderen an Ihrer Stelle wäre die Sache wahrscheinlich gar nicht aufgefallen. Seit über drei Monaten sind wir hinter Dichsler her."

„Aber was hat er denn ausgefressen?"

„Rauschgifthandel!"

„Rauschgifthandel?", wiederholte Bernhuber und sah im Geist wieder den ‚Mops' vor sich, wie er Berge von Leberkäse und Wurstsalat in sich hineinstopfte.

„Und zwar im Großen!", ergänzte der Inspektor und war zuversichtlich: „Ich bin überzeugt, dass wir heute Mittag noch einen tollen Fang machen."

Und sie machten ihn wirklich, den tollen Fang. Drei Männer mit insgesamt einem Zentner Haschisch liefen in die ihnen gestellte Falle, kaum dass sie deutschen Boden betreten hatten.

Und nun fragen wir alle Detektive:

➤ **Welcher Fehler war es, den Otto Dichsler gemacht hat und über den der Gastwirt Xaver Bernhuber gestolpert ist?**

3 | Schließfach-Hyänen

In den Hauptbahnhöfen von sechs süddeutschen Großstädten häuften sich in den letzten Monaten die Beraubungen von Schließfächern.

Die Tatsache, dass diese Diebstähle jedoch nie an mehreren Orten zugleich erfolgten, ließ darauf schließen, dass es sich bei den Dieben um eine Bande reisender Spitzbuben handelte. Ihr System war einfach. Und in dieser Einfachheit lag auch der Schlüssel zum Erfolg.

Es gab weder aufgebrochene Türen noch sonstige Spuren von Gewalt. Ihr Vorgehen: Sie mieteten sich mehrere Schließfächer, fertigten sich von den mitgenommenen Schlüsseln Duplikate an und steckten die Originale wieder in die Schließfachtüren.

Dann legten sie sich auf die Lauer und warteten, bis die Schließfächer, zu denen sie Nachschlüssel besaßen, von ahnungslosen Reisenden mit Gepäck belegt wurden.

Doch die ‚Schließfach-Hyänen‘, wie sie inzwischen von der Polizei betitelt wurden, gaben dieser durch eigenes Verschulden die Chance, ein Netz zu spannen.

Ihr Fehler war es, dass sie nach einer gewissen Zeit die Bahnhöfe immer in der gleichen Reihenfolge heimsuchten: **Frankfurt – Stuttgart – Ulm – München – Nürnberg – Würzburg – Frankfurt** usw. Nach den Berechnungen der Polizei war ab Anfang Oktober wieder der Hauptbahnhof von München an der Reihe.

Ab 4. Oktober postierte die Münchner Polizei vier ihrer Beamten ‚rund um die Uhr' bei den Schließfächern. Alle vier zeichneten sich durch ein hervorragendes Gedächtnis aus.
Bereits am Abend des 5. Oktober begann der kriminelle Reigen: Eine Dame meldete den Verlust zweier Handkoffer mit wertvollem Inhalt. 15 Stunden später verschwand aus Schließfach 128 die komplette Fotoausrüstung eines Reporters.

Am Mittwoch, dem 7. Oktober, klappte die Falle zu. Einer der Beamten stolperte in seiner Erinnerung über das Gesicht eines Mannes, von dem er sicher sagen konnte, dass er es in den letzten Tagen bereits mehrere Male gesehen hatte.
Der Verdächtige ging zum Schließfach 52 und entnahm diesem einen anscheinend mittelschweren Koffer.
Noch bevor er die große Halle des Hauptbahnhofes verlassen konnte, war der Beamte neben ihm und dirigierte ihn zum Büro der Bahnpolizei. Der Mann gab sich empört und beteuerte seine Unschuld. Als er wenig später angeben sollte, was sich in dem Koffer befand, tat er es exakt. Jedes Stück zählte er auf. Und alles stimmte mit dem Inhalt überein. Dass man ihn trotzdem festnahm und als eine der Schließfach-Hyänen entlarven konnte, lag einzig und allein an einem Gegenstand, den man bei der Durchsuchung in seiner Anzugjacke fand.

Um welchen verräterischen Gegenstand handelte es sich?

4 | Das Zahlenspiel

Seit dem 1. März 1972 hatte die Detektivschule **ARGUS** in Little Covenbridge – wir berichteten schon des Öfteren über sie – einen neuen Direktor: Mister John-Melvin Pockers.

Pockers war ein großer, mächtiger Mann mit einem dreieckigen Riesenschädel, auf dem er sich die roten Stacheln zu einer prächtigen Bürste hatte schneiden lassen.

Wenn John-Melvin Pockers seine Stimme zu voller Lautstärke erhob, konnte man sie bis Heetforst hören. Und das war immerhin fast eine Meile weit. John-Melvin wog auf den Strich genau 300 stolze Pfund und verfügte über ein ausgesprochenes Computer-Gedächtnis. Eine Eigenschaft, die noch manchem seiner Schüler unangenehme Stunden bereiten sollte.

Das Erste, was John-Melvin Pockers in der Detektivschule einführte, war eine Ergänzung des Prüfungssystems. So kam zu der bisherigen Aufnahmeprüfung noch ein sogenannter ,Intelligenztest'. Der wirkliche Name dieses Testes hieß schlicht und einfach: Zahlenspiel.

Jeder der Prüflinge erhielt eine Liste mit fünf Fragen, die zu beantworten waren. Jede Antwort bestand nur aus einem einzigen Wort. Die Buchstaben dieses Wortes mussten dann gezählt und in ein Feld eingetragen werden. Die Endsumme aller fünf Lösungszahlen ergab schließlich die ,Ergebnis-Schlüsselzahl'.

Wer sich hier irrte, nahm an der eigentlichen Aufnahmeprüfung gar nicht mehr teil.

Wir haben uns die fünf Fragen des letzten ‚Zahlenspiels' aus Covenbridge erbeten und freuen uns, sie im Rahmen des ‚Club-der-Detektive'-Programms wiedergeben zu können.

Eure Aufgabe ist also jetzt die gleiche wie die der Detektiv-Schulanwärter von Little Covenbridge. Es sei bereits jetzt gesagt, dass dabei Fragen sind, über die man zuerst den Kopf schütteln möchte. Doch für jede Frage gibt es eine Antwort. Vergesst also nicht, die Buchstaben der Lösungsworte zusammenzuzählen. Sie sind das Ergebnis, das wir suchen. Umlaute wie ‚ö' – ‚ü' usw. zählen als zwei Buchstaben.

Und solltet ihr euch später darüber ärgern, dass ihr es nicht herausbekommen habt, dann tröstet euch mit den 327 Erwachsenen, die es von insgesamt 500, denen man die Aufgabe vorlegte, ebenfalls nicht herausgefunden haben.

Hier nun die Fragen:

1. Frage:
Welche Männer mit indonesischer Staatsangehörigkeit können nicht schwimmen?
Antwort:
Zahl:

2. Frage:
Über wie viel verschiedene Farben verfügt die österreichische Flagge?
Antwort:
Zahl:

3. Frage:

Wie viel Prozent ist die Hälfte einer Hälfte von 20 Taschendieben?

Antwort:
Zahl:

4. Frage:

Am Kai von Dover saßen drei Männer und angelten. Es waren ein Schwede, ein Franzose und ein Schotte. Am Abend behauptete der Schwede einen Hecht, der Franzose eine Makrele und der Schotte einen Aal gefangen zu haben. Einer von ihnen hatte gelogen. Welcher?

Antwort:
Zahl:

5. Frage:

Ein Einbrecher, der sich für Punkt 22 Uhr 15 mit seinem Komplizen an einer abgelegenen Stelle zu einem Einbruch verabredet hatte, wurde um 21 Uhr 44 dabei erwischt, wie er gerade einem Mann eine Taschenuhr stahl. Die Polizei stellte fest, dass der Dieb insgesamt drei Taschenuhren bei sich trug. Eine kaputte aus Silber, eine kaputte aus Gold und eine intakte aus Nickel. Zwei davon hatte er in der letzten halben Stunde gestohlen. Aus welchem Material war die, die er zuletzt entwendet hatte?

Antwort:
Zahl:

Und nun zählt die fünf Zahlen zusammen. Kommt ihr dann auf das richtige Ergebnis, gehört ihr zu den hellsten Köpfen, die je in einem ‚Club-der-Detektive'-Taschenbuch geblättert haben. Herzlichen Glückwunsch!!

Ergebnis – Schlüsselzahl:

5 | Drei Tuben Peostan

Am 15. Januar war der Zeitungswerber Gunter Strauß als Untermieter bei Frau Herzfeld im malerischen Heideviertel eingezogen. Genauer gesagt: in der Birkenstraße 14.
Aus unerfindlichen Gründen hatte sich Flora Herzfeld von Strauß zu einem Mietvertrag mit jährlicher Kündigung überreden lassen.

Das erste Vierteljahr ging ins Land, und beide waren miteinander zufrieden.
Gunter Strauß war viel unterwegs, und wenn er abends nach Hause kam, ging er meist recht bald zu Bett. Das alles änderte sich jedoch schlagartig nach dem 16. April. Da nämlich gewann Strauß im Zahlenlotto 150 480 Deutsche Mark. Von einem Tag zum anderen gab er seine Tätigkeit auf. Er schlief bis in den späten Vormittag hinein, ging abends lange aus, und wenn er nicht ausging, empfing er Gäste. Diese blieben dann meist bis weit nach Mitternacht. Oft wurde es 2 oder 3 Uhr morgens, bis endlich Ruhe in die Herzfeld'sche Wohnung einzog.

Vier Wochen ließ Frau Herzfeld vorübergehen, dann stellte sie ihren Untermieter zur Rede. „Noch ein einziger lauter Abend", warnte sie, „dann kündige ich Ihnen."
Strauß lachte sie aus und verwies auf seinen Mietvertrag.
Doch Flora Herzfeld, einmal in Rage, ließ sich auf nichts ein.

Sie war überzeugt, Mittel und Wege zu finden, um den ihr unbequemen Mieter aus dem Haus zu bekommen.

Ungerührt von allem führte Strauß in den nächsten beiden Wochen sein Anstoß erregendes Leben weiter.

Frau Herzfeld konterte und sah durch ihn hindurch wie durch eine Glasscheibe. Und kam wirklich einmal ein Dialog zustande, hörte er sich an wie dieser vom 2. Mai.

Es war 10 Uhr 20. Herr Strauß trat im Bademantel aus seinem Zimmer; Frau Herzfeld wischte im Korridor Staub.

„Guten Morgen, Frau Herzfeld!"

„Ich wünsche Ihnen einen wunderschönen guten Morgen, liebe Frau Herzfeld!"

„Es ist nicht mehr Morgen, es ist bald Mittag! Sie sollten Mahlzeit sagen, Herr Strauß!"

„Mahlzeit, Frau Herzfeld!"

„Wunderschöne Mahlzeit, liebe Frau Herzfeld!"

„Sie langweilen mich!"

„Ich erwarte einen dringenden eingeschriebenen Brief. Ist heute früh was gekommen?"

„Waren Sie munter, als der Briefträger kam?"

„Nein, Frau Herzfeld, ich habe noch geschlafen!"

„Dann können Sie natürlich nicht wissen, ob ein Einschreibebrief für Sie dabei war."

„Aber Sie, Frau Herzfeld, könnten es wissen, Sie waren ja munter!"

„Stimmt genau. Aber ich interessiere mich nicht für Ihre Post!"

„Sie sind verstimmt. Warum?"

„Weil ich Sie nicht mehr sehen, nicht mehr riechen und nicht mehr hören kann. Ziehen Sie endlich aus!"
„Ich habe noch acht Monate Zeit."
„Wir werden sehen!"

Ja, und dann verschwand Frau Herzfeld in ihrem Wohnzimmer und Herr Strauß im Bad.

So kam der 19. Juni heran.
Wie gewöhnlich war Strauß spät nach Hause gekommen und wie gewöhnlich entsprechend spät aufgestanden.
Als er gegen 11 Uhr auf die Straße trat, musterte er sein Auto, scheuchte dann eine Schar neugieriger Kinder davon, setzte sich ans Steuer und fuhr geradewegs zur nächsten Polizeiwache.
Dort holte er einen Beamten auf die Straße und zeigte ihm sein Auto, das jemand mit fünf großen Zetteln beklebt hatte. Auf allen stand der gleiche Text: G. Strauß ist ein großer Halunke.
Wachtmeister Tumpe schüttelte den Kopf. Dann bat er Herrn Strauß ins Revier. „Sie wollen also Anzeige erstatten. Gegen unbekannt?"
„Wieso gegen unbekannt?", wunderte sich Herr Strauß. „Ich will gegen meine Wirtin, Frau Herzfeld, Anzeige erstatten!"
„Und worauf begründet sich Ihr Verdacht?"
„Erstens möchte Sie mir seit langem gern eins auswischen, und zweitens habe ich gestern drei leere Tuben von dem Teufelszeug Peostan in ihrem Abfalleimer gesehen, als ich meinen Aschenbecher leerte."

Der Beamte stutzte: „Meinen Sie diesen Alleskleber Peostan?"

„Ja. Damit hat sie diese Zettel an meinem Wagen festgeklebt!"

„Wenn das wirklich mit Peostan geschehen wäre, hätte man natürlich was in der Hand ...", mutmaßte Wachtmeister Tumpe und nahm die Anzeige entgegen. Da er jedoch ein gewissenhafter Beamter war, kratzte er mit einem Plastikmesser etwas Klebemasse vom Autodach und gab es zur Analyse ins Labor.

Zwei Tage später, man schrieb den 21. Juni, erhielt er von dort das Ergebnis: eindeutig Peostan!

Am Nachmittag des gleichen Tages machte er sich auf den Weg in die Birkenstraße, wo er zwar nicht Frau Herzfeld antraf, dafür aber Herrn Strauß.

„Na, Herr Wachtmeister, was sagt das Labor?"

Der Beamte verzog keinen Muskel seines Gesichts, als er nickte.

„Ich hatte also Recht!", triumphierte Strauß.

„Ja, Sie hatten Recht. Es war Peostan!" Und mitten hinein in das zweideutige Grinsen des ‚Anzeige-Erstatters' fuhr er fort: „Ich habe mir noch einmal alles durch den Kopf gehen lassen, Herr Strauß. Dabei bin ich zu folgendem Ergebnis gekommen: Nicht Frau Herzfeld wollte Ihnen eins auswischen, sondern *Sie* der Frau Herzfeld."

„Aber ...", stotterte Strauß mit einem Kloß im Hals, während ihm dunkle Röte in die Wangen schoss.

„Sie sollten es sich überlegen, ob Sie die Anzeige aufrecht

erhalten wollen. Es könnte sehr unangenehm für Sie werden. Ich gebe Ihnen dazu bis morgen Mittag Zeit, Herr Strauß … Auf Wiedersehen!"

Es stand für den Polizeibeamten eindeutig fest, dass Strauß die Zettel selbst aufgeklebt hatte. Woran merkte er das? Woran merkte er, dass er von Strauß hinters Licht geführt werden sollte?

Je später der Abend ... | 6

Seit knapp zwei Jahren stand Bernhard Freiske in der Fahndungsliste. Gesucht wegen fortgesetzter Trickbetrügereien. Doch so sehr sich die Polizei in allen Bundesländern auch bemühte: Bernhard Freiske blieb unauffindbar. Er wechselte nicht nur ständig sein Äußeres, er war auch verschwenderisch großzügig in der Handhabung seiner Personalien und Wohnorte.

Doch dann kam der 27. Oktober heran, und auf den Schreibtisch des Kriminalinspektors Carsten Heitmann in Münster flatterte ein anonymes Briefchen. Mit wachsender Überraschung las der Beamte:

> „Sehr geehrte Herren von der Polizei! Wenn ich mich nicht irre, suchen Sie seit längerem schon einen raffinierten Trickbetrüger namens Bernhard Freiske. Nun, ich möchte Ihnen gern behilflich sein: Bernhard Freiske wohnt unter dem Namen Dr. Otto Gerheben in der Bahnhofstraße in Münster. Ich wünsche Ihnen viel Vergnügen bei der Festnahme und werde mir bei Gelegenheit die Belohnung abholen – falls eine ausgesetzt war. Bis dahin – Ihr sehr ergebener M.S.P."

Inspektor Heitmann stellte innerhalb 20 Sekunden fest, dass es laut Telefonbuch tatsächlich einen Dr. Otto Gerheben in der Bahnhofstraße gab. Seines Zeichens Ornithologe, also Vogelkundler.

Nach weiteren 30 Minuten wusste er auch, dass Dr. Gerheben das Haus vor anderthalb Jahren gemietet hatte, aus Belgien zugereist war und dass nichts gegen ihn vorlag. Ein hinterhältiger, gemeiner Brief also? Oder …? Heitmann wusste selbst nicht, warum seine Gedanken immer wieder zu dem Brief und somit zu der anonymen Anschuldigung zurückkehrten.

Zwei Tage und zwei Nächte lang ließ er die Villa in der Bahnhofstraße beobachten. Ohne jeden Erfolg. Nichts tat sich, was auf irgendeine ungesetzliche Tätigkeit hinwies.
Am Abend des dritten Tages machte er sich zusammen mit Kriminalwachtmeister Peters auf den Weg.
„Ob alle Trickbetrüger so vornehm wohnen?", wollte Peters wissen, als sie vor der Villa ankamen.
Und der Inspektor erwiderte: „Sicher nur die erfolgreichen!"
Er deutete zu der erleuchteten Etage hinauf und mutmaßte: „Der muss eine ganz schöne Stromrechnung haben!"
Inspektor Carsten Heitmann beschloss, äußerst vorsichtig zu Werke zu gehen. Schließlich hatte er außer einem anonymen Brief nichts in der Hand.

Der Mann, der vor ihnen stand, musste so um die 45 Jahre alt sein. Er steckte in einem langen, schwarzen seidenen Hausmantel mit den aufgestickten Buchstaben **O.G**. Er war mittelgroß und schlank. Unter einem dunklen Haarschopf blitzten ein Paar ebenfalls dunkle Augen, die jetzt überrascht auf die unbekannten Besucher sahen. Das Ungewöhnlichste jedoch waren die beiden Vögel, die auf seinen Schultern saßen. Links ein stattliches Rabenexemplar und rechts eine Saatkrähe mit gestutzten Flügeln.

„Herr Doktor Gerheben?", fragte Inspektor Heitmann höflich. Der Vogelmensch nickte ebenso höflich, während der Rabe versuchte, Heitmann mit Schnabelhieben zu traktieren. „Was kann ich für Sie tun?"

„Ich bin Kriminalinspektor Heitmann, das ist mein Mitarbeiter Peters … Wir hätten Sie gern gesprochen … wenn Ihnen die Umstände nicht zu groß sind!", fügte Heitmann rasch hinzu, als er die Überraschung in Gerhebens Augen sah.

Dr. Gerheben machte eine einladende Handbewegung. „Bitte, treten Sie ein, meine Herren. Je später der Abend, umso interessanter die Gäste!", sagte er dazu liebenswürdig mit deutlich flämischem Akzent, während die beiden Vögel wütend zu krächzen und schreien begannen.

Gerheben öffnete die Tür zu einem Nebenraum und beförderte die Vögel mit einer genau abgezirkelten Armbewegung hinein. Dann führte er seine späten Gäste in eine Art Arbeitszimmer. Wo man hinsah – Vögel. Tote ausgestopfte und lebhafte lebende. Insgesamt standen 14 kleinere und größere Käfige herum, und aus allen begann es wie auf Kommando zu zwitschern, trillern und rufen. Dr. Gerheben nötigte die Beamten in zwei Sessel, während er selbst über alle Käfige blaue Tücher warf.

Plötzlich war es ganz still in dem großen Raum.

„So, nun zu Ihnen, meine Herren. Was haben Sie auf dem Herzen? Ich nehme doch an, dass Sie nicht der Vogelzucht wegen gekommen sind – oder??"

Heitmann lächelte. „Da haben Sie Recht. Ich persönlich halte mich lieber an die Fische. Die machen weniger Lärm … Ja,

Herr Doktor Gerheben, ich brauche ja wohl nicht extra zu betonen, dass auch Pflicht eine sehr unangenehme Sache sein kann …" Heitmann machte eine kleine Pause, während er sein Gegenüber aufmerksam beobachtete. Doch außer einer höflichen und gespannten Aufmerksamkeit zeigte Gerheben keinerlei Reaktionen. So fuhr er fort: „Wir haben ein anonymes Schreiben erhalten, in dem Sie beschuldigt werden, identisch zu sein mit einem gewissen Bernhard Freiske, der von den Staatsanwaltschaften aller deutschen Bundesländer gesucht wird …"

Dr. Gerheben machte große Augen und schüttelte verständnislos den Kopf.

„Sagt Ihnen der Name Freiske etwas, Herr Doktor Gerheben? Oder wüssten Sie jemanden, dem Sie einen solchen anonymen Brief zutrauen könnten?"

Die Stimme des Vogelkundlers klang merklich belegt, als er erwiderte: „Ich danke Ihnen für Ihre Rücksichtnahme, aber ich muss Sie leider enttäuschen. Ich habe den Namen Freiske noch nie gehört … Und einen anonymen Brief …" Er hob hilflos die Schultern.

„Dürften wir bitte einen Blick in Ihren Pass werfen?"

„Aber gern", sagte Gerheben und erhob sich. Er ging zu seinem Schreibtisch, entnahm einer Schublade einen Pass und reichte ihn Inspektor Heitmann, der ihn an Passspezialist Peters weitergab. Und Peters prüfte gewissenhaft. Mit den Worten: „Alles in Ordnung!", gab er ihn zwei Minuten später zurück. Gerheben verstaute ihn wieder in der gleichen Schublade. Dabei versuchte er ein Lächeln und erinnerte sich: „Da fällt mir ein, dass man mich schon einmal verwechselt hat. Allerdings nicht mit einem Trickbetrüger, sondern mit

einem Zoodirektor. Ehrlich gesagt, das war mir viel lieber …
Darf ich Ihnen vielleicht einen Schluck anbieten?"

Die beiden Beamten hatten sich bereits erhoben. „Nein,
danke …", wehrte der Inspektor freundlich ab. „Vielen Dank,
aber wir haben trotz der späten Stunde noch einiges zu erledigen …"

Sie baten noch einmal um Entschuldigung und verabschiedeten sich.

Unten auf der Straße aber schimpfte Peters: „Diese verdammten anonymen Briefe … war schon peinlich, was,
Chef?!"

Doch der Inspektor war anderer Meinung: „Ich wollte, jeder
anonyme Brief würde die Wahrheit so an den Tag bringen.
Ziehen Sie ab, und lassen Sie sich einen Haftbefehl ausstellen
… Und nicht abwimmeln lassen. Ich bleibe hier und passe auf,
dass uns der kostbarste aller Vögel nicht davonfliegt."

„A… a… aber", stotterte Peters, „der Pass war doch echt!"

„Der Pass schon … Denken Sie unterwegs über die Sache
nach. Dann werden Sie schon draufkommen, über welchen
Stein unser Vogelfreund gestolpert ist …"

꒐─◉─➙ **Um welchen ‚Stein' handelte es sich?**
Mit anderen Worten:
Der falsche Dr. Gerheben hat sich selbst verraten –
womit?

7 | Pech gehabt, Bernie!

Die Baronin von Zitzewitz war so schwerhörig, dass sie ohne Hörgerät völlig taub war. Und da sie dieses Hörgerät oft nicht benutzte, war sie ebenso oft taub.

Durch einen Zufall war diese Tatsache auch ‚Bernie dem Flinken' zu Ohren gekommen. Bernie, dessen Geistesgegenwart so legendär war, dass manche bösen Zungen von ihm behaupteten, er sei entweder mit dem Teufel im Bunde oder von einem anderen Stern.

Dass es ihn ausgerechnet bei der schwerhörigen Baronin erwischen sollte, wird ihm wohl bis ans Ende all seiner Tage anhängen.

Dabei begann die Geschichte so verheißungsvoll.

Wie immer bei schönem Wetter hatte sich die Baronin hinter eine Hecke in ihrem Garten zum Lesen zurückgezogen. Das tat sie seit Jahren, und deshalb hieß die zwei Meter hohe Hecke auch die ‚Lesehecke'. Es versteht sich von selbst, dass Bernie auch über dieses Detail informiert war.

So umrundete er am 27. Juli, es war ein Donnerstag, kurz nach 14 Uhr seelenruhig den feudalen Wohnsitz der adligen Dame und betrat diesen durch die rückwärtige, offen stehende Verandatür.

Er war gerade dabei, die schweren Silberbestecke im mitgebrachten Diplomatenkoffer zu verpacken, als er hinter seinem Rücken ein Geräusch hörte. Langsam und ohne jede Hast wandte er sich um.

Aber statt der erwarteten Baronin sah er sich einem jungen, verlegenen Mädchen mit Koffer gegenüber. Es knickste artig und stammelte: „Verzeihung, bitte. Die Frau Baronin bat mich, durch den Garten zu kommen …"

Bernie lächelte, verschränkte die Arme vor der Brust und neigte nachdenklich den Kopf zur Seite. „Lassen Sie mich raten, Sie sind …" Hier stockte er und tat, als müsse er scharf nachdenken.

„Ich bin Erika, das neue Mädchen!", half ihm die junge Dame. Worauf sich Bernie mit einem ‚Na so was' vor die Stirn schlug und rief: „Natürlich, Erika. Meine Schwester hat den Namen doch erwähnt …"

„Ist die Frau Baronin nicht da?"

Bernie schüttelte den Kopf. „Sie musste leider heute Vormittag ganz plötzlich verreisen. Sie ist zu unserer Schwägerin gefahren."

Als er die große Enttäuschung auf dem Gesicht des jungen Mädchens sah, tröstete er sie rasch. Er ging auf sie zu, tätschelte behutsam ihre Wange und sagte energisch: „Wissen Sie was, ich rufe sie ganz einfach an. Sie soll entscheiden, was mit Ihnen geschehen soll. Ich selbst muss nämlich auch verreisen."

Er lächelte sein charmantestes Lächeln, sie knickste höflich und dankbar, und Bernie ging zu dem altmodischen Telefon, das er auf einem alten Biedermeiersekretär entdeckt hatte. Dabei ließ er nicht eine Sekunde die Hecke aus dem Auge, hinter der er die lesende Baronin wusste.

Forsch nahm er den Hörer von der Gabel und presste ihn gegen das Ohr. Dann wählte er eine Reihe von Zahlen und wartete, während das Mädchen mit dem Namen Erika noch immer am gleichen Fleck stand und noch immer ihr Köfferchen in der Hand hielt.

„Hallo, bist du's, Isolde? – Ja, hier spricht Edgar. – Kannst du mir Puppi (er sagte wirklich Puppi, da er keine Ahnung hatte, wie die Baronin mit Vornamen hieß) an den Apparat holen? Danke dir. – Hallo, Puppi, wie war die Fahrt? – Na, fein! Jetzt hör zu, du hast keinen Ton davon gesagt, dass das neue Mädchen schon heute kommt! – Was heißt ‚ach, du lieber Schreck‘? Die junge Dame steht mir gegenüber, und wir beide sind ziemlich ratlos! – Aber Puppi, du weißt doch, dass ich heute Abend nach Florenz fliegen muss! – Ja, das ist eine gute Idee! Ich werde es ihr sagen! Also, dann bis übermorgen, Puppi. Und fahr nicht wieder wie ein Rennfahrer! Tschüss, Kleines!"

Bernie legte den Hörer behutsam auf und strahlte das Mädchen an, als stünde eine Weihnachtsbescherung bevor.

„Meine Schwester bittet Sie tausendmal um Entschuldigung. Sie möchten bitte zum ‚Hotel Fürstenhof‘ gehen und sich dort einquartieren. Meine Schwester wird Sie morgen dort abholen. Die Rechnung geht selbstverständlich zu unseren Lasten …"

„Vielen Dank, Herr Baron!", antwortete Erika und verschwand ebenso leise und bescheiden, wie sie gekommen war. Bernie der Flinke aber atmete auf. Auch für ihn wurde es höchste Zeit. Schließlich lag noch der ganze Oberstock vor ihm.

In aller Eile begann er, den Rest der Bestecke zu verpacken. Eine Viertelstunde später (ein Glück, dass die Baronin nur dicke Bücher las) hatte er den gesamten Schmuck zusammengeklaubt und in seinem Köfferchen verstaut.

Mit dem triumphierenden Gefühl, wieder einmal eine Meisterleistung vollbracht zu haben, machte er sich auf den Rückzug.

Als er an der Verandatür ankam, produzierte er noch eine höfliche Verbeugung in Richtung der dichten Hecke und flötete: „Untertänigsten Dank, liebste Baronin!"

Der Fall aus dem Himmel des vermeintlichen Erfolges kam prompt, hart und schmerzhaft: Als Bernie das Gartentor passierte, lief er geradewegs in ein Paar geöffnete Handschellen. Dahinter stand die komplette, fröhlich grinsende Besatzung eines Streifenwagens. Und dahinter wieder, zitternd und mit hochrotem Kopf, das Fräulein Erika.

Sie hatte den Streifenwagen alarmiert.

Die Baronin Ernestine von Zitzewitz dagegen las nach wie vor ahnungslos in ihrem Buch.

> Um diesen Fall klären zu können, müsst ihr euch das Bild genau ansehen. Dann werdet ihr sicher merken, was auch das Fräulein Erika gemerkt hat.
> Und die Moral aus dieser Geschichte?
> Schätze die anderen nie weniger klug ein, als du selbst eingeschätzt werden möchtest.

Die Taler-Lady | 8

Franz Heuberl, Außenstellenleiter der Genossenschaftsbank in Degernhofen, schüttelte verzweifelt den Kopf und beteuerte: „Es tut mir Leid, Herr Kommissar, aber es ging alles so schnell …" Und mit einem vorwurfsvollen Seitenblick fügte er hinzu: „Und vergessen Sie nicht, dass ich zu diesem Zeitpunkt allein in der Kassa war!"

Kommissar Leitner vom Polizeipräsidium der Bundeshauptstadt fasste zusammen: „Es waren also eine Frau und ein Mann. Sie trugen beide Hüte und Masken. Und dem Mann, sagen Sie, fehlte an der linken Hand der kleine Finger!"

Heuberl nickte. Der Schock saß ihm noch immer in allen Gliedern. „So ist es. Und rote Haare hatte er! Und die Frau trug um das Handgelenk ein Münzarmband. Es rutschte einmal über die langen Handschuhe, als sie das Geld einpackte. Um den Hals trug sie ebenfalls eine Kette aus Münzen."

Der Kommissar machte sich einige Notizen. Fast schien es, als huschte kurz ein Lächeln über seine Lippen.

„Wie hoch ist die Beute, oder besser Ihr Verlust?", wollte er jetzt wissen.

Franz Heuberl zuckte mit den Schultern. „Genau nachgezählt habe ich noch nicht. Aber es sind mindestens zweihunderttausend Schillinge."

Während sich die Beamten der Spurensicherung ans Werk machten, bestiegen der Kommissar und sein Mitarbeiter Grailinger den Dienstwagen. Und Grailinger erkundigte sich: „Sie machen ein Gesicht, als wüssten Sie die Lösung schon, Herr Kommissar. Haben Sie einen Verdacht?"

Leitner nickte nachdenklich: „Ich kenne einen kleinen Gelegenheitsdieb, dem der kleine Finger fehlt. Josef Bengler heißt er."

„Nie gehört!" Grailinger war sicher.

„Ich dachte, er hätte sich längst aus dem Geschäft zurückgezogen ... Außerdem war Bankraub nie seine Kragenweite ..."

„Und die Dame?", wollte Grailinger wissen. „Sind Sie da auch schon auf einer Fährte?"

Der Kommissar zündete sich eine Zigarette an und blies den ersten Rauch gegen die Panoramascheibe.

„Haben Sie schon mal was von der Taler-Lady gehört?"

„Ja ... Der Name kommt mir bekannt vor."

„Ein Spitzname. In Wirklichkeit heißt sie Alina Wetzel. Sie hat eine Vorliebe für Münzen."

Grailinger, der erst seit einem halben Jahr in Leitners Bezirk arbeitete, erkundigte sich gespannt: „Wie sieht denn ihre Strafakte aus?"

„Leer!", erwiderte Leitner trocken. Und als er Grailingers verblüffte Miene sah, erläuterte er: „Sie wurde noch nie verurteilt!"

„Aber Sie sagten doch eben ..."

„Ich sagte, dass sie eine Vorliebe für Münzen hat!"

„Eben!"

„Sie ist nicht nur eine mondäne Dame der Halbwelt, sie ist auch eine ausgesprochene Expertin auf dem Gebiet der Numismatik, also der Münzkunde ..."

„Und wie ist sie der Polizei aufgefallen?"

Seelenruhig begann Leitner aufzuzählen: „Hehlerei ... konnte nicht nachgewiesen werden. Beteiligung an Bandendiebstahl ... konnte nicht nachgewiesen werden. Devisenver-

gehen … angeblich Irrtum der Polizei. Erpressung, Betrug usw. usw. …"
Grailinger war fassungslos. „Und man konnte ihr nie beikommen?"
„Nie!"
„Schade, dass man nicht mehr so kann wie vor hundert Jahren."
Leitner lächelte seinem jungen Kollegen zu: „Sie denken an Daumenschrauben. Sie sollten sich was schämen … Im Übrigen könnte ich mir denken, dass Sie Ihr Urteil revidieren, sobald Sie der Dame ansichtig werden. Sie heißt nicht umsonst Taler-Lady. Sie ist die schönste kriminelle Dame, die ich je versuchte zu überführen. Sie passt zu Josef Bengler wie Kleopatra zum Glöckner von Notre-Dame."

„Der Sepp ist seit längerer Zeit verreist!", behauptete Mechthild Bengler, des Josefs rüstige Mutter, der man die 72 Jahre in keinem Augenblick ansah.
„Und wo steckt er?", forschte Kommissar Leitner.
Die alte Frau zuckte mit den Schultern. „Keine Ahnung. Der Sepp schreibt nie, wenn er verreist!"
„Und wie lange ist er schon verreist?"
„Drei Monate … oder vielleicht schon vier?" Mit einem lebhaften Kopfschütteln beteuerte sie ihre mangelnde Zeitkenntnis und setzte noch hinzu: „Und stehlen tut er schon lange nicht mehr, der Sepp, Herr Kommissar!"
Trotzdem entnahm der Kommissar, mit Genehmigung der Mutter, einem Ebenholzrahmen das scharf gestochene Schwarzweißfoto des abwesenden Josefs.

Eine Stunde später hielten sie vor dem eleganten Hochhaus am Kurfürstenring.

Alina Wetzel, genannt die Taler-Lady, öffnete selbst; fertig zum Ausgehen. In einem dunklen, eleganten Kostüm mit brillantbesetzter Brosche und großem Make-up stand sie vor den beiden Kriminalbeamten.

Ärgerlich verzog sie das Gesicht und mit unüberhörbarem Trotz in der Stimme sagte sie: „Ich bin auf dem Weg zur Eröffnung einer Ausstellung, Herr Kommissar Leitner. Und ich habe nicht die Absicht, mich von Ihnen daran hindern zu lassen."

„Eine Münzausstellung?"

„Nein, altes Silber, falls Sie es genau wissen wollen."

„Ich habe einen Haftbefehl gegen Sie in der Tasche, Fräulein Wetzel."

Die Schöne verzog spöttisch den Mund: „Ach, schon wieder einmal ...? Welches Vergehen lasten Sie mir denn diesmal an?"

„Es bleibt ja nicht mehr allzu viel übrig. Es geht um Bankraub!"

„Was Sie nicht sagen ...", und zu Grailinger gewandt fauchte sie: „Warum starren Sie mich ununterbrochen an?"

Während Grailinger sehr zu seinem Ärger die Röte ins Gesicht schoss, lächelte der Kommissar: „Er hat noch nie eine so schöne Frau gesehen! Ich hoffe, Herr Kollege, ich habe Ihnen nicht zu viel versprochen."

Alina stampfte wütend mit dem Fuß auf. „Entweder Sie verhaften mich auf der Stelle oder ich gehe auf der Stelle zu meiner Ausstellung!"

Ungerührt langte Leitner in die Tasche und zog Benglers Foto hervor. „Kennen Sie diesen Mann?"

Die Taler-Lady nahm ihm das Bild aus der Hand und betrachtete es aufmerksam. Dann schüttelte sie ihre langen dunklen Haare. „Nie gesehen! Wer ist das?"

„Das ist Josef Bengler. Ihr Komplize von heute Vormittag!"

„Ich habe den Mann noch nie in meinem Leben gesehen. Außerdem kann ich rothaarige Männer nicht ausstehen." Sie gab das Bild zurück und fragte höhnisch: „Ich soll also mit diesem Mann eine Bank beraubt haben?! Bei der Fantasie sollten Sie Kriminalgeschichten schreiben, Herr Kommissar. Wo hat dieses abenteuerliche Ereignis denn stattgefunden?"

„In Degernhofen!"

„Und wo liegt das?"

„Sie werden es kennen lernen. Wir fahren jetzt hin ... Übrigens, dem Täter fehlte ein kleiner Finger. Die Täterin dagegen schien eine Vorliebe für Münzen zu haben. Sie trug nicht nur ein Münzarmband, sondern auch eine Halskette dieser Machart."

„Lächerlich! Glauben Sie wirklich, dass ich die einzige Frau auf der Welt bin, die eine Vorliebe für Münzen hat?"

Zum ersten Mal ließ sich jetzt auch Grailinger vernehmen: „Sicher die einzige, die heute Vormittag die Genossenschaftsbank in Degernhofen beraubt hat."

„Ach ...", höhnte Alina, „Sie können sogar reden ..."

Kurz vor 16 Uhr erreichten sie den Ortsrand von Degernhofen.

16 Uhr 12 standen sie dem Zweigstellenleiter Heuberl gegenüber.

Franz Heuberl gab sich alle Mühe, doch ehrlich musste er gestehen: „Ich würde lügen, Herr Kommissar, wenn ich behauptete: Ja, sie war es …" Er machte eine Verbeugung in Richtung der elegant gekleideten Alina Wetzel. „Bitte verzeihen Sie, Gnädigste, wenn ich Sie so aufdringlich betrachtet habe."

Alina reichte Herrn Heuberl die Hand. „Sie tun ja nur Ihre Pflicht, lieber Herr Heuberl. Oder das, was die Polizei für Ihre Pflicht hält …"

„Eben!", unterbrach Kommissar Leitner amüsiert dieses kleine Schauspiel, „das wollen wir jetzt ebenfalls tun: unsere Pflicht. Fahren wir zurück ins Präsidium. Irgendwann wird uns die Dame schon verraten, wo sich Bengler mit der Beute versteckt hält …"

Franz Heuberl schluckte erschrocken. „Soll das heißen, dass sie es doch war?"

„Das heißt es, Herr Heuberl, genau das. Fräulein Wetzel hat sich selbst verraten … ohne fremde Hilfe … Nun wird es doch nichts mit der Ausstellung."

⟩–⊙→ Womit hat sich Alina Wetzel, Taler-Lady genannt, verraten?

Ein Kellner spielt Detektiv | 9

Salvatore Armentino war ein Mann, den seine Nachbarschaft, seine Freunde, Kollegen und Bekannten, der Bäcker, der Hausverwalter, der Milchmann, der Frisör und der Wirt von der Eckkneipe für einen ehrlichen, fleißigen und biederen Mann hielten. Und irgendwie stimmte diese Vermutung sogar.

Salvatore Armentino war Witwer, 59 Jahre alt, beim städtischen Fundbüro von Mailand beschäftigt und wohnhaft in der Via del Lazzini.

Alle die eben Aufgezählten wussten, dass Salvatore zwei Hobbys hatte: seinen Garten am Rande von Mailand und – das Reisen. Es waren immer nur kurze, kleine Minireisen, denn – auch das wussten alle – Salvatore verdiente beim Städtischen Fundbüro keine Reichtümer. Doch was niemand wusste, war, dass der hoch geschätzte Armentino einer wenig erfreulichen Nebenbeschäftigung nachging:

Salvatore war ein erfolgreicher Dieb und Einbrecher. Da er ohne Komplizen arbeitete und nie einen Mailänder Hehler aufsuchte und auch sonst kaum verwertbare Spuren hinterließ, tappten die Mailänder Kriminalbeamten lange Zeit im Dunkeln.

Sie hatten keine Ahnung von Armentinos ausgeklügeltem System, die Beute in Sicherheit zu bringen. Und das ging so vonstatten: War der nächtliche Raubzug geglückt, fuhr er mit der Beute in seinen Garten, verpackte sie als Paket und adressierte dieses an Signore Ernesto Fulmi in Turin. Als Absender gab er eine Maria Fulmi in Mailand an.

Der Unterschied zwischen den beiden Fulmis bestand darin, dass es jene Maria nicht gab, der Ernesto dagegen existierte. Er war Vertreter für Landmaschinen und ständig unterwegs. Niemand ahnte, dass der Landmaschinenvertreter Ernesto Fulmi und der städtische Beamte Salvatore Armentino ein und dieselbe Person waren. Am wenigsten die Wirtin in Turin, die die Pakete der angeblichen Schwester Maria Fulmi sorgfältig aufbewahrte, bis der ständig herumreisende Bruder wieder auftauchte.

Bevor Salvatore Armentino diese Pakete auf die Reise schickte, ließ er mindestens drei Wochen vom Tage des Raubzugs an verstreichen. Während dieser Zeit blieben sie in einem unterirdischen Versteck der Gartenlaube.

Das Verhängnis nahte in Gestalt des Kellners Emilio Tomaleno, eines Wohnungsnachbarn von Fulmi in Turin. Dieser, auf einem zufälligen Besuch in Mailand, hatte Armentino im Omnibus entdeckt und wollte ihn gerade voller Überschwang ansprechen, als dieser von einer älteren Frau mit Signore Armentino begrüßt wurde. Dem Kellner Tomaleno verschlug es die Sprache. Ein Irrtum?

Sollte er sich so geirrt haben?

War das in Wirklichkeit gar nicht sein Nachbar Fulmi?

Nein!

Nein, nein!

Ein Irrtum war ausgeschlossen.

Das war Fulmi und kein anderer! Als Kellner darin geübt, Gesichter zu behalten, herrschte für Tomaleno kein Zweifel daran, wen er vor sich hatte.

Aber er beschloss, vorsichtig zu sein. Ohne dass ihn Armentino bemerkte, folgte er diesem. Und es war insgesamt eine Frage von genau zwei Stunden, dann wusste er, was er wissen wollte. Dass Fulmi in Wirklichkeit Salvatore Armentino hieß und beim Städtischen Fundbüro angestellt war.

Wieder ging der Kellner Tomaleno lange Zeit in sich.

Warum tat Fulmi oder Armentino das?

Was steckte dahinter?

Warum spielte er in Turin den Landmaschinenvertreter?

Verstieß er vielleicht gar gegen das Gesetz?

War er ein Schmuggler?

Unsinn!!

Aber vielleicht hieß er weder Armentino noch Fulmi.

Vielleicht war er ein Spion?

Ein Ausländer mit böser Absicht?

Bei dieser Überlegung angekommen, beschloss Emilio Tomaleno die Polizei aufzusuchen.

Inspektor Borgase ließ Armentino drei Wochen lang überwachen.

Dann war es so weit.

Als Salvatore seine Wohnung betreten wollte, standen die Beamten, wie aus dem Boden gewachsen, plötzlich neben ihm. Und noch bevor er etwas sagen konnte, hatten sie ihn in seine eigenen vier Wände geschoben. Borgase hielt ihm einen Haussuchungsbefehl unter die Nase.

„Polizei???", stotterte Armentino kreidebleich und überlegte dabei blitzschnell, welchen Fehler er gemacht haben könnte.

„Kennen Sie einen gewissen Signore Tomaleno in Turin?"

Salvatore verspürte einen heißen Stich. ,Turin' fuhr es ihm durch den Kopf, während er harmlos tuend das Haupt schüttelte. „Nie gehört diesen Namen."

Der Inspektor grinste hinterhältig. „Habe ich mir doch gedacht, dass dieser Tomaleno ein Spinner ist." Und genüsslich fuhr er fort: „Gute drei Wochen haben wir uns auf die Lauer gelegt, um herauszufinden, ob Sie Dreck am Stecken haben oder nicht!"

Salvatore entrüstete sich: „Ich bin Beamter! Ich bin beim Städtischen Fundbüro! Sie werden doch einem hergelaufenen Kellner nicht mehr glauben als einem städtischen Beamten!"

Der Zeigefinger fuhr Armentino in die Magengrube. „Wir haben das Versteck in Ihrer Gartenlaube entdeckt."

„Dort verberge ich meine Gartengeräte. Sie wissen ja, Diebe nehmen heutzutage alles!"

„Sie haben Recht!", kaute der Inspektor heraus. „Diebe nehmen alles. Dieser hergelaufene Kellner behauptet, Sie würden unter dem Namen Fulmi in Turin wohnen …"

„Lächerlich!" Dabei war sich Armentino im Klaren darüber, dass eine Gegenüberstellung sofort die Richtigkeit von Tomalenos Angaben bestätigen würde. Krampfhaft suchte er nach einem Ausweg. Und er kam zu dem Resultat, dass es fürs Erste am besten war, alles abzustreiten.

„Drei Fragen, Signore Armentino: Seit wann arbeiten Sie im Fundbüro?"

„Seit elf Jahren!"

„Kennen Sie eine Signorina Fulmi?"

„Nein!"

„Haben Sie je Pakete von Mailand nach Turin geschickt?"

„Ich wüsste nicht an wen!"

Der Inspektor blickte freundlich und zufrieden drein, als er sagte: „Mehr wollte ich nicht wissen. Bitte, packen Sie das Notwendigste zusammen, Sie sind verhaftet."

„Verhaftet?" Salvatores Stimme überschlug sich.

„Hier ist der Haftbefehl!" Der Inspektor hielt ihm ein zweites Papier unter die Nase.

Mit hängendem Kopf ergab sich Salvatore Armentino in das unvermeidliche Schicksal.

Womit hat sich Salvatore Armentino selbst verraten?

10 | Der Ballon-Wettbewerb

Wie in jedem Jahr, so veranstaltete das Kauf- und Versandhaus Eichler in Nürnberg auch in diesem Jahr wieder seinen beliebten Luftballon-Wettbewerb. Trotz schlechter Wetterbedingungen ließ Arnold Wegschneider, Chef der Werbeabteilung, Punkt 15 Uhr die bunte Riesentraube mit 200 Luftballons vom Dach des Kaufhauses aufsteigen. Und fast ebenso viele Zuschauer klatschten in luftiger Höhe lebhaft Beifall.

Der steife Wind, der kühl und beständig aus Südost blies, löste die Traube bald auf, und es sah aus, als habe der Himmel über Nürnberg plötzlich bunte Sommersprossen bekommen.

An jedem Ballon hing ein nummerierter Bon, der vom Finder des Ballons auf eine Postkarte geklebt an das Kaufhaus zurückgeschickt werden musste.

50 dieser Einsender wurden – durch das Los ermittelt – mit einem Einkaufsgutschein in Höhe von 150 DM belohnt. Der Finder des am weitesten geflogenen Ballons aber erhielt den Hauptpreis in Höhe von 1000 DM.

Da das Wetter jedoch so miserabel war, rechnete niemand mit großen Entfernungen.

Bereits nach vier Tagen waren 45 Postkarten eingegangen. Der größte Teil davon kam aus der Gegend um Neustadt-Aisch. Keine 50 Kilometer von Nürnberg entfernt. Dann, zwei Tage vor Einsendeschluss, schien das Rennen gelaufen. Eine Karte mit der Ballonnummer 61 aus Regensburg hatte mit 100 Kilometern die weiteste Strecke zurückgelegt.

Irrtum!

Mit der allerletzten Post traf die Karte Nummer 89 ein. Aus Würzburg. Zurückgelegter Weg: ebenfalls runde 100 Kilometer.

Was sollte man tun?

Zweimal einhundert Kilometer. Lange beratschlagte man, dann entschied sich die Mehrheit der Verantwortlichen für die Teilung des Preises. Das hieß 500 Mark für die Nummer 61 und 500 Mark für die Nummer 89.

Doch da geschah etwas Unerwartetes: Der Rechtsberater der Firma ergriff plötzlich das Wort und eine der beiden Postkarten. Laut und deutlich verkündete er: „Es gibt nur einen Gewinner für die tausend Mark! Dieser Absender hier ist ein Betrüger …"

In das atemlose Schweigen der Anwesenden hinein begann Dr. Bücker zu erklären …

꒰─⊙→ **Welche Postkartennummer hat Dr. Bücker für ungültig und deren Absender für einen Betrüger erklärt?**
War es die Postkarte aus Regensburg?
Oder die Postkarte aus Würzburg?

11 | Vom Glück, ein Dorfpolizist zu sein oder Streichholzspuren

Wieder einmal war in Woranowa der Teufel los. Zum vierten Mal bereits in dieser Woche wurde der Polizei ein Diebstahl gemeldet.

Dabei war es bis vor kurzem so ruhig und so friedlich gewesen in Woranowa, jenem kleinen, malerischen Städtchen am Ufer des Dons. Hier, wo es Bäcker, Fleischer, Stiefelmacher, Schlittenbauer und Schneider gab. Dazu eine Schule, eine Feuerwehr, eine Genossenschaft, die mit viel Erfolg Schweine züchtete, einen tüchtigen Stadtsowjet und drei Gemeindepolizisten auf der Polizeistation: die Genossen Nikolai Sergejewitsch Lukomov, Iwan Iwanowitsch Pako und Oleg Baratschew. Letzterer allerdings lag bereits seit mehreren Wochen im Krankenhaus.

So blieb ausgerechnet in dieser schweren Zeit alle kriminalistische Arbeit an Nikolai und Iwan hängen.

Und Nikolai war es, der sich gerade auf dem Weg zu Alexej Turpin, dem Popen, befand.

„Du hast nach der Polizei verlangt, Genosse Turpin?", fragte er wenig später den Priester, der ihm daraufhin mit dem Finger drohte und mit freundlicher Miene berichtigte: „Erstens bin ich nicht der Genosse, sondern der Pope Turpin, und zum anderen habe ich schon vor zwei Stunden nach der Polizei verlangt."

„Wenn schon …", brummte Nikolai missmutig. „Wir haben eben eine Menge zu tun. Außerdem fehlt uns Oleg. Also, man hat dir Geld gestohlen. Wie viel?"

„Acht Beutel mit Rubeln."

„Und wann hast du es bemerkt?"

„Heute Morgen, als ich in die Kirche kam. Ich hatte die Kassette mit den Geldbeuteln immer im Altarschrank stehen. Heute früh war sie weg."

„Die Kassette?"

„Ja. Spurlos verschwunden!"

Nikolai Lukomov machte eine Handbewegung. „Gehen wir zur Kirche!"

„Wozu?", wollte der Pope wissen.

„Na, wozu schon. Zur Tatortbesichtigung und Spurensicherung natürlich!" Und als er den Popen lächeln sah, fauchte er aufgebracht: „Was grinst du so hinterhältig?"

„Du redest, als würdest du was von Kriminalistik verstehen." Lukomov hielt den Atem an, holte anschließend ganz tief Luft und fragte mit blitzenden Augen: „Bin ich ein Polizist oder bin ich kein Polizist?"

Der Pope beschwichtigte:

„Natürlich bist du ein Polizist, mein Söhnchen!"

„Ich bin nicht dein Söhnchen!"

„Wie du willst … Aber sag mir, was nützt der bravste Polizist, wenn er nicht einmal einen Dieb fangen kann?"

„Wir werden ihn schon fangen!!"

„Seit einer Woche versucht ihr es vergebens …!" Und nach einem Seufzer, der Verständnis für die Lage des Polizisten ausdrücken sollte, fuhr er fort: „Ich könnte verstehen, wenn du lieber etwas anderes sein wolltest als ein Dorfpolizist."

Nikolai Sergejewitsch Lukomov drückte die schmächtige Brust heraus und erwiderte im Ton der Überzeugung: „Es ist ein Glück, ein Dorfpolizist zu sein, Pope!" Und mit der gleichen Miene schlug er erhobenen Kopfes den Weg zur Kirche ein.

Als Nikolai eine Stunde später wieder im Revier eintraf, setzte Iwan Iwanowitsch Pako gerade seine Stummelpfeife in Brand. Nikolai warf seine Umhängetasche auf die Bank und ließ sich ächzend auf einen Stuhl fallen.

Iwan, der dem Tun seines Kollegen wortlos zugesehen hatte, erkundigte sich jetzt: „Du machst ein Gesicht, als sei dir ein Traktor über die Zehen gefahren."

„Ich war beim Popen!" Man sah es ihm an, welches Ergebnis seine Ermittlungen zu Tage gefördert hatten. Auch Iwan ahnte es. Trotzdem fragte er: „Und, was sagt er?"

„Man hat ihm eine Kassette mit Geld gestohlen."

„Und wie viel?"

Nikolai zuckte die Schultern. „Das konnte er nicht sagen. Müsste er erst ausrechnen."

Pako runzelte die Stirn und schimpfte: „Ich sag's ja immer wieder … Typisch Kapitalist … Ich kann zu jeder Tages- und Nachtzeit sagen, wie viele Rubel ich in der Tasche habe. Was hast du am Tatort gefunden, Nikolai?"

„Das Übliche!"

„Also abgebrannte schwarze Streichhölzer?"

„Ja, abgebrannte schwarze Streichhölzer … Meinst du nicht, Iwan, wir sollten den Distriktskommissar verständigen?"

Iwan Iwanowitsch Pako spuckte zuerst wütend auf den Fußboden, dann donnerte er die Faust auf die Schreibtischplatte. Und während er sich mit schmerzverzerrtem Gesicht die misshandelte Faust rieb, schimpfte er: „Damit sie mit Fingern auf uns zeigen, was? Seht sie an, diese dummen Dorfpolizisten … Die können höchstens eine entsprungene Ziege oder einen besoffenen Schweinehirten einfangen. Nein, Nikolai … Nein und nochmals nein …" Pako war aufgesprungen und begann im Wachlokal auf und ab zu gehen. „Wir müssen den oder die Diebe selbst erwischen."

Nikolai schüttelte voller Missmut den Kopf. „Ausgerechnet jetzt muss sich Oleg ins Krankenhaus legen … Wie sollen wir die Diebe fangen, wenn wir nicht mal eine einzige Spur haben."

Iwan blieb vor seinem Kollegen stehen und musterte ihn fast ein wenig mitleidig. „Wir haben doch Spuren!"

Nikolai hob überrascht den Kopf. In seinen Augen stand grenzenlose Betroffenheit. „Davon hast du mir ja noch nichts gesagt. Was haben wir denn für Spuren?"

„Die abgebrannten schwarzen Streichhölzer!"

Nikolais Interesse erlosch schlagartig. „Ach die …", nuschelte er. „Das sind doch keine Spuren."

„Du hättest wirklich kein Polizist werden sollen, Nikolai Sergejewitsch! Du kannst ja eine Spur nicht mal von einem nassen Handtuch unterscheiden!" Iwan Pako schien ehrlich entrüstet. Aber auch Lukomov ließ wissen, dass ihm soeben eine Laus über die Leber gelaufen war: „Und du, Iwan Iwanowitsch, hast nur eine große Klappe! Du gibst immer nur an. Weißt du auch nur ein klein bisschen mehr als ich? Nein … Was haben wir schon davon, dass wir wissen, dass der Dieb überall schwarze Streichhölzer liegen lässt … Nichts haben wir davon …"

Iwan rang sich ein versöhnliches Lächeln ab. Und einlenkend erwiderte er: „Das war die längste Rede, die du seit vier

Wochen gehalten hast. Aber du hast Recht, Nikolai … Lass uns noch einmal alle Fakten durchgehen: Also, zuerst werden in Leonids Schenke einige Flaschen Wodka gestohlen."

„Vier große Flaschen waren es!", nickte Nikolai.

„Zwei Tage später vermisst die Witwe Turanowa ihr bestes Leghuhn, und was finden wir unter einem Bootssteg zehn Stunden später? Wir finden ein ausgebranntes Lagerfeuer und einen Haufen abgenagter Knochen!"

„Hühnerknochen!", ergänzte Nikolai.

„Am Mittwoch bricht jemand die Genossenschaftskasse auf und entwendet das gesamte Bargeld."

„Einhundertfünfzig Rubel!"

„Und heute Nacht? Heute Nacht bestiehlt man den Popen."

„Du sagst es, Iwan!"

„Was aber finden wir an jedem Tatort?"

„Abgebrannte Streichhölzer!"

„Stimmt! Abgebrannte schwarze Streichhölzer. Und was sagt uns das, Nikolai?"

Lukomov hatte nicht die geringste Ahnung, worauf sein Kollege hinauswollte. Trotzdem sah er ihn wie einen Verschwörer an und tat geheimnisvoll: „Ja, was sagt uns das?!"

Unbeirrt fuhr Iwan Pako fort: „Das sagt uns erstens, dass alle Diebstähle nachts ausgeführt wurden, und …"

„Und???", fragte Nikolai mit drei Fragezeichen.

„Hm … ich hab noch nie schwarze Streichhölzer in Woranowa gesehen. Du etwa?"

Nikolai fuhr fast schuldbewusst zusammen. „Wieso ich? Ich rauche doch nicht …" Als er Iwans finstere Miene gewahrte, fügte er rasch hinzu. „Du hast Recht … Das hat ja mit dem Rauchen nichts zu tun …"

„Na also! Das ist schon die nächste Spur … Jetzt brauchen wir nur noch jemanden zu finden, auf den die Spur passt!"

Nikolai nickte strahlend. Doch plötzlich kamen ihm Bedenken. „Woran wollen wir sehen, auf wen die Spur passt, Iwan Iwanowitsch?"

Iwan schwieg. Nur seine Augen sprachen. Und sie schienen nichts Freundliches zu sagen, denn Nikolai Sergejewitsch kniff ärgerlich die Lippen zusammen. Endlich öffnete Iwan seine Lippen, und schwer wie dicker Teer tropfte es heraus: „Finden wir denjenigen, der die schwarzen Streichhölzer in der Tasche hat, dann haben wir auch den Täter."

In diesem Augenblick klingelte das Telefon. Pako ging zum Schreibtisch und raunzte in den Hörer: „Polizei!"

„Ich bin es, Alexej Turpin … Ich habe jetzt nachgerechnet, wie viel Geld in den acht Beuteln steckte. Es waren genau hundertdreiundfünfzig Rubel und neun Kopeken."

„Moment …", erwiderte Iwan und fischte nach einem Stift … Und während er schrieb, wiederholte er den Betrag laut: „Hundertdreiundfünfzig Rubel und neun Kopeken … Gut, ich habe es notiert!"

Der Pope am anderen Ende räusperte sich. „Sag, Iwan Iwanowitsch, besteht Hoffnung, dass ich das Geld noch einmal wieder sehe?"

„Aber natürlich besteht Hoffnung. Hoffnung besteht immer. Uns fehlt nur noch eine Kleinigkeit."

„Und was ist das?"

„Der Dieb …"

Mit einem leisen ironischen Lächeln legte Pako den Hörer zurück. Er wusste, dass der Pope ihm diesen kleinen Scherz nicht übel nehmen würde. Nikolai dagegen, der ja nicht hören konnte, wer Iwans Telefonpartner war, erkundigte sich nervös: „Schon wieder ein neuer Diebstahl?"

„Nein. Es war der Pope. Er hat uns nur seinen Verlust durchgegeben. Zusammen mit den hundertfünfzig Rubel aus der Genossenschaftskasse hat der Gauner jetzt schon dreihundertdrei Rubel erbeutet ..."

„Und neun Kopeken ... und das Huhn ... und den Wodka ..."

Viele Stunden danach.

Eine samtene Dunkelheit hatte sich über Woranowa gesenkt. Nur gelegentlich, wenn die Wolkendecke aufriss, ergoss sich gleißendes Mondlicht über die Landschaft am Don. Und wer dann die Berganskaja bis zum Ende ging, konnte das geheimnisvolle, schwarz glitzernde Band des Don sehen. Und wer genau hinhörte, vernahm sogar das dumpfe, blubbernde Geräusch der anschlagenden Wellen. Es war eine Nacht für Diebe. Warm, dunkel und voller Geflüster des raschelnden Laubwerks.

Aus dem Schatten des Schulgebäudes hatte sich eine Gestalt gelöst und strebte nun geräuschlos einem flachen Wohnhaus auf der gegenüberliegenden Straßenseite zu. Es wurde von Nadeschda Glosonowa, der Lehrerin, deren Mann und ihrem Bruder bewohnt.

Zwei der insgesamt fünf Fenster reflektierten das bläulich-unwirkliche Licht, wie es entsteht, wenn das Zimmer nur vom Bildschirm eines Fernsehapparates erleuchtet wird.

An diesem Abend übertrug das sowjetische Fernsehen die Aufzeichnung eines Fußballspiels vom gleichen Nachmittag. Es spielten Dynamo Kiew gegen den Armeesportverein Spar-

tak Moskau. Und zu diesem Zeitpunkt stand es 2 : 1 für Kiew. Grund genug also, den Lärm im Zimmer zu erklären.
Die schleichende Gestalt jedoch schien sich nicht für Fußball zu interessieren. Als es 21 Uhr vom Turm der kleinen Kirche schlug, verschwand sie gerade im Dunkel des Hausflurs.

Eine Stunde später.
Auf dem Polizeirevier saß Iwan Pako und hämmerte ohne Begeisterung seinen Tagesbericht in die Tasten der altersschwachen Schreibmaschine. In dieser Woche war er mit dem Spätdienst an der Reihe.
Auf dem elektrischen Kocher summte der Samowar. Um 22 Uhr 10 rasselte das Telefon.
„Ich bin's, Nadeschda Glosonowa, die Lehrerin!"
Pako machte den Versuch eines Scherzes: „Nachts lerne ich ungern das Alphabet."
Doch er kam schlecht an. „Red keinen Blödsinn. Mach dich auf den Weg zu mir!"
„Was soll ich bei dir?"
„Deinen Polizeipflichten nachgehen! Während wir das Fußballspiel angesehen haben, hat ein Dieb den silbernen Leuchter aus unserem Schlafzimmer gestohlen."
Iwan Pako schluckte einen bösen Fluch runter. Dann erkundigte er sich: „Liegen abgebrannte schwarze Streichhölzer herum?"
Es schien, als habe sich Nadeschda Glosonowa verhört. „Was soll herumliegen?"
„Sieh nach, ob abgebrannte schwarze Streichhölzer herumliegen."

Zwei Minuten später erhielt er die Antwort: „Ja, drei. Hat das was zu bedeuten?"

„Es bedeutet, dass es der gleiche Dieb ist, hinter dem wir ohnehin her sind."

Nadeschda Glosonowa argwöhnte: „Soll das heißen, Genosse Pako, dass du nicht kommst?"

„Ja, das soll es heißen. Ich hoffe, ihr braucht den Leuchter nicht zum Schlafen ... Ich komme morgen."

„Und der Dieb?"

„Der läuft uns nicht davon ..."

„Soll das ein Witz sein ... Oder kennt ihr den Dieb schon?"

„Wir sind ihm dicht auf den Fersen! Gute Nacht, Nadeschda Glosonowa."

Wieder vergingen 20 Minuten. Der Polizist Iwan Iwanowitsch Pako ertappte sich immer öfter dabei, wie er zähneknirschend an den geheimnisvollen Dieb dachte, der seit nunmehr acht Tagen die Gegend unsicher machte. War er ein Einheimischer?

Ein Durchreisender vielleicht?

Oder einer von denen, die einige Werst flussaufwärts in dem neuen Kieswerk arbeiteten?

Mitten in seine Gedanken hinein wurde die Tür aufgerissen. Und in der Tür stand Nikolai Sergejewitsch Lukomov.

„Nikolai???? Ich denke, du liegst schon längst im Bett? Was ist los ...?"

Nikolai gab sich keine Mühe, seine Erregung oder besser seine Aufregung zu verbergen. „Ich war in Leonids Schenke, Iwan ... Eigentlich wollte ich gar nicht ... Aber dann dachte

ich, geh noch für einen kleinen Schluck zu Leonid … Das Fußballspiel war so aufregend … Kiew hat 3 : 1 gewonnen …"
Pako winkte ab. „Was gab's in Leonids Schenke?"
Nikolai stand noch immer in der offenen Tür. Erst auf einen Wink Iwans drückte er sie zu. Dann erzählte er: „Ich wollte nur schnell einen im Stehen trinken … Leonid schenkte mir ein, ich wollte gerade einen Schluck nehmen … und da sah ich ihn! Ich sah ihn, Iwan!!"
„Wen?"
„Den Alten!!"
„Welchen Alten??" Iwan schien nahe am Platzen und überzeugt, dass Nikolai einen sitzen hatte.
„Einen alten Mann! Er saß da, trank Wodka und rauchte Pfeife … So eine Stummelpfeife wie du …" Nikolai verschluckte sich fast vor Aufregung, als er fortfuhr: „Er brannte sie mit schwarzen Streichhölzern an!"
Iwan Pako war so heftig aufgesprungen, dass sein Stuhl in einem Salto nach hinten polterte. „Nein!", rief er dazu aus.
„Doch!", versicherte Nikolai und schnitt dazu eine Grimasse, als sei er soeben Väterchen Frost im Badeanzug begegnet.
„Und was hast du getan?"
„Mir ist vor Schreck das Glas aus der Hand gefallen."
„Das sieht dir ähnlich. Was sagt Leonid?"
„Ich hab ihn gefragt, ob er den Alten kennt …"
„Und? … Verdammt, Nikolai, lass dir doch nicht jedes Wort einzeln aus der Nase ziehen!", schimpfte Iwan, während er nach Jacke und Koppel fischte.
„Leonid kannte ihn nicht."
„Und warum hast du ihn nicht sofort verhaftet?"
Nikolai Sergejewitsch zog schuldbewusst den Kopf zwischen

die Schultern und stotterte: „Ich ... ich ... wollte dich holen ...", und eifrig: „Ich habe Leonid gesagt, dass er ihn aufhalten soll, bis wir kommen!"

„Eines sage ich dir", drohte Iwan grimmig, „wenn der Alte verschwunden ist, dann beiße ich dir ein Ohr vom Kopf, Genosse Lukomov!"

Die beiden Polizisten waren noch rund 50 Meter von Leonids Schenke entfernt, als sich die Tür öffnete und ein Mann ins Freie trat.

„Das ist er!!", keuchte Nikolai und hetzte los.

Eine halbe Minute später hatten sie den Mann erreicht und rechts und links gepackt.

„Loslassen! Loslassen!!", brüllte der Alte und versuchte, heftig strampelnd, die beiden Polizisten abzuschütteln. Als ihm das nicht gelang, rief er aus Leibeskräften: „Hilfe, Polizei!! ... Hilfe, Überfall!!"

Iwan, dem in diesem Augenblick ein Absatz gegen das Schienbein knallte, brüllte zurück: „Halt endlich die Klappe, wir sind doch von der Polizei!"

Der Alte hielt schnaufend inne. Misstrauen schwang in seiner Stimme mit, als er fragte: „Ihr seid von der Polizei?"

„Ja! Warum wolltest du dich denn so schnell aus dem Staub machen, he?"

„Was heißt hier aus dem Staub machen? Ich wollte mir nur ein Plätzchen für die Nacht suchen ... Lasst mich los, damit ich ein Streichholz anzünden kann!"

„Wozu?", wollte Nikolai wissen und ließ unwillkürlich den Arm des alten Mannes los.

„Um zu sehen, ob ihr wirklich von der Polizei seid!"
Ein Streichholz flammte auf.
„Einer nur!", stellte der Alte fest.
„Ich bin außer Dienst!"
„Also, womit kann ich euch dienen?"
„Du wirst uns jetzt zum Wachlokal begleiten!", befahl Iwan, keinen Widerspruch duldend. „Wir haben einige Fragen an dich!"
„Jetzt? Mitten in der Nacht???"
„Jetzt! Mitten in der Nacht!!!"
„Na, meinetwegen, gehen wir!"

Iwan Iwanowitsch Pako schloss das Wachlokal auf und schob den alten Mann hinein. Dieser ließ sich sofort ächzend auf einen Stuhl fallen und streckte die Beine weit von sich. Nachdem auch Iwan und Nikolai saßen, faltete der unfreiwillige Besucher die Hände über dem Bauch, verzog sein faltiges Gesicht zu einem freundlichen, aufmunternden Grinsen und brummte: „Also, raus mit der Sprache! Was sind das für Fragen?"
Iwan Pako zeigte ein sehr dienstliches Gesicht und auch der schmächtige Nikolai mühte sich um ein strenges Gehabe.
Iwan fragte: „Wie heißt du, woher kommst du und was führt dich nach Woranowa?"
Der alte Mann riss die Augen auf, kicherte und schimpfte dann belustigt: „Heilige Mutter von Kasachstan, das konntet ihr mich doch schon vorhin fragen!"
„Wir hatten unsere Gründe!", erwiderte Iwan, und Nikolai ergänzte vielsagend: „Außerdem war es dunkel!"

„Wahr gesprochen!", stimmte der Festgenommene mit einem Zungenschnalzer zu und begann in seinen Taschen zu wühlen. Iwan und Nikolai beobachteten ihn gespannt. Endlich schien er gefunden zu haben, was er gesucht hatte. Er warf einen mehrfach gefalteten Ausweis auf den Schreibtisch.

„Hier! Ich bin der Genosse Wassilij Wassilijwitsch Petrow, komme aus Woronesch und bin unterwegs nach Bogutschar, um meine Enkel zu besuchen! Zufrieden, Brüderchen Polizist?"

Iwan blätterte aufmerksam in dem zerfledderten Dokument. Und ehrliches Erstaunen schwang in seiner Stimme mit, als er feststellte: „In dem Dokument steht, dass du im Jahr achtzehnhundertachtundneunzig geboren bist."

Petrow nickte, und der Schalk sprühte aus seinen grauen Augen, als er weitschweifig zum Besten gab: „Das soll ein gutes Jahr für Fischer, Fallensteller und Jäger gewesen sein. Und eine gute Ernte soll's auch gegeben haben ... Kartoffeln fast so groß wie Kürbisse! Jaja, so hat es wenigstens mein Vater erzählt ..."

Nikolai, der während der Schilderung eifrig gerechnet hatte, meinte jetzt ungläubig: „Dann zählst du ja schon fünfundsiebzig Jahre."

Der alte Wassilij kicherte wieder. „Du bist ja ein ganz schneller Polizist!"

„Ich war schon immer gut im Rechnen!"

Iwan Pako schlug mit der Hand auf die Schreibtischplatte: „Genug! Kommen wir zur Sache: Wie lange bist du schon in Woranowa?"

Petrow schloss für Sekunden die Augen und legte die Stirn in dicke Denkerfalten. Als er antwortete, begleitete er seine Worte mit einem Schulterzucken. „Ein paar Tage. Genau weiß ich es nicht mehr … In meinem Alter zählt man die Tage nicht mehr an den Fingern ab. Ich weiß nur, dass ich bei größeren Reisen auch größere Pausen machen muss. Ist das so wichtig?"

„Wo hältst du dich tagsüber auf und wo schläfst du?"

„Mal schlafe ich unter einer Weide, mal unter einem Holunderstrauch … Und am Tag?" Wieder tat er, als müsste er erst gründlich über diese Frage nachdenken … „Oft sitze ich am Fluss und sehe den Schiffen nach … Oder ich lausche dem Gezwitscher der Vögel …"

Iwan lachte ironisch. „Genauso habe ich es mir gedacht. Ein typischer Landstreicher …" Seine Stimme war plötzlich scharf und poltrig: „Hör zu, Genosse Petrow, du stehst in Verdacht, in Woranowa eine Reihe von Diebstählen begangen zu haben."

„Ach?!", staunte Wassilij.

„Du hast doch von den Diebstählen gehört?", forschte Nikolai und streckte angriffslüstern das dünne Kinn vor.

„Ich habe keinen Ton von Diebstählen gehört … Wer sollte mir so was schon erzählen?"

Iwan trommelte ungeduldig mit den Fingerspitzen.

„Man hat dich schon vor acht Tagen hier in der Gegend gesehen."

„So??"

„Was heißt ‚so'?"

„Ich sagte dir doch schon, dass ich die Tage nicht zähle." Petrow beugte sich interessiert vor. „Was soll ich denn gestohlen haben, Genosse Polizist?"

Pako sah Petrow in die Augen und erwiderte lauernd: „Zum Beispiel beim Popen hundertdreiundfünfzig Rubel!"

„Und neun Kopeken!", ergänzte Nikolai.

„Du hast die Genossenschaftskasse beraubt und in Leonids Schenke ein paar Flaschen Wodka gestohlen!"

Petrow wackelte mit den Ohren und erkundigte sich höflich: „Noch was?"

„Du hast die Witwe Turanowa um ihr bestes Leghuhn gebracht und der Lehrerin einen silbernen Leuchter gestohlen. Raus mit der Sprache, wo hast du die Sachen versteckt!!"

Wassilij Wassilijewitsch Petrow schlug das rechte über das linke Bein und begann den Stiefel abzustreifen. Dabei stöhnte er: „Ich glaube, ich werd heute Nacht hier schlafen."

„He, was machst du da?"

„Ich zieh mir vorm Schlafengehen immer die Stiefel aus. Du nicht?"

Die beiden Polizisten starrten den alten Mann, der nun auch den zweiten Stiefel abstreifte, wie ein Weltwunder an. Iwan Iwanowitsch hatte sich zuerst gefasst. Voller Hoffnung rief er: „Du legst also ein Geständnis ab?!!"

Wassilij Petrow zog ungerührt die Socke vom rechten Fuß, und während er diesen anschließend voller Wohlbehagen rieb, erklärte er: „Zuerst habe ich meine Jacke abgelegt, dann meine Stiefel und nun meinen Strumpf!" Er streckte Iwan den bloßen Fuß entgegen. „Sieh her, was ich für Frostbeulen habe … Zwei Stück … Hast du eine Ahnung, was die mich zwicken!" Wieder begann er genüsslich seinen Fuß zu massieren.

Iwans Stimme überschlug sich fast, als er dem Alten entgegendonnerte: „Mich interessieren nicht deine Frostbeulen, mich interessiert nur dein Geständnis!"

Petrow blickte friedlich und müde drein. Und ebenso sprach er: „Dich sollten aber auch meine Frostbeulen interessieren. Ohne sie wäre ich nämlich schon lange über alle Berge …"

„Das gleicht einem Geständnis. Du wolltest also türmen!", triumphierte Iwan Pako.

„Tut mir aufrichtig Leid … (hier gähnte Petrow), aber ich habe wirklich nichts zu gestehen … Oder habt ihr Beweismittel? Fingerabdrücke oder so was?" Als niemand antwortete, fuhr er fort: „Stellt mich auf den Kopf und nicht ein einziges Stück der sogenannten Diebesbeute wird aus mir herausfallen!"

„Wir haben Beweisstücke!", fauchte Iwan.

„Du machst mich neugierig … Wirklich, Genosse Polizist, ich habe mich lange nicht so gut und in so angenehmer Gesellschaft unterhalten."

„Streichhölzer!", rief Nikolai und schien zu erwarten, dass der alte Mann vor Schreck vom Stuhl fiel. Doch der beschäftigte sich nach wie vor mit seinen beiden Frostbeulen. „Wir haben drei Dutzend schwarze abgebrannte Streichhölzer sichergestellt! Gefunden an den Tatorten! Willst du vielleicht abstreiten, dass du schwarze Streichhölzer besitzt?"

Wassilij Wassilijewitsch zeigte ein Lächeln voller Nachsicht, als er in die Tasche griff und ein Schächtelchen mit schwarzen Streichhölzern hervorholte. Er schob es Iwan Pako entgegen.

„Hier, die schenke ich euch. Als Andenken und zur Erinnerung. Es gibt sie im ganzen Land zu kaufen. Sie sind kein Beweis!"

„Was du nicht sagst, Väterchen", versuchte Iwan zu spotten, denn er merkte, wie ihm die schon sicher geglaubten Felle wieder davonschwammen.

„Das sage nicht nur ich. Das würde auch der Richter sagen. Sogar auf nüchternen Magen. Er würde euch auslachen!"

Und jetzt wurde die Stimme des alten Mannes schwermütig, und in seine Augen trat ein tieftrauriger Schimmer.

„Glaubt ihr denn, dass ich wegen läppischer hundertfünfzig Rubel in die Genossenschaftskasse einbrechen würde? … Traut ihr das dem braven Wassilij Wassilijewitsch Petrow wirklich zu? Einem alten, armen Großvater, der unterwegs ist zu seinen sechs geliebten kleinen Enkeln? Nein, das könnt ihr ihm gar nicht zutrauen …" Er schnäuzte sich.

„Gebt doch zu, dass ihr euch nur einen Scherz machen wolltet mit mir …" Jetzt drohte er sogar mit dem ausgestreckten Zeigefinger. „Das war gar nicht schön von euch! Zur Strafe werde ich diese Nacht hier verbringen!"

Während Nikolai Sergejewitsch nicht wusste, was er mit seinen Händen beginnen sollte (was selten bei ihm vorkam), erinnerte sich Iwan Iwanowitsch an seine Pflichten als staatlicher Ordnungshüter.

„Zieh dich an und verschwinde!", schimpfte er … das heißt, er versuchte zu schimpfen. Dann zeigte er zur Tür: „Wir sind schließlich kein Hotel!"

Kopfschüttelnd und scheinbar die Welt nicht mehr verstehend, folgte Petrow der Aufforderung. Ohne Hast und ohne lauten Protest schlüpfte er in seine Kleidung zurück. Strümpfe, Stiefel, Jacke.

Schon an der Tür schüttelte er noch immer den Kopf. „Ihr solltet euch wirklich schämen, solch schlechten Scherz mit einem alten Mann zu machen."

Scheppernd fiel die Tür hinter ihm zu.

Missmutig goss sich Iwan einen Topf Tee ein. Nikolai tat es

ihm gleich. Schweigend, in tiefe Gedanken versunken, saßen sie sich gegenüber.

Es war nicht mehr weit bis Mitternacht, als Iwan Pako plötzlich wie eine Rakete von seinem Stuhl hochschoss und das Sitzmöbel zum zweiten Mal an diesem Abend krachend auf dem Fußboden landete.
Nikolai erschrak so sehr, dass er sich den gesamten Inhalt des Teetopfes über die Hose goss.
Iwans Stimme klang gleichermaßen dumpf wie heiser: „Und er war es doch! Er war es doch, Nikolai! Er ist der raffinierteste Halunke, der mir je über den Weg gelaufen ist. Er hat sich ja selbst verraten. Und ich hab es nicht einmal gemerkt! Komm, Nikolai, wir müssen ihn wieder einfangen, soll nicht ganz Russland über uns lachen …"

**Wassilij Wassilijewitsch Petrow hat sich nach Meinung des Polizisten Iwan Iwanowitsch Pako selbst verraten.
Nun, wer weiß es, womit?
Welchen Fehler hat der alte Mann gemacht?**

12 | Die Geheimkonferenz

Sämtliche elf Direktoren der EFC (Europäische Fruchtgetränke Company) waren im eleganten Sitzungssaal des Arosa-Hotels in Genf versammelt. Sie kamen aus den Ländern Italien, Frankreich, Deutschland, Österreich, Belgien, Holland, England, Spanien, Portugal, Schweden und der Schweiz.
Jedes Land hatte einen eigenen EFC-Direktor. Die oberste Zentrale und Sitz der Generaldirektion befand sich in Luxemburg.
Bei dieser zweiten Geheimkonferenz ging es – wie auch schon bei der vorhergehenden in Madrid – um die Einführung eines neuen, ganz ungewöhnlichen Getränks, mit dem man der gesamten internationalen Getränkeindustrie ein Schnippchen schlagen wollte.

Eine prickelnde Erregung lag über den elf Männern im vornehmen Schwarz. Heute nun sollte die endgültige Vertragsfassung unterschrieben werden, und alle sahen gespannt dem Eintreffen Sir Arthur Bonhalls, dem Generaldirektor der Gesellschaft, entgegen.
Auch Henry Rankenburg, der, als Direktor der Schweiz, den heutigen Vorsitz führte, sah des öfteren ungeduldig zur Uhr. Es war bereits 11 Uhr! Und für 10 Uhr 30 hatte Sir Arthur die Geheimkonferenz anberaumt.
Die Unterhaltung der Herren wurde immer gedämpfter. Und immer öfter sah man auf die Uhr.

Zuerst nur verstohlen. Dann offen. Eine halbe Stunde Verspätung – unglaublich!

Um 11 Uhr 10 klingelte das lilafarbene Telefon. Direktor Rankenburg nahm den Hörer ab.

„Sie werden aus Paris verlangt!", sagte die Stimme aus der Zentrale. Sekunden später vernahm er Sir Arthur Bonhalls rauchiges Organ.

„Sind Sie's, Rankenburg?", bellte es ihm heiser entgegen.

„Ja, Sir!" Und mit einem leisen, unüberhörbaren Vorwurf in der Stimme: „Wir warten alle auf Sie!!"

Bonhall schien es überhört zu haben.

„Hören Sie mir gut zu, damit Sie auch die anderen Herren umfassend informieren können. Kennen Sie einen gewissen Doktor Salvini?"

„Nein, Sir!"

„Einer unserer Direktoren ist ein Verräter!", tobte Sir Arthur am anderen Drahtende, und Rankenburg zuckte erschrocken zusammen.

„Jawohl, ein Verräter, sage ich! Heute früh rief mich Salvini aus Versailles an und teilte mir mit, dass ihn einer unserer Direktoren über alles informiert habe. Über das neue Getränk ‚Sketch' und über die Art des Starts. Er kannte sämtliche Details unserer geplanten Werbekampagne. Sogar, dass wir mit einer sensationellen, noch nie da gewesenen Flaschenform auf den Markt kommen wollen."

„Aber warum das alles?", fragte Rankenburg, weiß bis in die Lippen.

„Er verlangt ein Schweigegeld von fünfzigtausend Pfund Sterling."

„Und was nun?"

„Ich habe mir vierundzwanzig Stunden Bedenkzeit ausbedungen. Sagen Sie das alles dem Kollegium. Ich selbst fliege jetzt nach Lissabon, um einen Beauftragten dieses Salvini zu treffen. Heute Abend bin ich in Genf. Beginn der Sitzung zweiundzwanzig Uhr. Haben Sie mich verstanden?"

„Ja, Sir Arthur!", nickte Rankenburg geistesabwesend.

„Und sagen Sie dem Verräter, dass er sich in der Zwischenzeit etwas einfallen lässt. Ich kriege auf jeden Fall heraus, wer es ist!"

Es knackte in der Leitung und begann zu rauschen. Rankenburg legte auf. Seine Hand zitterte.

„Ungeheuerlich …", murmelte er entsetzt, als er die auf ihn gerichteten verständnislosen Blicke sah.

Nach einem Schluck aus dem vor ihm stehenden Wasserglas berichtete er: „Meine Herren, Sir Arthur lässt Ihnen ausrichten, dass die Konferenz auf heute Abend zweiundzwanzig Uhr verschoben werden muss. Ich soll ihnen ferner sagen", hier räusperte sich Rankenburg, „dass sich unter uns Direktoren ein Verräter befindet, der das gesamte Projekt ‚Sketch' an einen gewissen Enrico Salvini weitergegeben hat. Es handelt sich dabei um die Einzelheiten des gesamten Werbefeldzugs, ebenso um die Form der neuen Flasche. Für sein Stillschweigen verlangt dieser Salvini fünfzigtausend Pfund Sterling." Wieder räusperte sich Rankenburg.

„Sir Arthur bat mich auch, den betreffenden Herrn wissen zu lassen, dass er sich bis heute Abend etwas einfallen lassen möge."

Totenstille folgte diesen Worten.

Direktor Rankenburg ließ sich auf seinen Sessel zurückfallen und leerte in einem Zug den Inhalt seines Wasserglases.

„Peinlich, peinlich ...!", murmelten dabei seine blassen Lippen. „Peinlich, peinlich ..."

Aus welchem Land kam der verräterische Direktor?

13 | Der Promille-Sünder

Streckengeher Alois Geißmichler verfügte über ausgezeichnete Augen. Wenn er sie an jenem Nachmittag dennoch wie ein Kurzsichtiger zusammenkniff, so deshalb, weil er glaubte zu träumen.

Kam ihm doch auf der wenig befahrenen Straße zwischen Weitersau und Salingen ein Motorrad im Slalom entgegen. Rechts … links … rechts … links … Glaubte Alois Geißmichler zuerst, ein Übermütiger nütze die menschenleere Straße für seine privaten Kunststückchen aus, so änderte er seine Ansicht spätestens in dem Augenblick, als er sich mit einem gewaltigen Hechtsprung in Sicherheit bringen musste. Kein Zweifel: Der Mann auf dem Motorrad hatte ordentlich einen sitzen.

Und wenn der Geißmichler schon nicht das Gesicht hinter der großen Brille erkannte, die Zulassungsnummer jedoch glaubte er entziffert zu haben.

Zwei Tage lang versuchte Wachtmeister Heller umsonst den Eisendreher Josef Algartz, der als Besitzer der Maschine eingetragen war, anzutreffen. Am dritten Tag jedoch fand er das Motorrad vor und den Besitzer im Haus.

Doch Josef Algartz stritt alles ab. Er sei seiner Lebtag weder in Weitersau noch in Salingen gewesen. Der Mann, der ihn angeblich gesehen habe, müsse einer optischen Täuschung erlegen sein, meinte er. Vielleicht sei es eine ähnliche Nummer gewesen.

Auf die Frage des Beamten, wo er sich in den letzten Tagen aufgehalten habe, erklärte Algartz, auf einer kleinen Ferienrundreise gewesen zu sein.

Und dann zählte er eine Reihe von Orten auf. „Sie sehen, Herr Inspektor, ich kann also an diesem Tag gar nicht bei der dicken Wirtin von der ‚Post' in Weitersau gewesen sein. Und denjenigen, der Ihnen meine Nummer angegeben hat, werde ich wegen Verleumdung verklagen!", drohte Algartz und schwang seine mächtigen Fäuste.

Wachtmeister Heller klappte sein Notizbuch zu und gab freundlich zurück: „Wenn der Sie nicht wegen Verkehrsgefährdung und Trunkenheit am Steuer anzeigt!"

Es steht ohne Zweifel fest, dass der Algartz-Sepp der betrunkene Motorradfahrer war. Er hat sich sogar selbst verraten. Womit?

14 | Das Ferngespräch

Zuerst kniff Frau Schlegel für einen Augenblick erschrocken die Augen zusammen, dann stieß sie ein fassungsloses ‚Das kann doch nicht sein!' hervor, und schließlich ließ sie sich mit einem satten Plumps auf das ächzende Küchensofa fallen.

178 Mark und 70 Pfennig stand unübersehbar auf der Telefonrechnung. Irrtum ausgeschlossen! Runde 50 Mark mehr als üblich. Dabei hatten die Mädchen – so nannte sie ihre studentischen Untermieterinnen – nur 29 Mark in die gemeinsame Telefonkasse getan. Für jedes Ortsgespräch 20 Pfennig. Ferngespräche wurden gestoppt und mit Hilfe der Tabelle errechnet.

Sah sie sich allerdings jetzt die Rechnung an, erkannte sie, dass hier ‚einiges nicht errechnet' worden war.

Die sonst so gutmütige Helene Schlegel legte ihr Gesicht in kriegerische Falten und beschloss zunächst einmal den Rat der Nachbarin einzuholen.

Es dämpfte ihre Kampfesstimmung keineswegs, dass diese – Witwe eines städtischen Steuerobersekretärs – ausgerechnet an diesem Nachmittag nicht zu Hause war.

Gegen 18 Uhr zog Frau Schlegel das strenge Blauseidene an und begann zu warten.

Endlich, kurz nach 19 Uhr 30, trudelte auch die dritte und letzte Untermieterin ein. Mit unbewegtem Gesicht (sie hatte gelesen, dass sich solches immer gut mache) bat sie die drei überraschten Damen in die gute Stube.

„Hundertachtundsiebzig Mark siebzig … so hoch ist die Telefonrechnung in diesem Monat!", rief sie und sah sie der

Reihe nach an: Brigitte, Studentin der Medizin im vierten Semester, Elvira, dieselbe Fakultät im zweiten Semester, und Heidelinde, drittes Semester Philosophie.

„Wer hat vergessen, eine Telefonrechnung zu bezahlen, meine Damen?"

Zuerst Schweigen.

„Vielleicht ist das nur ein Irrtum der Post?", mutmaßte Brigitte hoffnungsvoll.

Frau Schlegel schüttelte den Kopf und stellte gleichzeitig fest: „Es muss sich um ein langes Ferngespräch handeln. Wie steht's mit Ihnen, Elvira? Haben Sie nicht einen Freund in Hamburg?"

Elvira, die Medizinerin, lief rot an und ereiferte sich: „Erstens war ich an diesem Tag gar nicht zu Hause, und zweitens könnte es dann ebenso gut Heidelinde gewesen sein. Ihr Verlobter sitzt in Berlin!"

Heidelinde Aurich lehnte kühl ab: „Wenn ich mit Rolf telefoniere, mache ich das bestimmt nicht hier im Korridor. Da gehe ich schon in eine Telefonzelle!"

Elvira kicherte, Frau Schlegel war ratlos, und Brigitte fauchte Heidelinde an: „Du tust ja gerade, als würde es uns interessieren, was du mit deinem Rolf sprichst …"

„Ruhe, keinen Zank!!", schimpfte Frau Schlegel, zupfte nervös an ihrem Spitzeneinsatz herum und erinnerte sich: „Haben Sie nicht vor vierzehn Tagen mit Ihrer Tante in Husum telefoniert, Fräulein Brigitte? Das sind von hier aus immerhin runde tausend Kilometer …"

„Stimmt, habe ich!", gab Brigitte zu, „aber das Gespräch hat keine drei Minuten gedauert. Und bezahlt habe ich es auch. Das zweite Mal habe ich keinen Anschluss bekommen!"

„Erinnert sich denn wirklich niemand an ein Ferngespräch?
… Es kommt doch sonst niemand in die Wohnung …"
Ringsum Stille.
Betretenheit.
Nur das dunkle Hin und Her des Standuhrperpendikels
erfüllte den Raum.
Helene Schlegel war hilflos und enttäuscht.
„Dann ist es vielleicht doch nur ein Versehen der Post…",
murmelte sie und nickte den drei jungen Damen zu.

◗–⊙–➛ **Natürlich war es kein Versehen der Post.**
Nur eines der Mädchen
war für den Differenzbetrag verantwortlich.
Aber welches?

Der Plan des Mister Campell | 15

David Campell, Generalagent der **Silver-Star-Versicherung**, wohnhaft im Londoner Stadtteil Chelsea, plante sorgfältig.
Sein Plan begann damit, dass er seine Frau Linda und die Zwillingstöchter Rita und Shelly aufs Land zu den Schwiegereltern schickte.
Das war am Freitagabend.

Am Sonnabend nahm er die letzten 150 Pfund Sterling aus dem Wandsafe in seinem Büro und verließ das Haus. Als Campell gegen 18 Uhr vom Pferderennen zurückkehrte, waren auch diese 150 £ verwettet. Mit einem Wort: David Campell war bankrott.
Seine Wettleidenschaft hatte ihn ruiniert!
Ungerührt begann er den für diesen Fall vorgesehenen zweiten Teil seines Planes zu verwirklichen. Mit Hilfe einer kleinen, genau abgewogenen Dynamitladung sprengte er den Wandsafe in seinem Büro auf. Dann leerte er den Inhalt sämtlicher Behältnisse wie Schubladen, Schränke und Fächer auf den Fußboden.
Er riss das Telefon aus der Anschlussdose und alle 25 Ordner aus den Regalen.

Als es draußen dunkel war, zog er ein Paar vorbereitete, drei Nummern zu große Gummistiefel mit tief eingeschnittenen Profilsohlen an, löschte sämtliche Lichter im Haus und betrat den Vorgarten. Fünf Minuten lang bemühte er sich, genügend Spuren zu hinterlassen, bevor er mit einem Stein eine Scheibe der rückwärtigen Küchentür zertrümmerte und mit schmutzbeladenen Stiefeln das Haus betrat. Sein Weg – stets auf deutliche Spuren bedacht – führte ihn geradewegs durch die Diele in das bereits verwüstete Büro, wo er noch einmal für ausreichend Schmutz und Abdrücke sorgte.

Er ging den Weg zurück, zog draußen die Stiefel aus, betrat das Haus in Strümpfen.

Mit einem scharfen Messer schnitt er die Gummistiefel in kleine Stücke und spülte sie die Toilette hinunter.

Um 23 Uhr stieg er in den ersten Stock hinauf,

zog seinen Pyjama an,

legte sich ins Bett,

wälzte sich darin herum,

erhob sich wieder,

stand da,

nachdenklich,

längere Zeit.

Zweifelte er an der Vollkommenheit seines Planes?

Nein!

Er fuhr fort!

Aus der Schublade seines Nachttisches entnahm er eine Pistole und begab sich barfuß in die Diele hinunter. Dreimal feuerte er auf die nach oben führende Treppe. 120 Sekunden später schoss er von der Treppe aus zweimal in die Diele.

Es war 23 Uhr 7.

David Campell begann, auf das gute Gehör seiner Nachbarschaft zu hoffen.

Im Bad schmierte er sich eine dünne Schicht Fettcreme ins Gesicht und benetzte es mit Wasser. Auch Vorder- und Rückseite der Pyjamajacke wurden angefeuchtet.

Endlich!
Um 23 Uhr 18 hörte er die Sirene des Streifenwagens. 23 Uhr 22 stürmten drei Beamte durch die Küchentür ins Haus.

23 Uhr 35 erschien Detektivsergeant Newton höchstpersönlich, und ein ‚schweißgebadeter‘, zitternder David Campell gab zu Protokoll:

> „Ich kann nicht viel sagen. Ich bin von einem dumpfen Knall munter geworden. Dann habe ich Geräusche aus dem Untergeschoss gehört. Ich habe meine Pistole genommen und wollte nach unten schleichen. Auf der halben Treppe sah ich plötzlich einen Schatten. Ich rief: ‚Halt, oder ich schieße!‘ Da knallte es! Dreimal hat man auf mich geschossen. Und ich habe zweimal zurückgeschossen. Der Schatten verschwand in der Küche. Ich wollte telefonieren, aber der Anschluss war gestört. Aus meinem Safe wurden fünfzehntausend Pfund in bar und zehntausend Pfund in Wertpapieren gestohlen."

Als David Campell das Protokoll unterschrieb, kam Berry Hyde von der Spurensicherung und meldete Newton: „Die Sache ist klar, Jack. Der Bursche kam durch den Garten und die Küchentür. Wir haben zwei Gipsabdrücke von seinen Schuhen gemacht. Übrigens, jede Menge Fingerabdrücke. Ob auch vom Täter, muss sich noch herausstellen." Während

Sergeant Newton mit Campell zum Büro ging, machte sich Hyde daran, die fünf Geschosse aus der Wand und der Holzverkleidung zu klauben.

Um 0 Uhr 40 verabschiedeten sich die Beamten von dem verzweifelten David Campell.
Stufe zwei des Planes war gelungen.

Am Sonntag, kurz vor 11 Uhr, erhielt der gleiche Campell zum zweiten Mal den Besuch vom gleichen Sergeant Newton. Nur war Letzterer diesmal gar nicht mehr mitfühlend und freundlich.
„Bitte, Sir, ziehen Sie sich an und packen Sie das Notwendigste ein. Wir werden uns sicher im Präsidium längere Zeit über den Tatbestand eines vorgetäuschten Verbrechens unterhalten müssen."
David Campell nickte und begann sich anzukleiden. Und so sehr er sich auch bemühte, er fand einfach nicht den Fehler, der in seinem Plan gewesen sein musste. Was war es nur …?

⊃–⊙→ **Ja, welchen Leichtsinnsfehler in seiner kriminellen Rechnung hatte David Campell übersehen?**

Zirkusluft oder Zwischen Drahtseilakt und Hoher Schule | 16

Der Zirkus **Stein & Hoff** gastierte bereits den vierten Tag am Platz. Alle Vorstellungen in den vergangenen drei Tagen waren ausverkauft, und auch am heutigen vierten Abend war das riesige Rund unter dem Zeltdach dicht besetzt.

Um 21 Uhr 45 verließ Direktor Hoff seinen Wohnwagen. Punkt 22 Uhr war sein Auftritt: Hohe Schule. Und während er sich wie üblich davon überzeugte, dass der Schimmel ‚Tarantella' ordnungsgemäß gezäumt wurde, begann in der Arena die zierliche Spanierin Olivia Franto mit ihrem gewagten und hinreißenden Drahtseilakt.
Joe Wilsing, Tierpfleger, der zu diesem Zeitpunkt Pfeife rauchend auf der Treppe seines Wohnwagens saß, sah seinen Direktor in Richtung des Stallzeltes davongehen.
Er sah auch Minuten später den Clown, der im Direktionswagen verschwand. Doch Joe Wilsing dachte sich nichts dabei. Er klopfte seine Pfeife aus und begab sich zu den Raubtieren hinüber.

Als Serge Hoff um 22 Uhr 30 zurückkehrte, erstarrte er. Jemand hatte den Geldschrank aufgebrochen. Verschwunden waren außer den gesamten Tageseinnahmen auch die Reserve, die immer griffbereit lag. Nur nichts überstürzen!, ermahnte sich Hoff selbst zur Besonnenheit. Und vorsichtig, er dachte an eventuelle Spuren, langte er zum Telefon.

Als nach 15 Minuten Kommissar Watzmann mit zwei Beamten eintraf, erinnerte sich Direktor Hoff, den Tierpfleger Joe Wilsing gesehen zu haben. Und wenig später wiederum erinnerte sich Joe Wilsing an den Clown.
Der Täter schien festzustehen.

Die Schwierigkeiten jedoch sollten noch kommen: Es gab drei Clowns. Sie nannten sich ‚Die drei Patonis', und sie traten nicht nur gemeinsam auf, sie trugen auch alle das gleiche Kostüm, die gleiche Maske, und sie bewohnten gemeinsam einen Wohnwagen.
Kommissar Watzmann hatte sich einen Plan zurechtgelegt, zu dem gehörte, dass Direktor Hoff und der Tierpfleger Wilsing bis auf weiteres Stillschweigen bewahrten.
So kam es, dass um Mitternacht noch niemand etwas von dem Raub wusste.
Als sich Watzmann dem Wagen der Clowns näherte, es war zehn Minuten nach Mitternacht, hörte er schimpfende Stimmen.
Er stieg die vier Stufen hinauf, klopfte und trat ein. Das Schimpfen war verstummt. Drei Augenpaare sahen dem Beamten halb neugierig, halb misstrauisch entgegen.
„Ich bin Kommissar Watzmann!", klärte er die drei Männer auf. „Darf ich eintreten?" Ohne auf Antwort zu warten, drängte er sich in das Innere des Wohnwagens und schloss die Tür hinter sich.
„Sie sind die Herren Pierre Cobin, Max Lauscher und Jochen Hempel."
Die Clowns außer Dienst nickten verwundert. Und Lauscher:

„Um diese Zeit geben wir eigentlich keine Autogramme mehr."

„Was wollen Sie eigentlich?", fragte Pierre, während Hempel finster dreinblickte und brummte: „Unser Max wird wieder was ausgefressen haben!"

Der Kommissar winkte den sich anbahnenden Streit energisch ab. Dann erklärte er: „Heute Abend ist in der Umgebung ein Raub begangen worden. Der Täter war einer von Ihnen. Es gibt dafür einen Zeugen!"

Pierre Cobin blieb gelassen: „Ich war es nicht! Und das Gegenteil können Sie mir nicht beweisen!"

„Aber du steckst bis zum Hals in Schulden!", fauchte ihn Jochen Hempel an.

„Stimmt!", rief auch Max. „Schulden hat er wie ein verarmter General!"

Cobin winkte ab: „Halt's Maul, Max, sonst überprüft der liebe Kommissar dein Alibi."

„Und dann kommt heraus, dass du seit Tagen um den Direktionswagen herumschleichst!"

„Du lügst!!!", brüllte Lauscher und wollte sich auf Hempel stürzen.

Der Kommissar ging dazwischen. „Wo waren Sie zwischen Drahtseilakt und Hoher Schule, Herr Lauscher?"

Lauschers Stimme klang heiser: „In der Kantine! Fragen Sie doch Cobin, wo er zu dieser Zeit war!"

Kommissar Watzmann nickte: „Nun, Herr Cobin ..."

„Hier im Wagen. Habe geraucht ..."

„Und Sie?"

Jochen Hempel zuckte mit den Schultern und erwiderte: „Wenn ich mich nicht irre, am Manegeneingang."

Cobin tippte Watzmann auf den Arm: „Warum holen Sie nicht einfach Ihren Tatzeugen, Herr Kommissar?"

Lauscher winkte ab: „Das ist doch alles nur Bluff ... Ich wette, dass es gar keinen Tatzeugen gibt ..."

Hempel nickte beifällig: „Denk's auch! Und wenn schon. In ein Clownkostüm kann sich jeder stecken."

Kommissar Watzmann öffnete lächelnd die Tür. Zwei weitere Beamte schoben sich in die Enge. „Den nehmen wir fürs Erste mit. Es könnte sein, dass er mit dem Fall zu tun hat ..."

⊶ Welchen der drei Männer hat Kommissar Watzmann als dringend tatverdächtig mitgenommen?

Die Jagd nach Johnny Geest | 17

Stockholm. Freitag, 17. Mai (ein warmer Frühsommertag).
Am späten Abend dieses Tages steigt ein Unbekannter in das Haus des Juweliers Gösta Oesgard ein. Er betäubt die gerade allein anwesende Ehefrau des Juweliers mit Chloroform, stiehlt das gesamte Bargeld sowie allen im Haus befindlichen Schmuck und kann unerkannt entkommen.

Sonnabend, 18. Mai (Nieselregen).
Seit über 20 Stunden fahndet die Polizei Stockholms bereits nach Johnny Geest. Denn für den alten Fuchs Eeno Lissander gibt es nicht den geringsten Zweifel, dass der Täter nur Johnny Geest heißen kann. Zu sehr trägt der Überfall die Handschrift des Stockholmer Ganoven.
Kurz nach 19 Uhr ist es so weit. Johnny Geest wird beim Verlassen eines Speiserestaurants in der Nähe des Hauptbahnhofs trotz lauten Protestes festgenommen.
Als man ihn 20 Minuten später in Lissanders Büro schiebt, zischt er den Inspektor wütend an: „Diese Schwachköpfe von Polizisten haben mich verhaftet!"
„Verhaftet?" Lissander blickt ungläubig und wiederholt: „Verhaftet??"
„Oder vorübergehend festgenommen, wenn Ihnen das besser gefällt!", giftet Geest.
„Das gefällt mir entschieden besser!"
„Ich soll jemanden beraubt haben. Darf ich endlich erfahren, wer das Opfer gewesen sein soll?"

„Aber gern, Johnny!", erwidert Lissander freundlich, und er bietet seinem unfreiwilligen Gast eine Zigarette an.

„Es handelt sich um Gösta Oesgard!"

„Den Juwelier Oesgard??"

„Den Juwelier Oesgard!!"

Johnny Geest schneidet ein Gesicht, als habe man ihn beschuldigt, den Eiffelturm gestohlen zu haben. „So was Lächerliches … Inspektor, Sie wissen doch selbst, dass ich noch nie ein Ladendieb war …"

Lissander pafft schweigend vor sich hin und lässt Geest nicht aus den Augen. Er mustert ihn mit der Neugier eines Menschen etwa, der zum ersten Mal in seinem Leben einen Hund mit zwei Köpfen sieht. Doch Johnny Geest scheint wenig beeindruckt.

„Wann soll das denn gewesen sein?"

„Gestern Abend kurz vor einundzwanzig Uhr!"

Geest lacht höhnisch auf: „Sie machen es sich ziemlich leicht, Inspektor. Zu leicht! Wenn Ihnen nichts Besseres einfällt, verdächtigen Sie einfach Johnny Geest. Nein, mein Lieber, diesmal haben Sie sich in den Finger geschnitten. Gestern Abend saß ich im Kino. Und zwar in der zweiten Vorstellung, die um zwanzig Uhr dreißig beginnt!"

„In welchem Kino?"

„Central-Theater!"

„Die Kinokarte haben Sie sicher nicht mehr. Und Zeugen gibt's wohl ebenfalls nicht."

Johnny Geest beginnt in seinen Taschen zu kramen, hält plötzlich inne und sagt: „Stimmt! Gestern hatte ich ja einen anderen Anzug an … Dort steckt sicher auch die Kinokarte drin." Und mit einem ironischen Grinsen meint er: „So, wie

ich die Gesetze kenne, ist es in Schweden wohl nicht anders als überall auf der Welt: Nicht ich muss meine Unschuld beweisen, sondern Sie mir meine Schuld."
Der Inspektor nickt unbewegt. „Stimmt!"
„Warum stellen Sie mich nicht einfach Frau Oesgard gegenüber? Wir werden ja sehen, ob sie mich kennt!"
„Dazu ist immer noch Zeit. Befassen wir uns zunächst mit Ihrer Wohnung und den Anzügen, die dort hängen. Vielleicht finden wir dabei auch die Kinokarte …"

Sie finden in Johnny Geests Wohnung zwar die Kinokarte, doch nicht ein einziges Stück des geraubten Schmucks.
Als der Inspektor, Geest und ein weiterer Beamter vor dem Central-Theater ankommen, hat der Hauptfilm gerade begonnen.
Lissander bittet die Kassiererin und die Platzanweiserin in einen Nebenraum und erklärt ihnen: „Meine Damen, dieser Mann hier behauptet, in der gestrigen Abendvorstellung gewesen zu sein. Er hat auch eine Eintrittskarte …"
Noch bevor der Inspektor zu Ende sprechen kann, wendet sich Geest an die junge Platzanweiserin: „Sie können sich doch an mich erinnern … Ich hatte einen Strauß Blumen in der Hand …"
Das Mädchen nickt.
Johnny Geest triumphiert: „Da haben Sie's. Sie erinnert sich!"
„Scheint so …"
Johnny Geest spielt den Misstrauischen, den Vorwurfsvollen: „Sie glauben doch nicht, dass ich die Kleine bestochen habe?"

„Kaum. Dazu macht sie einen viel zu anständigen Eindruck!", antwortet Lissander trocken.

Aus Johnnys Augen schießen Blitze: „Was wollen Sie denn noch? Mich beleidigen?"

Der Inspektor wendet sich an die Platzanweiserin: „Wie viele Vorstellungen hatten Sie gestern?"

„Drei!"

„Könnten Sie beschwören, dass Sie diesen Herrn in der Spätvorstellung gesehen haben? Oder könnte es auch schon in der zweiten Vorstellung gewesen sein?"

„Bei den vielen Leuten ...? Nein, beschwören könnte ich das nie!"

„Mit anderen Worten: Der Herr kann ebenso gut die Nachmittags- oder erste Abendvorstellung besucht haben."

Das Mädchen nickt stumm und wirft dabei einen ängstlichen Blick auf Geest, der jetzt wütend Lissanders Arm ergreift und schimpft: „Aber hören Sie, Inspektor, Sie können mir doch nicht was anhängen, nur weil die Kleine ein miserables Gedächtnis hat."

Zum ersten Mal an diesem Abend lässt Lissander ein freundliches, fast versöhnliches Lächeln sehen. Er erklärt: „Ich kann Ihnen genau sagen, wie die Sache gelaufen ist. Sie haben zwei Kinokarten gekauft. Eine für die erste und eine für die zweite Abendvorstellung. Besucht haben Sie die erste, behalten und vorgezeigt haben Sie jedoch die Karte der zweiten Abendvorstellung. Dabei rechneten Sie mit Sicherheit, dass sich die Platzanweiserin an Sie erinnern konnte. Und schon war es da – das Alibi!"

„Das sind Vermutungen ... Aufgrund von Vermutungen kann man niemanden verhaften!"

Wieder lässt der Inspektor sein eigenartiges Lächeln sehen. Dazu erklärt er, diesmal mit ironischem Tonfall: „Wo Sie Recht haben, haben Sie Recht, Johnny. Das Kino und die Kinokarte spielen auch keine entscheidende Rolle in meiner Rechnung. Den Beweis für Ihre Schuld haben Sie selbst geliefert ... Ja, und damit wird es wohl Zeit aufzubrechen ..."

Womit hat sich Johnny Geest selbst überführt? Welchen entscheidenden Fehler hat er gemacht?

18 | Eine fröhliche Feier

Sie hatten sich für 20 Uhr bei Leopold Pfeifer, genannt ‚Fiffi‘, verabredet, um das Fest gemeinsam zu feiern. Und bis auf Helli Maschke waren sie auch pünktlich.

Ullrich Lützel, raffinierter Trickbetrüger aus dem Westend, brachte sogar noch vier Flaschen echten Champagner mit. Auch ‚Molle‘ Schuster kam nicht leer. Er transportierte einen handfesten Schwips.

„Ich habe vorgefeiert, Freunde!", rief er laut und fröhlich, als er Fiffis Appartement betrat. „Und ihr werdet's nicht glauben, bei wem … bei ‚Schnecke‘!" (bürgerlicher Name von Schnecke: Max Zingel).

„Schnecke???", echoten Fiffi und Ullrich wie aus einem Mund. Man sah ihnen das Erstaunen an. Molle, Taschendieb, zur Zeit auf Bewährung an der ‚frischen Luft‘, hickste munter und erklärte: „Man hat ihn heute vorzeitig entlassen. Wegen …" Hier begann er zu kichern. Und zwar so intensiv, dass ihn Fiffi mit einigen nicht ernst gemeinten Boxhieben zur Besinnung bringen musste.

„Wegen was entlassen?", fragte er.

„Wegen guter Führung!" Und wieder musste Molle lachen. Für ihn schien gute Führung eine Art von Dauerwitz zu sein.

Fiffi klatschte beifällig in die Hände: „Ausgerechnet heute … Sind direkt Menschenfreunde, diese Gefängnisleute …"

Kurz nach 22 Uhr, die Stimmung bei den drei Feiernden strebte schon dem Höhepunkt zu, traf auch Helli Maschke ein. Strahlend und schwitzend, trotz 18 Minusgraden Außen-

temperatur, setzte er zwei prall gefüllte Taschen auf den Tisch und begann auszupacken: Kaviar, Gänseleberpastete, geräucherte Gänsebrust, feinsten Rollschinken, kalten Braten von Schwein, Kalb und Rind und vieles, vieles mehr. Die Augen der Anwesenden wurden immer größer.

Und Helli Maschke begann zu berichten:

„Also, ich war auf dem Weg hierher, als ich bei ‚Wiegand' vorbeikam. Ihr kennt doch den Delikatessenladen in der Weichselstraße?"

Die drei nickten stumm.

„Es war acht, und wie von Geisterhand ging das Licht in den Schaufenstern aus … Das war der Augenblick, wo mich eine geniale Idee durchfuhr. Ich dachte, du kannst doch nicht mit leeren Händen zu Fiffi kommen. Also drehte ich schnell ein paar Erkundungsrunden und bin noch mal nach Hause gesaust!"

„Warum?", hickste Molle.

„Um 'nen Büchsenöffner zu holen, du Fliegenpilz! War nämlich 'ne verdammt harte Nuss, dieses Schloss, sage ich euch. Na ja, und dann habe ich eingepackt, was euch schmecken könnte …"

Fiffi köpfte die letzte Champagnerflasche und schwenkte sie durch die Luft. Dazu verkündete er: „Hier, Helli, die hast du dir redlich verdient! Trink!!!"

Und dann sangen sie **Wenn das Wasser im Rhein gold'ner Wein wär** und **Wer soll das bezahlen?**

108

Als es Mitternacht schlug, weckte Fiffi seinen Kater Moritz und servierte ihm einen fetten Bückling. Dazu wünschte er

ihm schluchzend „alles Gute". Solche Feiern machten ihn
nämlich immer recht traurig …

>-⊙-→ **Diesmal fragen wir nicht nach einem Täter,
sondern nach der Art des Ereignisses,
das die vier Gauner feierten.
Diese Frage wiederum ist nur zu beantworten,
wenn ihr euch
die Zeichnung aufmerksam betrachtet.**

19 | Elisabeth gewidmet

Hochbetrieb in der Auskunftei Horn.
Das hatte es noch nie gegeben.
Saison!
Selbst Ephraim Lob wurde als Aushilfsdetektiv in die Ermittlungsarbeiten eingespannt. Ein Unterfangen, das allgemein auf Skepsis stieß, da Ephraim, ‚der Romantische‘, wie er bei seinen Kollegen hieß, so wenig dazu geeignet schien wie zum Beispiel
ein Regenwurm zum Wettlauf,
ein Schmetterling zum Tauchen,
ein Fisch zum Seilhüpfen,
eine Maus zum Bellen oder
ein Maikäfer zum Brilletragen.
Ephraim Lob, der Romantische, war Sekretärin, Terminkalender, Telexschreiber, stets Geldborgender und Beichtvater aller anderen. Als ‚Detektiv‘ hatte er noch nie in das Tagesgeschehen eingreifen müssen.

Als er jetzt in Arthur Horns Büro trat, tat er es mit einem seltsamen Ausdruck in den Augen.
„Also, was war los mit der Dame?", brummte Horn missmutig und griff mit Schmerz um den Mund dorthin, wo er eines seiner zwickenden Magengeschwüre vermutete. Und noch brummiger: „Tut mir Leid, dass ich Sie mit dieser Sache belästigen musste …"
Ephraim legte ihm einen Fetzen Papier mit solcher Behut-

samkeit auf den Schreibtisch, als befürchte er, das Papier
könne Schaden nehmen.

„Was ist das?"

„Das ist die Telefonnummer des Mädchens, Chef!", antwortete Ephraim mit einem versonnenen Lächeln. Und laut las er
die Zahlen vor: „Null – acht – drei – acht – zwei ist die Vor-
wahl, die Nummer selbst fünf – eins – eins!"

„Erstens kann ich selbst lesen und zweitens ist das kein
Mädchen, sondern eine Dame, die durch unser Institut ihren
Ehemann suchen lassen will! Ist das klar?"

Ephraims Augen schimmerten wieder eigenartig, als er auseinander setzte: „Auch ein Mädchen kann eine Dame sein,
wie auch umgekehrt eine Dame durchaus ein Mädchen sein
kann."

Arthur Horn stutzte und vergaß für einen Augenblick sogar
seine Schmerzen. „Spinnen Sie, Lob? Sie sollen mir keinen
Vortrag über … über …", er winkte ab, „Sie sollen mir sagen,
was Sie ermittelt haben!"

„Ermittelt?"

„Herrje, Herr Lob, Sie haben sich doch am Telefon mit ihr
unterhalten. Was haben Sie dabei herausgefunden?" Horn
hatte den massigen Kopf vorgestreckt und musterte seinen
Aushilfsdetektiv mit einem neugierig-abschätzenden Blick.
Etwa so, wie der Veranstalter von Hahnenkämpfen die ge-
meldeten Hähne musterte.

„Sie heißt Elisabeth …"

Horn schluckte.

„Ein schöner Name, finden Sie nicht, Chef?"

Horn schluckte wieder, blinzelte … Ephraim sah ihn an, ohne
ihn zu sehen.

„Ihre Stimme ist wie der Klang …" Hier wuchs Horn zu voller Sitzgröße und vollendete den angefangenen Satz voller Hohn: „Wie der Klang einer Porzellanglocke, ich weiß, ich weiß …"

Ephraim schüttelte überrascht den Kopf: „Nein, nicht hell klingend wie Porzellan … auch nicht melodisch … eher herb … spröde … Wie der Ton einer dünnen, glasierten Keramikschale … Herb, spröde und zärtlich …" Ephraim sah melancholisch über Horn hinweg in das melierte Grau vorbeiziehender Wolken … Und geistesabwesend wiederholte er: „Ja, zärtlich …"

Horns Stimme war genau das Gegenteil: ironisch, voller Spott. „Und mehr wissen Sie nicht?"

Ephraim Lob ließ sich in den Klientensessel fallen, schloss die Augen und sagte: „Sie ist einmeterzweiundsiebzig groß, wiegt fünfundsechzig Kilogramm und hat langes, braunes glänzendes Haar. Mit ihr zu flüstern ist fast so aufregend wie ein spannender Film …"

„Aufhören!!"

Während sich Arthur Horn mit der linken Hand das Magengeschwür hielt, donnerte er die rechte auf die Schreibtischplatte. Als er Ephraims halb erschreckten und halb überraschten Blick sah, zügelte er seinen Zorn.

„Das ist ja nicht zum Aushalten … Ein verliebter Detektiv … das Schlimmste, was es in der Branche geben kann … Herr Lob, was suchen Sie bei uns?"

Spätestens hier bemerkte Arthur Horn, dass ihm sein Gegenüber gar nicht zuhörte. Dass er mit seinen Gedanken weit weg war … Dabei schien es jetzt, als habe Ephraim nur auf Horns Verstummen gewartet.

„Und wissen Sie, welche Blumen sie liebt? Alle – außer Nelken … Und wenn ich es mir recht überlege, hat sie Recht. Nelken sind egoistische Blumen. Sie riechen so stark, dass man sich zwangsläufig immer wieder ihnen zuwenden muss …"

Horn zwang sich zu einem drohenden Grinsen. „Was Sie nicht sagen … Haben Sie vielleicht auch zufällig noch erfahren, wo die Dame wohnt und wie sie außer Elisabeth heißt?"

„Ist das wichtig?"

Horn presste die Faust wieder gegen den Magen. Seine Stimme flüsterte. Aber wie sie flüsterte: „Mann! Herr Lob! Sind wir eine Bäckerei, eine Wäscherei? Wofür bezahle ich Sie eigentlich? Wie heißt die Dame!!!" Arthur fragte es auch akustisch nicht mit einem Frage-, sondern mit drei Ausrufezeichen. Doch Ephraim hatte längst wieder seinen verträumten Blick.

„Sie wohnt irgendwo am Bodensee …", sagte er leichthin … „Und wie sie außer Elisabeth heißt … Ich habe sie nicht danach gefragt … Mir gefällt dieser Name … E-li-sa-beth … Wir haben über so viele Dinge gesprochen …" Ephraim begann seine Worte in Luftbilder umzusetzen …

„Da hatte ich das Telefon am Ohr und meine Augen auf ihrem Gesicht … ich sah ihren Mund sprechen, sah ihn lächeln … spürte, wie sie überlegte, ob das, was sie sprach, auch interessant genug war … ich ahnte, wie ihre Hand mit den langen braunen Haaren spielte und wie sie dabei mit den Beinen wippte …"

Ephraim seufzte.

„Und ihre Stimme … Herr Horn, ist Ihnen nicht gut? Sie sehen so blass aus … Soll ich Ihnen vielleicht ein Glas Wasser holen??"

Arthur Horn winkte ab. Resigniert. Leise, als habe er Angst, sich selbst zu erschrecken, erkundigte er sich: „Elisabeth heißt sie also …"

„Ja …"

„Bitte, lieber Herr Lob, wenn Sie schon nie ein Meisterdetektiv werden, dann verraten Sie mir wenigstens eines: Wie können Sie sich so für die Dame begeistern, wenn Sie sie nicht kennen?"

Ephraim lächelte: „Haben Sie es immer noch nicht verstanden? Es ist ihre Stimme! Ihre Telefonstimme … Es ist etwas Akustisches … Der Klang einer Stimme kann mitunter viel mehr aussagen als alle Optik …"

Horn nickte ergeben. „Wenn Sie meinen … Und sollte Ihnen die Dame eines Tages gegenüberstehen – was dann, Sie Telefonstimmendetektiv?"

„Ich könnte nie enttäuscht sein, wenn Sie das wissen wollen. Kennen Sie nicht die Geschichte des blinden Mannes, der nach einer Operation nach siebzehn Ehejahren zum ersten Mal seine Frau sah? Im Geist hatte er das Äußere längst auf die Stimme übertragen … deshalb konnte er auch nie enttäuscht sein …"

„Na gut", nickte Horn, plötzlich vom Schmerz befreit, was ihn auch sofort wieder angriffslustig machte, „kehren wir zum Geschäft zurück: Ich gebe Ihnen genau drei Stunden Zeit, um den vollen Namen der Dame und ihren Wohnort zu ermitteln. Und sollten Sie es bis dahin nicht geschafft haben, war der heutige Tag Ihr letzter in der Auskunftei Horn."

Ephraim erhob sich mit einem glücklichen Leuchten in den Augen. „Das ist mehr, als ich zu hoffen gewagt hatte, Chef", sagte er und fischte den Zettel mit der Telefonnummer von

Horns Schreibtischplatte. An der Tür drehte er sich noch einmal um. „Ich werde diesen Tag in meinem Tagebuch mit einem ganz besonderen Titel versehen. Ich nenne ihn: ‚Elisabeth gewidmet'!"

**Detektivische Ermittlung ist oft Fleißarbeit.
Wichtig dabei ist immer der Ansatzpunkt;
das sogenannte: ‚Gewusst wie!'
Und das steht auch euch jetzt bevor.
Unsere Frage lautet nämlich:**

**In welcher Stadt am Bodensee
wohnte die Dame mit dem Namen Elisabeth?**

20 | Geheimnisvolle Bestellungen

Der alte Moritz Buchner schleuderte wütend einen Porzellanaschenbecher zu Boden.

„Ich werd es ihnen zeigen!", brüllte er dazu und stampfte mit dem Fuß auf, dass das Geschirr in den Schränken klirrte. Dazu schüttelte er die Fäuste, als gelte es, jemandem Furcht einzujagen.

Dann griff er zum Telefon.

Noch am gleichen Abend erhielt er Besuch. Kriminalinspektor Rossner, ebenfalls leidenschaftlicher Briefmarkensammler, hatte sich der Sache angenommen. „Nun erzählen Sie mal!", forderte er den alten Mann auf. „Alles, was Ihnen zur Sache einfällt. Wie und wann genau alles begonnen hat."

Moritz Buchner musste nicht lange nachdenken. „Vor drei Wochen fing das Theater an. Zwei Männer wollten auf meinem Dach eine Fernsehantenne montieren. Auf meinem Dach. Ein Witz. Ich habe überhaupt keinen Fernsehapparat. Der Auftrag sei telefonisch erteilt worden, sagten sie … Und angesehen haben die mich. Als ob ich hier oben eine Schraube locker hätte … Am nächsten Tag lieferte man mir eine Tiefkühltruhe und eine elektrische Schreibmaschine. Jeden Tag kam und kommt eine andere Wäscherei und will meine schmutzige Wäsche abholen. Per Bahn und Post erhalte ich täglich Kisten und Pakete von Versandhäusern. Rundfunkgeräte, Höhensonnen, eine Standuhr, Bettwäsche für über tausend Mark und so weiter und so weiter …"

Der alte Mann wischte sich den Schweiß von der Stirn. Sein Gesicht war rotfleckig vor Erregung und seine Stimme heiser, als er fortfuhr: „Und heute Nachmittag fährt hier vor dem Haus ein Riesentankzug vor und will mir die telefonisch bestellten sechstausend Liter Heizöl in meine Tanks füllen. Dabei heize ich elektrisch, Herr Inspektor … Schon immer … Der Umbau auf Heizöl würde mich viel zu teuer kommen …" Erschöpft lehnte sich Buchner zurück.

Inspektor Rossner hatte sich Notizen gemacht und erkundigte sich jetzt: „Und Sie haben keinen Verdacht, wer Ihnen diesen schlechten Streich spielt?"

Buchner nickte erst nur stumm. Seine Lippen waren verkniffen. Er schien einen inneren Kampf zu führen, denn zwei-, dreimal hatte er die Lippen schon zum Sprechen geöffnet …

Endlich schien er bereit zu sein, seinen Verdacht auszusprechen. Seine Stimme war plötzlich ganz leise, als er sagte: „Es kann nur einer meiner beiden Neffen gewesen sein … Vielleicht auch beide."

„Und woraus schließen Sie das?"

„Sie sind außer der Passstelle die Einzigen, die meinen zweiten Vornamen kennen. Und alle Bestellungen lauteten auf Moritz Moses Buchner."

„Sind Sie sicher, dass …"

Buchner winkte ab. „Ich bin sicher. Seit fünfzig Jahren habe ich diesen Namen weder geschrieben noch genannt."

„Und warum sollte es dieser oder sollten es diese Neffen tun? Sind sie kriminell? Ich meine, nur so zum Spaß macht man so was doch nicht … Der Gesetzgeber hat für solche Fälle harte Strafen parat …"

Buchner nickte.

„Sie werden es aus Rache tun ... Nur aus Rache. Weil ich ihnen gesagt habe, dass ich sie enterben werde."

Der Inspektor nickte: „Gut, ich will mir mal anhören, was die Herren zu sagen haben. Geben Sie mir bitte ihre Adressen!"

Erich Buchner war 24 Jahre, arbeitete als Dekorateur, war unverheiratet und bewohnte ein Einzimmer-Appartement in Schweer, einem Ortsteil am Rande der Stadt. Und Erich Buchner war zu Hause.

„Ich bin Inspektor Rossner. Es handelt sich um Ihren Onkel Moritz Buchner."

Erichs Gesicht verdüsterte sich. „Was will der alte Querkopf ..." Und plötzlich kam ihm ein Gedanke: „Ist ihm was passiert?"

„Nicht direkt", erwiderte der Inspektor, „nicht direkt."

„Wie meinen Sie das?"

„Seit drei Wochen veranlasst ein anonymer Absender, dass Ihrem Onkel Sachen ins Haus geschickt werden, die er gar nicht bestellt hat: So kommt zum Beispiel jeden Tag jemand und will seine schmutzige Wäsche abholen. Man wollte ihm eine Fernsehantenne montieren, eine Tiefkühltruhe und eine elektrische Schreibmaschine aufstellen. Per Post kamen Radioapparate, Höhensonnen und Standuhr. Außerdem wollte man ihm heute Mittag sechstausend Liter Heizöl in seine Tanks füllen."

Erich Buchner konnte sich ein Grinsen nicht verkneifen. Trotzdem schüttelte er den Kopf. „Blödsinn, das alles ..."

„Wie man's nimmt. Es bereitet Ihrem Onkel jedoch offensichtlich keinen besonderen Spaß."

„Das kann ich mir denken!", stimmte Erich zu. Misstrauisch erkundigte er sich: „Was hat das mit mir zu tun? Warum kommen Sie zu mir damit?"

„Moritz Buchner glaubt, dass der heimliche Besteller unter seinen Neffen zu suchen ist. Er meint, sie würden ihm den Segen aus Rache ins Haus schicken."

Erich winkte entschieden ab. „Hier irrt der gute Moritz Moses Buchner."

Inspektor Rossner sagte: „Wenn Sie meinen ..."

„Ich meine. Sonst noch was? ... Vielleicht haben Sie schon einen Haftbefehl gegen mich in der Tasche ..."

„Im Augenblick habe ich nichts weiter, Herr Buchner", erwiderte der Inspektor freundlich und verabschiedete sich.

Als Rossner in der Jägerstraße 24, dem Haus, in dem Arnold Buchner in Untermiete wohnte, eintraf, schlug es bereits 20 Uhr. Aus einigen offenen Fenstern hörte er die Stimme des Tagesschausprechers.

Arnold Buchner, 31 Jahre, ebenfalls unverheiratet, trug den linken Arm im Gips. Als er hörte, dass Rossner in Sachen Moritz Buchner kam, wollte er ihn gar nicht hereinlassen. Wütend schimpfte er: „Mit diesem geizigen Ekel will ich nichts mehr zu tun haben!" Doch dann stutzte auch er: „Wieso Kriminalpolizei? Hat der Alte eine Bank überfallen oder sonst was Kriminelles ausgefressen?"

Inspektor Rossner begann zu erklären: „Irgendjemand fälscht Bestellungen und schickt sie Ihrem Onkel ins Haus."

„Bestellungen?" Arnold ließ sich auf einen Stuhl fallen. „Was für Bestellungen?"

„Fernsehantenne, Tiefkühltruhe, elektrische Schreibmaschine, Höhensonne, Radioapparate, Standuhr und einen Berg Bettwäsche. Täglich kommt eine Wäscherei und interessiert sich für seine schmutzige Wäsche …"

Arnold Buchner sagte schadenfroh: „Geschieht ihm recht. Und nun hat er Anzeige gegen Unbekannt erstattet, oder?"

Der Inspektor lächelte. „Noch nicht. Wir sind im gleichen Briefmarkenklub, und als er mir von der Geschichte erzählte, habe ich ihm versprochen, mich drum zu kümmern. So einfach ist das. Noch nichts Offizielles also."

„Und was wollen Sie von mir?"

„Ihr Onkel meint, dass einer seiner Neffen dahinter steckt."

Arnold lachte. „Lächerlich! Erich würde sich eher die Zunge abbeißen, bevor er so was machte. Und ich würde dem alten Muffel kein Öl ins Haus schicken, da ich weiß, dass er elektrisch heizt … Aber mir kommt da eine Idee."

„So?"

„Vielleicht hat er das alles selbst arrangiert, um uns eins auszuwischen. Was meinen Sie. Ist das drin?"

Rossner wiegte den Kopf. Dann fragte er: „Warum hat er Sie und Ihren Bruder eigentlich enterbt?"

„Erich und ich sollten sein ganzes Haus tapezieren. Umsonst! Er wollte die Handwerkerrechnung sparen … Vielleicht hätten wir es sogar gemacht, wenn es nicht gerade zu einer saublöden Zeit gewesen wäre. Ich hatte schon meinen Urlaubstrip nach Finnland gebucht und bezahlt, und Erich war beruflich so eingespannt, dass es auch bei ihm einfach nicht möglich war … Er warf uns Faulheit vor und enterbte uns … Daran sehen Sie, dass er ein ausgesprochener Spinner ist!"

Inspektor Rossner verabschiedete sich ohne weiteren Kommentar auch von Arnold Buchner, setzte sich in seinen Wagen und kehrte an den Ausgangspunkt seiner Expedition zurück: zu Moritz Moses Buchner. Zwei Stunden unterhielten sich die beiden Männer noch.

Am anderen Morgen erstattete Moritz Buchner Anzeige gegen einen seiner beiden Neffen.

Gegen welchen Neffen erstattete er Anzeige? Gegen Erich oder gegen Arnold Buchner?

Lösungen
zu den ersten 20 Fällen

1 Das Geheimnis der alten Dschunke
Seite)–⊙→ **11**

Inspektor van Helder war über die Gewürzgroßhandlung gestolpert. Und er sollte Recht behalten, denn genau dort erwischte er Tschang und Barnecelli. Ein Koch, der sozusagen ‚tagesfrisch' für eine kleine Gruppe einkauft, wird Gewürze nicht in einer Gewürzgroßhandlung beschaffen. Außerdem hat jede Küche Gewürze für längere Zeiträume auf Lager.

2 Haschisch für den Mops
Seite)–⊙→ **24**

Ihn überführte die Äußerung, ihn habe ‚der böse Zufall' hierher geführt. Dass es sich dabei um eine Lüge handelte, wurde dem Gastwirt spätestens in dem Augenblick klar, als das Telegramm eintraf. Wie konnte der Absender Dichslers Aufenthaltsort kennen, wo dieser doch nur mit der Werkstatt telefoniert hatte und ihn ‚der böse Zufall' … siehe oben.

3 Schließfach-Hyänen
Seite)–⊙→ **32**

Bei dem verräterischen Gegenstand handelte es sich um den nachgemachten Schlüssel des Schließfachs Nr. 52.
Um zu dem Original zu kommen, mussten die Diebe ja erst einmal selbst ein Gepäckstück deponieren. So war es auch nicht verwunderlich, dass der Festgenommene gewusst hat, was sich in seinem eigenen Koffer befand.

| 4 | **Das Zahlenspiel** | Seite)–⊙→ | **34** |

1. Antwort: Nichtschwimmer
Punktzahl: 14
(Schließlich hat die Nationalität nichts mit Schwimmkünsten zu tun)
2. Antwort: Zwei
Punktzahl: 4
(Die Farben sind Rot-Weiß-Rot)
3. Antwort: Fünfzig
Punktzahl: 8
(Eine Hälfte ist immer 50 %)
4. Antwort: Schwede
Punktzahl: 7
(Im Salzwasser fängt man keine Süßwasserfische – der Hecht ist einer!)
5. Antwort: Nickel
Punktzahl: 6
(Der Einbrecher war auf die genaue Uhrzeit angewiesen. Als er feststellte, dass seine silberne Uhr kaputt war, stahl er schnell eine neue – die goldene. Da auch die einen Defekt hatte, musste er noch ein zweites Mal in eine fremde Tasche greifen. Diese letzte war, wie gesagt, aus Nickel.)
Ergebnis-Schlüsselzahl: 39

| 5 | **Drei Tuben Peostan** | Seite)–⊙→ | **38** |

Am 19. Juni ‚fand‘ Strauß die Zettel auf seinem Auto. Die leeren Tuben jedoch will er bereits am Tag vorher entdeckt haben. Und das war ja kaum möglich.

6 Je später der Abend ...

Seite ⊶ **43**

Wie sagte doch der angebliche Dr. Gerheben? „Ich habe den Namen Freiske noch nie gehört …" Woher konnte er dann wissen, dass es sich eben bei diesem Freiske um einen Trickbetrüger handelte?

7 Pech gehabt, Bernie!

Seite ⊶ **48**

Der gute Bernie war so in sein Komödienspiel vertieft, dass er gar nicht wahrnahm, was das schüchterne Fräulein Erika jedoch nicht übersah, nämlich: Das Telefon war gar nicht angeschlossen.

8 Die Taler-Lady

Seite ⊶ **53**

Alina Wetzel überführte sich sozusagen selbst durch einen ausgesprochenen Leichtsinnsfehler. Als Kommissar Leitner ihr das Foto des Komplizen Josef Bengler vorlegte, behauptete sie, ihn nicht zu kennen. Nun, das Gegenteil hätte man ihr erst beweisen müssen.

Doch dann tat sie einen entscheidenden Fehler, indem sie bemerkte, dass sie rothaarige Männer nicht ausstehen könne. Woher wollte sie wissen, dass Bengler rothaarig war? Das ihr vorgelegte Bild war doch ein Schwarzweißfoto.

9 Ein Kellner spielt Detektiv

Seite ⊶ **59**

Salvatore Armentino wäre spätestens bei der Gegenüberstellung entlarvt worden. Dass er die Prozedur jedoch entscheidend abkürzte, lag einzig und allein daran, dass er wusste, dass jener Signore Tomaleno aus Turin ein Kellner war.

10 Der Ballon-Wettbewerb

Seite ꙮ 64

Es handelte sich um die Postkarte Nr. 61 mit dem Poststempel Regensburg. In Nürnberg aufgelassen, konnte der Ballon nie in Regensburg gefunden werden, da der Wind während der ganzen Zeit aus Südost blies, also aus Richtung Regensburg kam.

11 Vom Glück, ein Dorfpolizist zu sein oder Streichholzspuren

Seite ꙮ 66

Wassilij Wassilijewitsch Petrow hatte nach eigenen Angaben nichts über die Diebstähle in Woranowa gewusst. Wie kam es dann, dass er auf den Rubel genau darüber informiert war, wie viel aus der Genossenschaftskasse gestohlen worden war. Nämlich genau 150 Rubel.

12 Die Geheimkonferenz

Seite ꙮ 84

Der Übeltäter war Direktor Rankenburg aus der Schweiz. Auf die Frage von Sir Arthur Bonhall, ob er einen gewissen Doktor Salvini kenne, antwortete er mit ‚nein‘! Wenig später gab er den anderen Direktoren bekannt, dass das Projekt ‚Sketch‘ an einen gewissen Enrico Salvini verraten worden sei. Bis zu diesem Zeitpunkt war nie von einem ‚Enrico‘ die Rede gewesen.

13 Der Promille-Sünder
Seite ⟩—⊙—→ **88**

Ein superleichter Ein-Sternchen-Fall.

Wäre der Josef Algartz tatsächlich noch nie in Weitersau gewesen, hätte er weder wissen können, dass es dort eine ‚Post' noch eine ‚dicke' Wirtin gab.

14 Das Ferngespräch
Seite ⟩—⊙—→ **90**

Die Telefon-Sünderin hieß Elvira. Sie konnte sich sogar noch genau an den Tag erinnern, an dem sie das Gespräch geführt hatte.

15 Der Plan des Mister Campell
Seite ⟩—⊙—→ **93**

An alles hatte David Campell gedacht, nur nicht daran, dass es für die technischen Experten der Polizei ein Leichtes war, festzustellen, dass sämtliche Schüsse aus derselben Waffe abgefeuert worden waren.

16 Zirkusluft oder Zwischen Drahtseilakt
und Hoher Schule
Seite ⟩—⊙—→ **97**

Kommissar Watzmann entschied sich für den Clown Hempel. Für dessen Täterschaft sprachen sein Wissen, dass der Diebstahl im Direktionswagen stattgefunden habe und dass der Täter ein Clownkostüm trug. Von beiden Dingen war bis zu diesem Zeitpunkt noch gar nicht die Rede gewesen.

17 Die Jagd nach Johnny Geest

Seite ⊃–⊙–→ **101**

„Warum stellen Sie mich nicht einfach Frau Oesgard gegenüber?", fragte Johnny Geest und verriet sich damit selbst. Denn nur der Täter konnte wissen, dass die Frau des Juweliers allein im Hause gewesen war.

18 Eine fröhliche Feier

Seite ⊃–⊙–→ **106**

Es handelte sich um eine Silvesterfeier. Der Kalender gibt den Hinweis.

19 Elisabeth gewidmet

Seite ⊃–⊙–→ **110**

Die Stadt heißt Lindau. Sie hat die Vorwahlnummer 0 83 82.

20 Geheimnisvolle Bestellungen

Seite ⊃–⊙–→ **116**

Gegen Arnold Buchner! Er beging den Fehler, das Öl zu erwähnen, das der Inspektor bei seiner Aufzählung vergessen hatte.

Das Gesicht an der Scheibe

Die zweiten 20 Fälle

INHALT

☆☆ **1** Das Gesicht an der Scheibe ⊙➜ 133

☆ **2** Der Dieb von Amsterdam ⊙➜ 140

☆☆ **3** Das Nachtgespenst ⊙➜ 145

☆ **4** Lügen haben kurze Beine ⊙➜ 148

☆ **5** Die verbotene Spritztour ⊙➜ 152

☆☆ **6** Herr Luft sucht einen Dummen ⊙➜ 158

☆☆ **7** Die Mietschuld ⊙➜ 161

☆☆ **8** Der Parkplatz-Gangster ⊙➜ 165

☆☆ **9** Der Pechvogel ⊙➜ 169

☆☆ **10** Die Abendgesellschaft ⊙➜ 173

☆☆ **11** Ein folgenschwerer Beinbruch ⊙➜ 177

☆☆ **12** Die Reifenpanne ⊙➜ 182

INHALT

✩✩ **13** Überfall am Rolman-Square ⊙➜ 187

✩✩ **14** Die Botschaft ⊙➜ 195

✩ **15** Schreck in der Abendstunde ⊙➜ 197

✩ **16** Herrn Hollers Monolog ⊙➜ 201

✩✩ **17** Das Diktat ⊙➜ 203

✩✩ **18** Wer ist Ernönü? ⊙➜ 206

✩✩ **19** Krach im Gartenhaus ⊙➜ 222

✩✩ **20** Als das Vögelchen sang ⊙➜ 226

Lösungen ⊙➜ 230

⊙➜ Schwierigkeitsgrad der Fälle:

✩ leicht   ✩✩ mittelschwer   ✩✩✩ schwer

Das Gesicht an der Scheibe | 1

Nachdenklich, ein wenig zweifelnd und ein wenig ängstlich
sah Paul Demmler auf den Brief in seiner Hand. Sollte er ihn
abschicken – oder sollte er ihn zerreißen?

Würde ihn Frank dann vielleicht für einen wunderlichen
alten Mann halten, der auf seine alten Tage noch Gesichter zu
sehen begann? Noch einmal überlas er das Geschriebene:

Lieber Frank!

Du bist der einzige Verwandte, den ich noch habe und dem
ich schreiben kann. Vielleicht kannst du mir helfen. Hier
geschehen sonderbare Dinge. Ich wäre auch schon längst
zur Polizei gegangen, wenn ich nicht Angst hätte, dass
man mich auslacht. Dabei ist mir alles andere als zum
Lachen zumute. Ich hoffe sehr, dass du wenigstens meine
Worte ernst nimmst. Ich sagte schon, hier geschehen in
letzter Zeit sonderbare Dinge.

Vor vier Wochen war es das erste Mal.

Ich saß abends in der Wohnstube auf dem Sofa und hörte
Radio. Plötzlich drückte sich draußen ein Gesicht an die
Scheibe. Ein Männergesicht. Ich war zuerst so erschrocken,
dass ich mich gar nicht bewegen konnte. Ich schwöre dir,
lieber Frank, es war kein Geist. Es war ein lebendiger Mann,
der zu mir hereinsah. Und er verzog sein Gesicht ganz
grässlich zu einer Grimasse.

Ich bin dann mit einer Taschenlampe in den Garten
gegangen, aber er war verschwunden. Das alles wiederholte
sich in den nächsten Tagen noch fünfmal. Manchmal

klopfte es auch an die Scheibe. Und immer, wenn ich hinsah, presste sich dieses schreckliche Gesicht ans Glas. Und nun kommt etwas ganz Eigenartiges. Vorgestern war ich einkaufen, da sah ich das gleiche unheimliche Gesicht. Der Mann, dem es gehörte, telefonierte in einem Kaufhaus. Ich habe sogar seinen Namen verstanden: Hilder nannte er sich. Ich traute mich nicht ihn anzusprechen ... Als er mich sah, grüßte er freundlich. Lieber Frank, was will dieser Hilder von mir? Ich kenne ihn nicht. Ich habe auch nie einen Hilder gekannt. Ja, und gestern Abend war er wieder da. Ich bin gleich nach oben gegangen. Was soll ich tun? Kannst du mir nicht helfen?

Dein Onkel Paul

Paul Demmler nickte stumm vor sich hin. Genauso war es. Dann gab er sich einen Ruck, klebte den Umschlag zu und trug ihn zum Briefkasten. Zweimal ertappte er sich dabei, wie er sich ängstlich umsah.

Dann begann Paul Demmler auf Antwort zu warten. Er wartete eine Woche, er wartete eine zweite Woche und – vielleicht hätte er sogar noch eine dritte Woche abgewartet, wäre nicht jener Sonntag gewesen …

Es begann alles sehr harmonisch. Nach dem Kirchgang war er bei Heinrich Erzner zum Mittagessen eingeladen gewesen. Erzner, ein ehemaliger Berufskollege, lud Paul Demmler regelmäßig einmal im Monat ein. Damit, wie er sich ausdrückte, der arme Witwer Demmler wenigstens einmal in vier Wochen zu einem vernünftigen Essen kam.

Anschließend hatten sie vier Stunden lang Schach gespielt. Und nach einem ausgedehnten Spaziergang war Demmler

kurz vor 20 Uhr in sein kleines Einfamilienhaus zurückgekehrt. Er sah sich einen Film im Fernsehen an und beschloss, nach den Spätnachrichten ins Bett zu gehen. Und dann geschah es wieder …
Es war 22 Uhr 50, im Fernsehen lief der Hinweis auf das Wetter, als Paul Demmler zur Seite sah. Das Gesicht. Das Gesicht war wieder da. Wie immer waren Mund und Nase fest an die Scheibe gepresst. Dann verzog sich der Mund zu einem widerlichen Grinsen. Demmler starrte wie hypnotisiert auf die Fratze. Er wollte sich erheben, doch seine Beine waren zentnerschwer. Plötzlich war das Gesicht verschwunden …
Nur langsam wich die Erstarrung von dem alten Mann. Hätte er ein Telefon in der Wohnung gehabt – diesmal hätte er davon Gebrauch gemacht und die Polizei gerufen.
Mit schweren Beinen und hängenden Armen schlurfte er nach oben zu seinem Schlafzimmer. In dieser Nacht fasste er einen Entschluss: Er würde nicht auf Franks Antwort warten. Er würde zu ihm hinfahren. Und zwar gleich morgen!

Es war schon dunkel, als der Zug in Breitenberg einlief. Paul Demmler nahm sich ein Taxi.
Noch während sich der Fahrer durch den Betrieb am Bahnhofsvorplatz schlängelte, versuchte sich Paul Demmler darüber klar zu werden, was er wohl machen würde, wenn sein Neffe nicht zu Hause wäre.
Er war froh, als er feststellen konnte, dass diese Sorge unbegründet war: In Franks Wohnung brannte Licht.
Er bezahlte das Taxi und drückte wenig später auf die Klingel.
Frank Demmler, ledig, Versicherungsagent, knapp unter 30

Jahren, riss die Augen auf. Dann rief er fassungslos: „Nein, das ist nicht wahr ... Mein Onkel Paul verreist ...“

Paul Demmler umarmte seinen Neffen. Arm in Arm betraten sie Franks Junggesellenwohnung.

„Das ist wirklich eine Überraschung, Onkel Paul. An jeden hätte ich beim Klingeln gedacht. An ehemalige Schulfreunde, verlassene Freundinnen, den Gerichtsvollzieher und den Schornsteinfeger – aber niemals an dich ...!“

Paul Demmler ließ sich in einen Sessel fallen und erwiderte: „Hättest du meinen Brief beantwortet, hättest du mich jetzt nicht auf dem Hals!“

Franks Gesicht war ein einziges Fragezeichen. „Brief? Was für ein Brief, Onkel Paul?“

Diesmal war die Reihe erstaunt zu sein an Paul Demmler.

„Ich habe dir doch einen Brief geschrieben!“

„Wann?“

„Vor reichlich zwei Wochen!“

„Ich habe keinen Brief bekommen.“

„Bist du sicher?“ Der alte Mann wollte es nicht glauben.

„Hundertprozentig sicher. Außerdem bin ich seit fast vier Wochen zu Hause und habe jeden Tag die Post persönlich entgegengenommen ... Nun mach mal nicht so ein bekümmertes Gesicht. Jetzt bist du ja da und kannst mir alles selbst erzählen ... Willst du was trinken, was essen?“

Paul Demmler nickte: „Ein Bier würde ich jetzt ganz gern trinken. Hast du so was im Haus, oder bist du bessere Sachen gewöhnt?“

Frank sprang auf: „Habe ich! Ich trinke auch ab und zu eins.“

Als das Bier dann auf dem Tisch stand, forderte Frank seinen Onkel auf: „Also, wo drückt der Schuh?“

Der alte Mann sah seinen Neffen lange und ernst an, bevor er fragte: „Frank, hältst du mich für einen alten Trottel, der plötzlich Gesichter sieht?"

Verblüffung, Verständnislosigkeit und schließlich Heiterkeit lösten sich nacheinander auf dem Gesicht des jungen Mannes ab. Und mit einem verschmitzten Grinsen zwinkerte er seinem Onkel zu: „Und ich hatte wirklich schon geglaubt, es sei etwas Ernstes."

„Es war mir ernst mit meiner Frage, Frank!", erwiderte Paul Demmler ein wenig heftig.

„Ich dachte, du wolltest dich über mich lustig machen", verteidigte sich Frank.

„Dazu wäre ich wohl kaum so weit hergekommen."

Frank Demmler versuchte einzulenken: „Also gut, Onkel Paul, ich halte dich für keinen alten Trottel, der plötzlich Gesichter sieht. Und jetzt sagst du mir, was das alles bedeuten soll."

Eine ganze Weile saß der alte Mann in sich versunken da und grübelte vor sich hin. Dann sprach er: „Seit Wochen sehe ich immer wieder dasselbe Gesicht. Es drückt sich an die Scheiben. Mal in der Küche, dann in der guten Stube ... Manchmal kratzt oder klopft er auch ..."

„Was für ein Gesicht?" In Frank Demmlers Stimme schwang Sorge mit, und er blickte seinen Onkel aufmerksam an.

„Ein Männergesicht, Frank ... Ein Männergesicht, das furchtbare Fratzen schneiden kann ... Seit Wochen kommt er und raubt mir die Ruhe. Warum tut er das, Frank?"

Der Gefragte beugte sich vor. Mit aufmunternder Stimme fragte er: „Möchtest du vielleicht einen Kognak, Onkel Paul?"

Und er fuhr erschrocken zurück, als ihn der alte Mann anfuhr: „Ich wusste doch, dass auch du mich für verrückt hältst!"

„Aber nein, Onkel Paul!", rief Frank beschwichtigend. „Davon kann doch keine Rede sein. Komm, erzähl weiter!"

Demmlers Hand fuhr wütend durch die Luft.

„Was gibt's da noch groß zu erzählen. Ich habe den Kerl ja sogar im Kaufhaus getroffen. Er hat ganz freundlich den Hut gezogen und ‚Guten Morgen' gesagt!"

„Und warum gehst du nicht zur Polizei?"

„Die glauben mir nicht!"

„Das weißt du doch gar nicht ..."

„Ich will es aber nicht riskieren, dass sie sagen, ich sei hier oben nicht mehr ganz richtig. Oder glaubst du, dass sich einer der Polizisten tagelang zu mir in die Wohnung hockt und auf das Gesicht wartet?"

„Ich würde an deiner Stelle trotzdem Anzeige erstatten. Soll doch die Polizei sehen, dass sie diesen Hilder einfängt. Wozu zahlen wir Steuern? Die Polizei ist verpflichtet, dafür eine Gegenleistung zu erbringen. Ich muss auch für mein Gehalt arbeiten!"

Paul Demmler hatte seinem Neffen aufmerksam zugehört. Jetzt nickte er: „Alles schön und gut. Was mache ich aber, wenn dieser Hilder einen guten Ruf und Zeugen hat, die beschwören, dass er der liebste und anständigste Mensch ist?"

Eine Weile war Schweigen zwischen den beiden Männern. Dann sagte Frank: „Geh doch mal zum Arzt, Onkel Paul. Vielleicht hast du wirklich was mit den Nerven ... Da hockst du nun den ganzen lieben langen Tag allein in dem Haus und redest mit dir selbst … Vermiete oder verkaufe es und zieh in eine Etagenwohnung …"

Paul Demmler sah seinen Neffen enttäuscht an. Und Wehmut schwang auch in seiner Stimme mit, als er sagte: "Gehen wir schlafen, Frank …"

Paul Demmler ließ sich nicht zum Bleiben bewegen, obgleich sich sein Neffe die größte Mühe gab, ihn für einige Tage dazubehalten.

Als er am nächsten Mittag wieder den Zug bestieg, tat er es mit der Gewissheit, dass ihn sein einziger Verwandter für einen alten Spinner und Geisterseher hielt.

Er ahnte nicht, dass diese Überzeugung ein Irrtum war. Dass die Wahrheit anders aussah, schlimmer, gemeiner. Er ahnte nicht, dass sein eigener Neffe, dass Frank Demmler selbst hinter den Dingen steckte. Dass er es war, der das Gesicht an der Scheibe gekauft hatte.

Aus welchem Grund? Nun, das wird wohl fürs Erste noch sein Geheimnis bleiben. Vielleicht aber reizte ihn auch das schmucke kleine Einfamilienhaus, das sein Onkel besaß. Wer weiß …

Nun, welchen Fehler beging Frank Demmler? Was überführte ihn der Lüge? Womit und mit welcher Bemerkung hat er verraten, dass er mehr über den Mann hinter der Scheibe wusste, als er zugab?

2 | Der Dieb von Amsterdam

Kriminalkommissar van Damin vom Amsterdamer Einbruchsdezernat nickte Inspektor De Ruijter aufmunternd zu: „Also, was war los in der Galerie?"

Der Inspektor zog einen Block aus der Tasche, klappte ihn auf und begann zu berichten: „Die Spurensicherung ergab eindeutig, dass der Einbruch zwischen Mitternacht und ein Uhr erfolgt sein muss. Außerdem konnten wir eine Frau aufspüren, die in der bewussten Zeit einen Lichtschein in den Räumen der Galerie wandern sah. Sie wohnt direkt gegenüber!"

Kommissar van Damin runzelte die Stirn: „Warum hat sie dann nicht die Polizei benachrichtigt? Das wäre schließlich das Nächstliegende gewesen."

De Ruijter stimmte zu: „Im Prinzip schon, Herr Kommissar, aber die Frau wohnt erst knapp vier Wochen in dem Haus und dachte, es handle sich um den nächtlichen Kontrollgang einer Amtsperson. So drückte sie sich jedenfalls aus ... Ja, wir konnten inzwischen ermitteln, dass der Dieb über das Dach kam und die Galerie durch ein Kellerfenster verließ. Die diversen Türen im Haus sprengte er mit einem Wagenheber auf. Er nahm zwei Aquarelle von Buffet und eine Sammlung wertvoller Goldmünzen mit. Laut Direktor De Cron beläuft sich der Schaden auf rund zweihunderttausend Gulden."

Van Damin warf wütend seinen Kugelschreiber auf den Schreibtisch und seine Stimme dröhnte: „Ich wette mein Auto gegen einen verwitterten Goldzahn, dass hinter diesem Einbruch unser guter alter Freund Boris Lutrinck steckt.

Dachboden, Kellerfenster, aufgesprengte Türen, das alles deutet auf ihn hin. Ist die Presse schon informiert?"
Inspektor De Ruijter schüttelte den Kopf: „Der Direktor der Galerie bat mich, vorerst die Presse nicht einzuschalten. Mit anderen Worten: Außer uns weiß noch niemand von der Sache!"
„Also gut, De Ruijter, schaffen Sie mir Boris Lutrinck herbei! Aber auch alle anderen Informationsquellen sollen ordentlich angezapft werden. Außerdem veranlassen Sie, dass alle aktenkundigen Hehler durch die Mangel gedreht werden."
Van Damin kratzte sich nachdenklich am Kinn. Das tat er immer, wenn er mit irgendwas nicht zufrieden war. De Ruijter, der van Damin seit fast zehn Jahren kannte, erkundigte sich: „Was ist los, Chef? Was beschäftigt Sie?"
„Ich befürchte, dass es sich bei diesem Diebstahl um eine Auftragsarbeit handelt. Wir werden also weder was bei unseren V-Männern noch bei den Hehlern ausrichten."
De Ruijter nickte zustimmend: „Das befürchte ich auch, Chef. Irgendeiner war scharf auf die beiden Buffets. Die Goldmünzensammlung hat der Dieb sozusagen als zusätzliche Aufwandsentschädigung mitgenommen."
„Möglich. Trotzdem dürfen wir nichts außer Acht lassen. Also, an die Arbeit ... Warum soll die Polizei nicht auch mal Glück haben!"

Knappe drei Stunden später war es so weit. Inspektor De Ruijter schob den heftig protestierenden Boris Lutrinck in Kommissar van Damins Zimmer. „Hier, Chef, ich bringe lieben Besuch. Er saß friedlich und unschuldig im Café Strooten und dachte an gar nichts Böses."

Boris Lutrinck, ein elegant gekleideter, kahlköpfiger Mittvierziger, wedelte aufgebracht mit seinem Panamahut. Dazu krächzte er: „Jawohl, Herr Kommissar, so war es! Friedlich und unschuldig. Was haben Sie mir vorzuwerfen? Dieser …" Er machte eine verächtliche Handbewegung. „Dieser Polizist spielte die ganze Zeit den Geheimnisvollen …"

Der Kommissar, freundlich grinsend, deutete mit ebenso freundlicher Geste auf einen Stuhl.

„Nehmen Sie Platz, Boris …"

„Ich will aber nicht!"

„Im Stehen hört es sich so schlecht zu!"

„Ich will auch nicht zuhören. Ich will gehen!"

„Hinsetzen!!" Diese Einladung erfolgte gar nicht mehr freundlich. Selbst De Ruijter war erschrocken zusammengefahren, während Lutrinck so heftig Platz nahm, dass der Stuhl in allen Fugen ächzte.

„Na also, warum nicht gleich so!" Kommissar van Damin lächelte bereits wieder. „Vielleicht stellt sich heraus, dass Sie unschuldig sind, lieber Boris. Na, und was machen wir dann? Wir entschuldigen uns bei Ihnen und lassen Sie frei!"

„Das will ich hoffen!", schniefte der Kahlköpfige mutig. „Um was geht es denn? Vielleicht kann ich Ihnen einen Tipp geben …"

Der Kommissar wiegte wohlwollend den Kopf. Dann wandte er sich an Inspektor De Ruijter: „Haben Sie das gehört, De Ruijter. Boris will wissen, worum es geht. Er will uns sogar einen Tipp geben …"

De Ruijter nickte und erwiderte im gleichen Ton: „Dann muss Boris Lutrinck ja mehr wissen, als wir ahnten. Chef, es scheint heute wirklich ein Glückstag für uns zu sein!"

Boris Lutrinck hob die Arme und wehrte heftig ab: „Ich habe nicht gesagt, dass ich etwas weiß … Sie drehen mir das Wort im Munde um … Ich weiß gar nichts … Überhaupt nichts!"

Kommissar van Damins Stimme war jetzt sachlich. Und Lutrinck glaubte sogar, einen gefährlichen Unterton mitschwingen zu hören.

„Es geht um ein Dach, ein Kellerfenster und um einige aufgebrochene Türen. Und natürlich um Dinge, die da plötzlich fehlen. Aber wenn Sie ein Alibi haben, lass ich Sie selbstverständlich laufen. Aber darüber sprachen wir schon!"

Boris Lutrincks Augen funkelten zornig, und mit einer theatralischen Geste schlug er sich vor die Brust: „Jawohl, Herr Kommissar, ich habe ein Alibi!"

„Ein gutes?"

„Ja, ein einwandfreies!"

„Also ein gekauftes!"

„Kein gekauftes, ich sagte ein einwandfreies!"

„Wenn Sie ein einwandfreies meinen, ist es ein gekauftes."

„Das ist Ihre Meinung!"

„Eben! Also – wie steht's mit Ihrem Alibi?"

„Als Ihr komischer Einbruch geschah, spielte ich mit zwei Freunden Skat. Zuerst waren wir in einer Bar und anschließend machten wir bei mir noch ein Spielchen. So von dreiundzwanzig Uhr bis kurz nach eins. Sie sehen daran, dass ich es gar nicht gewesen sein kann!"

Der Kommissar nickte enttäuscht.

„Schade, da ist ja nun leider nichts zu machen."

„Ich habe es Ihnen gleich gesagt!"

„Wie heißen denn Ihre Skatpartner?"

„Karl Mietinger …"

„Und? Zum Skat gehören ja mindestens drei."

„Der dritte Mann war Kalle Överström, ein Schwede. Er ist Seemann!"

„Oh, ein Seemann, dann ist sein Schiff sicher inzwischen ausgelaufen."

Boris Lutrinck grinste höhnisch. „Sie haben es erraten. Die Polizei ist gar nicht so schlecht, wie man sie immer macht ..."

„Damit haben Sie den Nagel auf den Kopf getroffen ... Ja, und da hatte ich Sie tatsächlich in Verdacht, das Ding in der Galerie gedreht zu haben."

Boris Lutrinck riss die Augen auf. „Galerie? Was für eine Galerie?"

„Die in der Loove-Straat ... Bilder und Goldmünzen!"

Lutrinck schüttelte den Kopf.

„Sie wissen selbst, Herr Kommissar, dass ich mich noch nie für Goldmünzen oder Bilder interessiert habe."

„Hm ...", stimmte ihm van Damin zu, „da haben Sie Recht. Und deshalb tut es mir auch doppelt Leid, dass ich Sie wieder einmal aus dem Verkehr ziehen muss."

Boris Lutrinck war plötzlich ganz bleich. Er rappelte sich von seinem Stuhl hoch und hielt sich mit zitternden Händen an der Lehne fest: „Sie – wollen – mich – verhaften?", stammelte er.

Van Damin nickte fast ein wenig mitleidig: „Dass doch die Dummen nie alle werden ..."

Welchen verhängnisvollen Fehler beging Boris Lutrinck?

Das Nachtgespenst | 3

Im Hotel ‚**Alpenhof**' herrschte in der Nacht vom Sonntag zum Montag ziemliche Aufregung.

Gegen 2 Uhr war die Baronin von Mannsberg von einem eigenartigen Geräusch erwacht. Das Geräusch entpuppte sich bei näherem Hinsehen als ein männliches Wesen in einem langen weißen Nachthemd.

Das Nachtgespenst war gerade dabei, das Appartement der Baronin durch das Fenster zu verlassen.

Nach einer Schrecksekunde entsann sich die adlige Dame ihrer Stimmbänder und gebrauchte diese so ausgiebig, dass es bereits um 2 Uhr 08 kaum noch einen einzigen Schläfer im ganzen ‚**Alpenhof**' gab.

2 Uhr 15 wusste die Baronin, dass das Nachtgespenst nicht nur ihr Bargeld, sondern auch den gesamten Schmuck mitgenommen hatte.

Gegen 3 Uhr traf der tüchtige Kommissar Belling ein und begann mit der Untersuchung des Falles.

Als es 4 Uhr schlug, stand Folgendes fest: Aufgrund der beiden Tatsachen, dass
a) der Dieb das Fenster als Tür benutzte, kamen
b) nur drei Hotelgäste als vermutliche Täter in Betracht.
Das wiederum lag an der Architektur des Hauses.

145

Kommissar Belling und sein Assistent Dormann statteten den drei Verdächtigen nacheinander einen Besuch ab.
Während Belling fragte, stand Dormann still in der Ecke und stenografierte alles mit. Diese Methode praktizierten die beiden Beamten seit Jahren mit allergrößtem Erfolg. Hauptsächlich die vielen nebensächlichen Fragen waren es, die die Verhörten immer wieder irritierten. Nach einer Stunde war alles vorbei.

Belling und Dormann saßen im Direktionszimmer, und der Kommissar forderte seinen Assistenten auf: „Also, dann mal los!"
Dormann schlug sein Buch auf und begann: „Ich fange mit Wickler, dem Golfspieler, an. Behauptete, das Rufen der Baronin gehört zu haben. Hat sich nicht darum gekümmert, weil er angeblich eigene Probleme hatte. Kennt die Baronin. Hat nicht aus dem Fenster gesehen. Ist angeblich nicht schwindelfrei. Bezweifelt, ob die Angaben der Baronin stimmen. Hat am Abend vorher noch spät gebadet. Raucht, ist Whisky-Trinker."
Dormann schlug die nächste Seite auf und erläuterte: „Jetzt Herr Bock aus Wesel!"
Der Kommissar nickte: „Der mit den Schlaftabletten!"
Dormann fuhr fort: „Bock öffnete im rot gestreiften Pyjama. Auf Ihre erste Frage, ob er in der Nacht verdächtige Wahrnehmungen gemacht habe, antwortete er wörtlich: ‚Ich habe gegen 23 Uhr eine Schlaftablette genommen und bis eben durchgeschlafen. Ich habe niemanden rufen gehört. Sie können gern mein Zimmer durchsuchen.' Ihre Frage, Herr Kom-

missar, ob er die Baronin kenne, beantwortete er mit ‚nein'.
Bock arbeitet in der Ex- und Import-Branche. Er ist unverheiratet und war einige Zeit Motorrad-Rennfahrer."

Wieder schlug Kriminalassistent Dormann eine Seite um:
„Lothar Werner ist der Dritte im Bunde. Lebensmittelkauf-
mann aus Wuppertal. Schimpfte laut und nannte uns nächtliche Ruhestörer. Werner meinte, dass die Baronin ohnehin
nur falschen Schmuck getragen habe. Hat ihre Rufe angeblich
im Halbschlaf gehört. Dachte zunächst an einen Traum, ging
später jedoch zum Fenster und sah hinaus. Konnte nichts
erkennen. Behauptete ferner, kein Nachthemd zu besitzen."

In diesem Augenblick klopfte es, und ein weiterer Beamter
trat ein.

„Wir haben die drei Zimmer durchsucht, Herr Kommissar.
Weder Schmuck noch Nachthemd."

Der Kommissar bestätigte: „Wie nicht anders zu erwarten
war. Der Dieb hat die Beute in das Nachthemd verknotet und
dann einem wartenden Komplizen hinuntergeworfen.
Schlage vor, dass wir uns jetzt ein wenig ausführlicher mit
dem Nachtgespenst unterhalten. Kommen Sie …!"

⊃—⊙—→ **Mit wem wollte sich
der Kommissar jetzt näher unterhalten?
Wen von den Dreien hielt er
für das diebische Nachtgespenst?**

4 | Lügen haben kurze Beine

Wien, am 12. Oktober letzten Jahres.

Kriminalrat Hoflehner sah zuerst auf seine Uhr, dann zum Fenster. Und weil es immer noch regnete und weil es erst 9 Uhr in der Früh war, beschloss er, sich eine Zigarre anzuzünden.

Natürlich hatten weder die Zeit noch der Regen etwas mit der Zigarre zu tun, aber – der Kriminalrat tat, als wüsste er das nicht. Er wusste nur, dass ihm dieser unsympathische Medizinalrat Svoboda das Rauchen verboten hatte – außer bei besonderen Anlässen.

Na also!

Erst früh um 9 und dann schon Regen … War das nicht ein besonderer Anlass?

Nach dem dritten Zug drückte er auf den roten Knopf unter seiner Schreibtischplatte. Ein Beamter namens Linde streckte seinen Kopf zur Tür herein und fragte: „Herr Kriminalrat haben geläutet?"

„Ja, schicken Sie mir den jungen Mann herein!"

Der Kopf verschwand wieder, und wenig später wurde ein junger Mann hereingeschoben. Sein Äußeres war das, was man gemeinhin als ungepflegt bezeichnet. Ebenso bestellt war es um seine Manieren. Ohne Aufforderung ließ er sich auf einen Stuhl fallen und raunzte los: „Wie lange muss ich eigentlich noch hier herumhocken? Ich hab meine Zeit schließlich nicht beim Lotto gewonnen!"

Der Kriminalrat paffte zuerst genüsslich weiter. Dann sagte er: „Guten Morgen, Herr Franke!"

Anton Franke blinzelte verblüfft.

Dann holte er tief Luft und begann: „Ich will Ihnen mal was sagen …"

Kriminalrat Hoflehner blies ihm eine dicke Rauchwolke entgegen, anschließend tippte er sich mit der Zigarrenspitze vor die Brust.

„Noch rede ich, junger Mann! Sie sind gestern Abend, dreiundzwanzig Uhr fünfunddreißig, dabei erwischt worden, wie Sie gerade das Haus Luisenstraße vier durch …" hier räusperte er sich, „das Kellerfenster verließen. Ein unbequemer Ausgang, wie Sie inzwischen festgestellt haben werden. Außerdem gehört das Haus dem Strumpffabrikanten Schramm … Der Herr Schramm darf den ganzen Tag durch sein Kellerfenster aus- und eingehen, aber Sie, junger Mann, Sie heißen nicht Schramm, Sie heißen Franke …"

Nach dieser langatmigen Einleitung gab sich der Kriminalrat wieder ganz dem Genuss der Zigarre hin. Es kümmerte ihn wenig, dass sein Gegenüber aufgesprungen war und die Fäuste schüttelte.

„Alles ein Irrtum, Herr Kriminalrat … Ich wollte die Schramms überraschen. Sie sind meine Freunde …"

Drei, vier Minuten befasste sich Hoflehner ausschließlich mit dem Blasen von Kringeln. Dann sagte er: „Ach …" Und nach einer Weile wieder: „Ach …, machen Sie Ihre Besuche immer durchs Kellerfenster?"

„Ich sagte doch, es sollte eine Überraschung werden … Ich habe vergeblich versucht, diese Tatsache Ihrem Beamten klar zu machen. Aber der verstand ja nur das kleine Einmaleins."

„Jaja, die Beamten … Sie wollten also die Schramms überraschen …"

„Wollte ich!"

„ Soso …"

„Ich hatte ja keine Ahnung, dass sie verreist waren. Also bin ich rein. Und als ich merkte, dass niemand da war, bin ich sofort wieder umgekehrt. Ich bin nicht mal bis zur Küche gekommen … So war's!"

„So war's??"

„Genau so!"

Der Kriminalrat grinste freundlich.

„Interessant, diese Version … äußerst interessant … Wie ich gelesen habe, sind Sie Student?"

„Ganz recht, Herr Kriminalrat!"

„Was studieren Sie denn?"

Franke zuckte mit den Schultern: „Im Augenblick mach ich gerade mal 'ne Pause. Sonst hab ich's mit den Sprachen!"

„Mit welchen? Neuen oder alten?"

„Was heißt neu und alt … Fremdsprachen meine ich natürlich!"

„Natürlich …" Vorsichtig tupfte Hoflehner den Aschenkegel von seiner Zigarre, bevor er fortfuhr: „Wann haben Sie eigentlich erfahren, dass die Schramms verreist sind?"

„Ach, das war vor drei Tagen … eigentlich ganz durch Zufall."

„Wissen Sie auch noch, wie spät es war, als Sie in das Haus eindrangen?"

Franke tat, als sei die Gewissenhaftigkeit die stärkste seiner Charaktereigenschaften: „Natürlich, es war genau zweiundzwanzig Uhr. Die Glocken haben gerade geläutet … Und die überhört man ja nicht."

„Hm…", brummte der Kriminalrat zum soundsovielten Mal.

„Noch eine letzte Frage, Herr Student. Der Gendarm Bohmleitner behauptete, Sie hätten in der Küche die Kühlschranktür offen gelassen ... stimmt das nicht?"

Anton Franke schüttelte energisch den Kopf: „Da irrt der Gendarm Bohmleitner, Herr Kriminaler. Ich weiß zufällig ganz genau, dass ich sie wieder zugemacht habe!"

„Fein!", freute sich Hoflehner. „Das wär's. Und schon können Sie wieder gehen!"

„Ich kann gehen?"

„Ja, in Ihre Zelle zurück. Ich weiß jetzt, dass Sie nur ein ganz gewöhnlicher Einbrecher sind ... Jaja, Lügen haben kurze Beine."

„Wieso Lügen?"

„Ich habe Sie beim Lügen ertappt, ganz einfach. Und nicht nur bei einer, Herr Student Franke, sondern gleich bei drei. Pfui! kann ich nur sagen. Sie sollten sich wirklich was schämen."

Und dann drückte der Herr Kriminalrat zum zweiten Mal an diesem Morgen auf den roten Knopf unter seiner Schreibtischplatte.

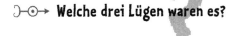 **Welche drei Lügen waren es?**

151

5 | Die verbotene Spritztour

Über Stockholm dehnte sich an jenem Morgen ein blassblauer Junihimmel.

Es hatte gerade 5 Uhr geschlagen.

Professor Ole Strömberg erhob sich von seinem Schreibtisch, streckte sich und schaltete das Licht aus.

Der Professor hatte wieder einmal eine Nacht durchgearbeitet. Mit etwas müden Bewegungen zog er die schweren Samtvorhänge an den beiden Fenstern zurück und blickte hinunter auf die stille, abgelegene Laaston-Gatan. Noch war niemand zu sehen. Keine zur Arbeit gehenden Menschen und keine missmutig bummelnden Schulkinder.

Doch dann stutzte er.

Seine Augen weiteten sich. Reflexartig wischte er sich mit der Hand über die Augen, als müsse er einen bösen Traum verscheuchen. Doch es war kein Traum. Es war unübersehbare Wirklichkeit: Sein Auto war verschwunden. Der nagelneue Volvo-Sportwagen stand nicht mehr dort, wo er ihn Stunden zuvor abgestellt hatte …

Einen Augenblick noch zögerte der Professor, dann ging er zum Telefon.

✡

Professor Dr. Ole Strömberg war in seinem Sessel eingenickt, als er die Türglocke hörte. 5 Uhr 30 … Das musste die Polizei sein. Noch ein bisschen verschlafen ging er zur Tür.

„Ich bin Inspektor Orndal. Ich war zufällig in der Nähe, als ich von Ihrem Anruf hörte, Herr Professor. Um welchen Wagen handelt es sich genau?"

„Um einen neuen Volvo-Sport, Herr Inspektor."
Der Polizist sah Strömberg mit einer Mischung aus Neugier und Unglauben an, bevor er gespannt fragte: „Ein Volvo-Sport, 1800, weiß mit roten Ledersitzen und mit der Endzahl sechsundsechzig am Nummernschild?"
Diesmal war Strömberg überrascht.
„Stimmt! Woher wissen Sie das so genau? Diese Einzelheiten habe ich am Telefon gar nicht erwähnt."
Inspektor Orndal deutete zum Fenster. „So ein Wagen steht vor Ihrer Tür!" Sekunden später nickte der Professor zustimmend: „Ja, das ist mein Wagen …", und leiser fügte er hinzu: „Das kann nur einer der Sixten-Zwillinge gewesen sein."
Der Inspektor wollte mehr wissen, und Strömberg erklärte: „Dort drüben, die große Villa, gehörte früher den Dalquists. Sie kamen beide bei einem Verkehrsunfall ums Leben. Das ist jetzt fünf Jahre her. Erben, und zwar die lachenden, waren die Sixten-Zwillinge. Carsten Sixten bewohnt das Obergeschoss, Leo Sixten das Erdgeschoss. Die meiste Zeit sind sie miteinander verfeindet. Aber es geschieht kaum eine Ungeheuerlichkeit im weiteren Umkreis, an der nicht mindestens einer der beiden beteiligt ist."
Der Inspektor hatte aufmerksam zugehört. Jetzt fragte er: „Wie alt sind diese erfreulichen Zeitgenossen denn?"
Der Professor zuckte mit den Schultern: „Vielleicht dreiundzwanzig oder vierundzwanzig …"

Mit gemächlichen Schritten umrundete Inspektor Orndal das große Haus. Nirgends ein Lebenszeichen. Die Fensterläden im Erdgeschoss waren bis auf einen einzigen geschlossen.

Orndal war noch sechs Meter von der Haustür entfernt, als sich diese öffnete. Ein junger Bursche in einem goldfarbenen Bademantel trat heraus und legte einen altmodischen Schießprügel auf den Inspektor an.

„Keinen Schritt weiter!"

Der Inspektor grüßte kurz und ging unbeirrt weiter, während der junge Mann verdrossen an seiner Oberlippe nagte.

Wenige Zentimeter vor dem auf ihn gerichteten Gewehrlauf hielt Orndal an.

„Vorderlader, achtzehntes Jahrhundert. Wahrscheinlich hat er bis eben an irgendeiner Wand gehangen. Stimmt's?"

„Das geht Sie einen Dreck an! Wir haben es nicht gern, wenn man bei uns einbrechen will!"

Der Beamte lächelte nachsichtig und zeigte seinen Dienstausweis.

„Ich bin Kriminalinspektor Orndal …"

Der junge Mann pfiff durch die Zähne, sagte: „Das ist etwas anderes", und setzte sich auf die Steinstufen vor der Haustür. Den alten Vorderlader stellte er achtlos in die Ecke an der Tür. Nachdem er sich aus der Tasche seines Bademantels Zigaretten und Feuerzeug gefischt und eine in Brand gesetzt hatte, stellte auch er sich vor: „Ich bin Leo Sixten! Stört Sie das?"

„Keineswegs. Ich bin ja nicht Ihr Vater! Sie stehen in Verdacht, mit dem Wagen von Professor Strömberg eine heimliche Spritztour unternommen zu haben."

„Da muss ich aber lachen!"

„Mehr fällt Ihnen dazu nicht ein?"

„Was soll ich dazu sagen? Der Tatbestand, so sagt man ja wohl, ist mir völlig neu. Ich glaube, da hat sich der gute Professor wieder mal was ganz Schlimmes ausgedacht. Tut mir

Leid, Inspektor, ich war es nicht. Ich bin erst vor einer knappen halben Stunde zurückgekommen."

„Sie waren sicher spazieren …"

Leo Sixten schnipste die halb aufgerauchte Zigarette haarscharf an Orndals Kopf vorbei.

„Sie sind ein kluger Polizist. Ich war tatsächlich spazieren …"

Inspektor Orndal zeigte sich ungerührt. Da war er mit ganz anderen Typen fertig geworden. „Sie waren also spazieren. Und wo?"

„Drei Stunden lang bin ich durch die Welt gewandert. Das ist sozusagen mein Hobby …"

„Das lob ich mir: ein Wanderer."

Leo Sixten hielt den Kopf schief.

„Ich wüsste was für Sie, Inspektor. Sie sollten sich mal mit meinem Bruder befassen. Dem traue ich solches Tun zu. Außerdem kam er erst kurz nach fünf nach Hause … Er ist ein Auto-Fan …"

Martin Orndal sah Leo Sixten an … Nach einer Weile ging er auf dessen Tipp ein: „Hat er Ihnen was gesagt?"

„Was soll er mir gesagt haben, Inspektor?"

„Dass er Strömbergs Wagen gefahren ist?"

„Wie, wann und wo sollte er mir das sagen? Ich habe ihn ja noch gar nicht gesehen, seitdem ich zu Hause bin. Nicht gesehen und nicht gesprochen!"

„Und wo steckt Ihr Bruder jetzt?"

„Im Haus, wo sonst?"

Carsten Sixten steckte im Pyjama, als Inspektor Orndal eintrat. Er brummte einige unverständliche Schimpfworte und wies dann auf einen Stuhl. Während Orndal sich setzte, kroch Sixten wieder unter die Bettdecke.

„Ich bin müde!", schimpfte er. „Das sollte die Polizei eigentlich respektieren."

„Haben Sie's eigentlich schon mal mit einem freundlichen Tonfall versucht?"

„Wozu? Es gibt doch genug freundliche Leute. Laut Statistik gibt es sogar wesentlich mehr als unfreundliche. Es gefällt mir, einer Minderheit anzugehören. Habe ich damit Ihre Frage erschöpfend beantwortet?"

„Haben Sie. Dass die Polizei so früh in Ihr Haus kommt, wundert Sie anscheinend nicht."

Carsten Sixten räkelte sich in seinen Kissen, bevor er mürrisch erklärte: „Ich nehme an, dass Sie mir das noch sagen werden. Wozu soll ich also extra fragen?"

„Ihr Bruder, Herr Sixten, ist der Meinung, dass Sie mit dem Auto von Professor Strömberg eine heimliche Spritztour unternommen haben …"

Carsten Sixten richtete sich auf. Um seinen Mund breitete sich ein verächtlicher Ausdruck: „Mein Bruder war schon immer ein kleiner Spinner. Mich interessiert weder das Auto des Professors, noch sein Mittagessen, noch das, was er nachts anzieht. Wenn ich selbst mit mir genug zu tun habe, werde ich mich doch nicht um andere Leute kümmern. Außerdem habe ich selbst ein Auto!"

Und damit ließ er sich wieder umfallen, gähnte und fuhr fort: „Noch was: Sportwagen sind mir zu eng und ungemütlich. Kann ich jetzt endlich weiterschlafen?"

„Wann sind Sie heute Morgen nach Hause gekommen?"

Sixten überlegte kurz. „Es war kurz nach fünf!"

„Haben Sie dafür Zeugen?"

„Nein …"

Inspektor Orndal erhob sich. Seine Miene war verschlossen, als er sich erkundigte: „Wo kann ich mal telefonieren?"

„Draußen in der Diele steht ein Telefon … Was ist jetzt? Kann ich nun weiterschlafen?"

„Von mir aus …"

Orndal verließ das Schlafzimmer. Er fand das Telefon auf Anhieb und wählte die Nummer des Professors. Dann sprach er so laut, dass man ihn in beiden Etagen verstehen konnte: „Hallo, Professor, ich bin's, Inspektor Orndal. Ich wollte Ihnen nur sagen, dass Sie Recht mit Ihrer Vermutung hatten. Es war einer der Sixten-Brüder … Es steht Ihnen frei, Anzeige zu erstatten!"

Als der Inspektor das Haus verließ, blieben ein zorniger und ein ratloser Sixten zurück.

Welcher der beiden Sixten-Brüder machte sich am verdächtigsten?

6 | Herr Luft sucht einen Dummen

Tagelang schon ärgerte sich Otto Luft über den unschönen Kratzer, der sich über die ganze rechte Breite seines fast neuen Autos hinzog.

Er wusste auch genau, wobei es geschehen war: beim Rangieren in der Tiefgarage am Kino. Und er ganz allein war Schuld. Gerade diese Tatsache steigerte seinen Ärger um ein Erkleckliches. Otto Luft gehörte nämlich zu jener Kategorie von Menschen, die die Schuld immer bei den anderen suchen.

Da bei der unsanften Berührung mit einem stählernen Begrenzungspfosten jedoch weit und breit kein ‚anderer' zu sehen war, blieben die Folgen diesmal ganz allein an ihm und seiner Brieftasche hängen. Und genau das war es, wogegen sich Herr Luft sträubte.

Nach nachdenklichen drei Tagen war er so zu einem unfeinen Entschluss gekommen: Er wollte für seine Schuld einen Unschuldigen suchen.

Zunächst allerdings suchte er nach einer entsprechenden Straße, die ihm für sein Vorhaben geeignet erschien. Er fand sie in der Wernergasse, einer schmalen Einbahnstraße, in der man parken durfte.

Er startete sein Vorhaben am frühen Vormittag des Donnerstags.

Nachdem er seinen Wagen abgestellt hatte – stellte er sich selbst auf. Geschützt durch eine Plakatsäule hielt er Ausschau nach einem ihm günstig erscheinenden Opfer.

Um 11 Uhr 05 war es so weit: Ein mittelgroßer Lieferwagen bog in die Wernergasse ein und – Herr Luft notierte sich die Autonummer.

Eine halbe Stunde später betrat er das 12. Polizeirevier, wo ihn ein im Dienst ergrauter Polizeimeister nach seinem Begehr fragte. Und Otto Luft begann seine Geschichte zu erzählen: „Das war so, Herr Wachtmeister, ich habe gegen neun Uhr meinen Wagen in der Wernergasse abgestellt. Dann ging ich einkaufen und auf die Bank. Als ich 11 Uhr 20 zurückkam, hatte ein Lieferwagen meine ganze rechte Seite zerschrammt."

Der Beamte nickte und erwiderte grimmig: „Eine verdammte Unart. Aus Angst um ihren Schadenfreiheitsrabatt begehen sie lieber Fahrerflucht. Haben Sie wenigstens einen Zeugen?"

Luft schüttelte den Kopf.

„Leider nein."

„Es ist fast unmöglich, den Wagen ausfindig zu machen. Was glauben Sie, lieber Herr, wie viele Firmen in der Stadt einen Lieferwagen haben", gab der Beamte zu bedenken.

Doch da konnte Otto Luft Abhilfe schaffen. Eilfertig griff er in die Tasche und kramte einen Zettel hervor. Er hielt ihn dem Wachtmeister hin.

„Hier, die Nummer des Lieferwagens konnte ich gerade noch rechtzeitig erkennen …"

Der Beamte strahlte: „Na also … jetzt rufen wir die Zulassungsstelle an und in drei Minuten wissen wir, wem der Lieferwagen gehört."

Der Polizist hatte den Hörer schon in der Hand, als er ihn mit Nachdruck wieder auf die Gabel zurücklegte. Sein Gesicht war plötzlich gar nicht mehr freundlich, und seine Augen blickten alles andere als hilfsbereit.

„Mir geht ein Licht auf ... Der Herr sucht einen Dummen für einen Kratzer, den er wahrscheinlich selbst verursacht hat ... In nüchternem Amtsdeutsch heißt das: Irreführung der Behörden." Mit einem unheilschwangeren Seitenblick fuhr er fort: „Ich werde Ihnen jetzt vorlesen, was der Gesetzgeber dafür als Strafmaß vorsieht ..."

Otto Luft spürte die Weichheit in seinen Knien und ließ sich bleich auf einen Stuhl fallen, während der Polizeibeamte betont langsam nach dem einschlägigen Paragraphen suchte ...

An und für sich ist der Tatbestand klar. Trotzdem möchten wir gern wissen, worüber der Polizeibeamte stolperte.

○─◉─→ **Was erfüllte für ihn den Tatbestand „Irreführung der Behörden"?**

Die Mietschuld

Als Anatol Klöpfer vor zwei Jahren ganz überraschend eine kleine Villa am Stadtrand von München erbte, brachte ihn das insofern in Verlegenheit, weil er nicht wusste, wie er sich entscheiden sollte.

Sollte er seine Eigentumswohnung verkaufen und in die Villa ziehen? Oder sollte er in der Eigentumswohnung bleiben und die Villa veräußern?

Nun, Anatol Klöpfer hatte einen guten Freund, und der riet ihm, weder die Wohnung noch die Villa zu verkaufen, sondern letztere Gewinn bringend zu vermieten. Und das tat Anatol dann auch.

Während er die kleine Souterrainwohnung mietfrei an ein älteres Ehepaar abgab – die Gegenleistung bestand in den Pflichten einer Hausmeisterei –, vermietete er die restlichen sieben Einzelzimmer an sieben Studenten.

Ein ganzes Jahr lang lief alles zur vollsten Zufriedenheit.

Dann aber begann der Ärger. Und zwar immer mit dem gleichen Mieter. Er hieß Leopold Huber und war eingeschrieben auf die Wissenschaft der Medizin.

Schuldete er Herrn Klöpfer zuerst die Miete nur für zwei Monate, so waren daraus flugs drei und vier geworden.

Da Anatol, der Hausbesitzer, die Geduld eines Lamms hatte, betrug der Rückstand dann sogar ein halbes Jahr.

Wenn Poldi Huber in seinem Studium ebensolche Leistungen vollbringen sollte wie im Erfinden immer neuer Ausreden, dann würde aus ihm eines Tages sicher ein großer Arzt werden, meinte Anatol Klöpfer.

Doch als auch der siebente Monat ohne Mieteingang vorüberging, beschloss er zu handeln. Er ergriff das Telefon und rief sich … das heißt seine Villa, an. Der Hausmeister Paul Buckleder meldete sich mit sanfter Pensionärsstimme, und Herr Klöpfer bat, den ‚Mieter Huber' ans Telefon zu holen.

„Herr Huber", begann Anatol, „ich habe das Gefühl, dass Sie mich für schwachsinnig halten, sonst …"

Als er an dieser Stelle Luft holen wollte, schaltete sich der „Mieter Huber" ein: „Hallo, Herr Klöpfer, Sie sind der feinste Vermieter, den ich je kennen gelernt habe. Also, nun hören Sie mir zu: Ihre und meine Not ist zu Ende. Ich habe mit Erfolg eine alte Tante anpumpen können, die auch einen Beitrag zum Fortschritt der Medizin leisten wollte. Was sagen Sie jetzt?"

Anatol nickte spöttisch ins Telefon und erwiderte: „Mir treten Tränen des Glücks und der Rührung in die Augen, Herr Huber. Und was ich Ihnen sagen will? Hier, das will ich Ihnen sagen: Wenn bis zum zwanzigsten die Miete für alle rückständigen Monate nicht bei mir eingegangen ist, dann ist der einundzwanzigste für Sie der Letzte. Das heißt, dass ab ersten ein neuer Mieter in Ihrem Zimmer wohnt. Auf Wiedersehen, Herr Huber!"

✿

Wenige Tage später war der bewusste Termin. Er verstrich, ohne dass Herr Klöpfer etwas von Herrn Huber hörte.

Zwecks Schlussstrich griff er am frühen Dienstagmorgen, es war der 21., erneut zum Telefon. Noch bevor er außer seinem Namen etwas sagen konnte, sprudelte es aus Hubers Mund: „Sie brauchen sich nicht extra zu bedanken, lieber Herr Klöpfer. Schließlich war es Geld, das Ihnen zustand."

Anatols Kinnlade klappte nach unten: „Was ... was ...", stotterte er ... „Was soll das heißen? Ich habe kein Geld erhalten!"

Entrüstung am anderen Ende: „Was denn, Herr Klöpfer? Kein Geld erhalten?" Aufgeregtes Schnaufen, dann: „Ich habe Ihnen die gesamte Miete in einem Brief zugeschickt. In Form eines Verrechnungsschecks. Und zwar schon vorgestern, wegen des Termins, den Sie mir gestellt haben ..."

Anatol Klöpfer legte leise den Hörer auf. Er war ziemlich durcheinander. Und er dachte an seinen Freund, der ihm geraten hatte, die Villa Gewinn bringend zu vermieten ...

⊃–⊙→ **Dieser Fall ist nur in Verbindung mit der Zeichnung zu klären. Das heißt also, dass es diesmal auf gute Beobachtungsgabe ankommt. Auf dem Bild wirft Poldi Huber gerade einen Brief in den Briefkasten. Wir setzen voraus, dass es sich dabei wirklich um den Brief an Anatol Klöpfer handelt. Trotzdem hat Leopold Huber seinen Vermieter beim letzten Telefongespräch angelogen. Um welche Lüge handelt es sich?**

Der Parkplatz-Gangster | 8

Der große Parkplatz vor dem Verwaltungsgebäude war öffentlich und bewacht. Er bot Stellplätze für insgesamt 180 Fahrzeuge. Vier Parkwächter teilten sich die Arbeit. Jeder von ihnen war verantwortlich für einen Block mit 45 Plätzen.

Es gab eine Ein- und eine separate Ausfahrt. Kassiert wurde auf dem Platz.

Es war genau 7 Uhr 45, als sich ein grauer SAAB auf einen der Plätze im Block B schob.

Noch war kaum Betrieb.

Ein vollbärtiger Mann mit Sonnenbrille, flacher karierter Mütze und hellem Staubmantel stieg aus, schloss gewissenhaft ab und winkte dem Parkwächter.

„Wie kommt es, dass es noch so leer ist?", fragte der Kunde, und Arno Wacker, der Parkwächter, grinste: „In einer halben Stunde ist nichts mehr frei. Sie haben Glück, dass Sie so zeitig dran sind. Wie lange bleiben Sie?"

Der SAAB-Fahrer zuckte mit den Schultern: „Es wird mindestens elf werden."

„Zwovierzig", forderte Arno Wacker und reichte dem Mann die Quittung.

8 Uhr 30.

Der Parkplatz vor dem Verwaltungsgebäude war restlos besetzt. Zur Rechten des grauen SAAB stand jetzt ein weinroter Mercedes-Sportwagen, während die linke Nachbarschaft seit zehn Minuten aus einem weißen Ford-Capri bestand.

Unweit davon aber lehnte ein Mann und beobachtete scharf, was sich rund um den SAAB tat. Er trug einen braunen Janker und einen Trachtenhut; zwischen den Zähnen klemmte eine gebogene Tabakspfeife.

Nur einem ganz aufmerksamen Betrachter wäre es aufgefallen, dass dieser so folkloristisch gekleidete Mann identisch war mit dem Fahrer des grauen SAAB.

8 Uhr 40 schien der Augenblick gekommen, auf den der Betrachter und Beobachter gewartet hatte: Der Parkwächter war gerade dabei, am äußersten Ende des Blocks zu kassieren, als plötzlich Leben in den Mann kam. Rasch und doch unauffällig näherte er sich dem SAAB.

30 Sekunden später durchfuhr der Wagen unbeanstandet die Ausfahrt von Block B.

In die leer gewordene Lücke lotste Arno Wacker 3 Minuten später einen gelben VW ein. Er schenkte der Tatsache, dass der SAAB verschwunden war, wenig Beachtung. Schließlich hatte der Fahrer bezahlt.

11 Uhr 10.

Ein Mann mit Bart, Sonnenbrille und hellem Staubmantel näherte sich aufgeregt Arno Wacker.

„Wo ist mein Auto?", schrie er den Parkwächter an.

„Der SAAB …", stotterte Wacker und sah dorthin, wo jetzt der gelbe VW stand. Eingerahmt von zwei weiteren VWs.

Der Mann im Staubmantel packte Wacker an den Aufschlägen des Arbeitskittels und schüttelte ihn. Dazu donnerte er: „Ich mache Sie haftbar … Im Wagen befanden sind mehrere teure Bilder und zwei kostbare Skulpturen …"

Ein sich in der Nähe aufhaltender Polizist trat schnell auf die beiden zu: „Was ist hier los?", forschte er.

Der Bärtige ließ den Parkwächter los und wandte sich dem Polizisten zu. Seine Stimme überschlug sich fast, als er berichtete: „Das hier ist ein bewachter Parkplatz. Wie kann man von einem bewachten Parkplatz ein Auto stehlen? …"

Der Polizist sah nicht besonders geistreich drein.

„Hören Sie, Herr Wachtmeister", fuhr der andere fort und unterstrich jedes Wort mit einer energischen Handbewegung, „um dreiviertel acht habe ich meinen Wagen hier abgestellt. Jetzt komme ich wieder und er ist verschwunden. Kann man sein Auto nicht mal mehr drei Stunden auf einem bewachten Parkplatz stehen lassen? Wozu kassieren diese Brüder dann eine Parkgebühr?"

Der Bärtige zupfte sich aufgeregt am Bart, während Arno Wacker schweißnasse Hände bekam. Der Polizist dagegen machte Versuche, die inzwischen aufgelaufene Menge zu zerstreuen. Dann wandte er sich an den Autofahrer: „Wo stand Ihr Wagen denn?"

„Dort drüben, wo jetzt der gelbe VW steht. Neben mir parkten noch ein roter Mercedes und ein weißer Ford …"

Nach einem Blick auf die wieder dichter werdenden Reihen der Neugierigen forderte der Polizist die beiden Männer auf: „Gehen wir auf die Wache … Ich muss ein Protokoll aufnehmen!"

So saßen sie zehn Minuten später auf der nicht weit entfernten Polizeiwache, und der Beamte bemühte sich, ein einwandfreies Protokoll anzufertigen.

Und dann, ganz plötzlich, bekam Arno Wacker große, runde Augen und sprang auf. Sein Zeigefinger fuhr Richtung

SAAB-Fahrer, während er mit wütender Stimme rief: „Jetzt weiß ich es. Das ist ein ganz gemeiner Schwindler, ein Betrüger, ein Gauner ..."

Ja, und anscheinend schien er mit dieser Behauptung ins Schwarze getroffen zu haben. Denn wie ein Blitz war der Bärtige hoch und durch die Tür verschwunden ...

Arno Wacker aber atmete tief durch und ließ sich auf seinen Stuhl zurückfallen. Zufrieden seufzte er: „Ein Glück, dass mir noch rechtzeitig genug eingefallen ist, welchen Fehler dieser Schurke gemacht hat."

>—⊙—→ **Nun, welchen Fehler hatte der Bärtige begangen? Dass er eine Schandtat vorhatte, wussten wir ja bereits. Doch woran hat es der Parkwächter Arno Wacker bemerkt?**

Der Pechvogel 9

Es war auf die Sekunde genau acht Minuten vor halb drei Uhr morgens, als das Geräusch splitternden Glases die nächtliche Stille in der Baxley Street durchschnitt.
Keine Fußgänger, keine Autos waren zu diesem Zeitpunkt zu sehen.
Und fast schien es, als sollte dieser Vorfall unbemerkt vorüber gehen. Doch das änderte sich bald.

Detektivsergeant Artur McKelly von der 17. Polizeistation zuckte erschrocken zusammen, als das Telefon plötzlich zu rasseln begann. Während er zum Hörer griff, sah er gleichzeitig zur Uhr: 2 Uhr 23. Dann lauschte er aufmerksam in den Hörer. Gerade, als er den Hörer wieder auf die Gabel legte, öffnete sich die Tür, und Sergeant Tim Ashley betrat das Wachlokal.
„Keine besonderen Vorkommnisse!", brummte er und fügte grinsend hinzu: „Du kannst jetzt bei der Streife sogar schlafen."
„Damit ist es aus!", erwiderte McKelly. „Bei ‚Sinclair' ist eingebrochen worden!", informierte McKelly seinen Kollegen.
„Sinclair?", rief Ashley verdutzt. „Meinst du den Münzladen in der Baxley Street?"
McKelly nickte: „Ja. Sinclair höchstpersönlich rief gerade an. Ich geh mal hin. Bitte, sei so gut, Tim, und weck Mallory, er soll mich begleiten!"
Als die beiden Beamten vor dem Geschäft des Münzhändlers Robert B. Sinclair eintrafen, schlug es vom Turm der St.-Clairing-Kirche gerade dreiviertel drei.

Im Glasteil der Tür klaffte ein großes Loch, und Sergeant Mallory schob mit dem Fuß ein ansehnliches Häufchen Scherben vor der Tür zusammen.

„Brutal zertrümmert!", stellte er dabei fest. „Nicht gerade die feine Art der englischen Diebe."

McKelly nickte: „Entweder ein Anfänger, oder …"

Er kam nicht dazu, seinen Satz zu vollenden, denn in diesem Augenblick öffnete sich die Tür des Geschäftes.

„Ich danke ihnen, dass Sie so schnell gekommen sind. Ich bin Robert Sinclair."

Kurz darauf standen sie zu dritt in dem nun taghell erleuchteten Raum, und Mister Robert B. Sinclair berichtete: „Meine Frau und meine Kinder sind verreist. Und immer, wenn sie das sind, pflege ich hier im Geschäft zu übernachten." Er deutete nach hinten: „Ich habe da ein kleines Appartement … Ja, und heute Nacht, ich habe einen leichten Schlaf, hörte ich es plötzlich klirren. Einen Augenblick zögerte ich … dachte zuerst an einen Traum … aber dann drehte jemand den Schlüssel in der Ladentür. Ich sprang aus dem Bett, zog einen Bademantel über und stürzte hierher. Da sah ich ihn. Ein kleiner Mann mit Brille. Er ergriff sofort die Flucht. Bis zur Straßenecke bin ich ihm nach. Aber er war jung und schnell. Da bin ich in den Laden zurück und habe Sie angerufen."

Mister Sinclair hielt den Beamten einen halben Ziegelstein hin.

„Der Stein lag dort neben der Vitrine. Der Dieb hat ihn einfach durch die Scheibe geworfen, durch das Loch gelangt und von innen aufgeschlossen …"

Sergeant Mallory nickte: „Hat er etwas mitnehmen können?"

Sinclair machte ein betrübtes Gesicht. „Leider … er erbeutete eine Schatulle mit altrömischen Münzen. Ich hatte sie gestern erst hereinbekommen. Es ist ein sehr, sehr großer Verlust für mich …"

„Wie groß?", forschte McKelly.

„Wie meinen Sie?"

„Wie groß dieser Verlust ist?"

„Ich schätze so gegen fünftausend Pfund", meinte der Händler irritiert.

Doch McKelly wollte es genauer wissen: „Sie kaufen etwas ein … dafür bezahlen Sie einen bestimmten Betrag. Dann verkaufen Sie die Ware wieder. Auch hier wissen Sie genau, wie viel Sie verlangen. Also, wenn ich Sie frage, wie hoch der Verlust ist, dann müssen Sie diese Frage doch präzise beantworten können – oder nicht?"

Das Licht war gut genug, um zu erkennen, wie dem Münzhändler das Blut ins Gesicht schoss. Und mit verkniffenen Lippen antwortete er: „Ohne Gewinn ist es ein Verlust von zweitausend Pfund …"

Sergeant McKelly tippte dem Münzhändler leicht auf die Brust und empfahl: „Ich würde vorschlagen, dass Sie sich mal anziehen und mit zur Wache kommen. Es gibt da eine Menge aufzuschreiben …"

„Sie meinen ein Protokoll?"

„Stimmt … auch das …"

Die Stimme des Kaufmanns war plötzlich heiser. „Wieso auch das … was soll das heißen?"

„Außerdem wollen wir natürlich auch die hübschen Lügen zu Papier bringen, die Sie uns aufgetischt haben."

Robert B. Sinclair rutschte vor Schreck beinah die Brille von der Nase. Fahrig nahm er sie ab und begann sie an einem Zipfel seines seidenen Mantels zu putzen.

Aber auch Mallory machte das, was man ein erstauntes Gesicht nennt.

„Was soll … soll das heißen … was erlauben Sie sich … Ich … ich … werde mich beschweren", stotterte Sinclair.

Detektivsergeant McKelly lächelte: „Da kommt so ein Dieb daher, nimmt einen Ziegelstein und wirft ihn durch Ihre Scheibe … Normalerweise müssten jetzt die Scherben in Ihrem Laden liegen. Aber nein, das tun sie nicht. Sie liegen samt und sonders auf der Straße … Ich will Ihnen verraten, was Sie selbst wissen: Sie haben mit dem Stein die Scheibe zertrümmert und dann die Polizei gerufen. Warum? Wollten Sie Ihre Versicherung betrügen? Aber das können Sie ja dann alles zu Protokoll geben."

Zu zweit hatten sie die 17. Polizeistation verlassen. Zu dritt kehrten sie zurück.

⚬→ Bei dieser Geschichte hat der Täter, also Mister Robert B. Sinclair, einen weiteren Fehler gemacht, den nur ihr herausfinden könnt, da es ja bekanntlich bei der Scheibenzertrümmerung keine Tatzeugen gab. Um welchen Fehler handelt es sich?

Die Abendgesellschaft | 10

Bis auf eine der hier zu Tisch sitzenden Personen ahnte wohl niemand, dass dieser Abend noch einen sehr ungewöhnlichen Abschluss finden sollte.

Es waren dies die Gastgeberin Karin Brugger, eine stadtbekannte Modejournalistin, und es waren ihre Gäste: die Sängerin Miranda Cosé, die beiden Schauspieler Peter Buch und Bertram Weiler sowie der sensible Tanzlehrer Sebald Viebig. Alles in allem eine illustre Gesellschaft.

Nach einem exquisiten Abendessen, das die Dame des Hauses höchstpersönlich zubereitet hatte, war man über den Mokka zum Rheinwein gelangt. Die Stimmung war ausgezeichnet. Nun aber, auf der herrlichen alten Standuhr standen die Zeiger auf 23 Uhr, erhob sich die Gastgeberin und verkündete: „Und jetzt habe ich eine Überraschung für euch: Ich stifte zwei Flaschen echten französischen Champagner, der so gut und so teuer ist, dass ich jetzt schon bereue, ihn nicht allein getrunken zu haben!"

Nach dieser launigen Einleitung gab es ein großes Hallo. Und auf ihre Frage: „Wer begleitet mich in den Keller?", sprang Peter Buch, ein kleiner korpulenter Mann, der hauptsächlich darunter litt, dass es zu wenige Rollen für kleine dicke Männer gab, auf und rief: „Ich! Ich bin erstens ein ganz toller Begleiter und zum anderen liebe ich Keller, in denen alter Champagner lagert."

Frau Brugger wandte sich der Sängerin zu: „Du, Miranda,

holst inzwischen die Gläser aus dem Schrank, du, Sebald, leerst die Aschenbecher, und der liebe Bertram lässt frische Luft ins Zimmer!"

Als Karin Brugger und ihr Begleiter flaschenschwingend wieder auftauchten, waren bereits alle Wünsche erfüllt, und mit einem: „Ich war der beste Flaschenöffner in unserer Großfamilie!", stürzte sich Bertram Weiler auf die staubbedeckten Champagnerflaschen.

Eine Minute später perlte das kostbare und köstliche Nass in den Kelchen, und Miranda sang:

Sie lebe hoch, sie lebe hoch, sie lebe hoch!

Nach einer weiteren Viertelstunde war es Peter Buch, der vorschlug: „Ich würde jetzt liebend gern ein Tänzchen wagen … was haltet ihr davon?"

Alle waren einverstanden, und Karin Brugger setzte ihren Plattenspieler in Gang.

Während Peter Buch die Sängerin über das freigelegte Parkett schob, tanzte Bertram Weiler eng umschlungen mit der Gastgeberin. Sebald Viebig dagegen hatte alle Hände voll mit Nachschenken zu tun. Aber auch das wechselte ab, da infolge Damenmangels immer ein Herr sitzen musste.

So ging es genau bis 23 Uhr 40.

Das war der Zeitpunkt, als sich Miranda in einen Sessel setzte, noch einmal in die Runde blinzelte und dann den Kopf zur Seite legte. Mit einem Wort: Die Sängerin war eingeschlafen.

Die Tragödie hatte ihren Anfang genommen.

Drei Minuten später bereits schüttelte Peter Buch gähnend

den Kopf und schimpfte mit schwerer Zunge: „Miranda hat mich angesteckt … Na, so was ist mir noch nie passiert. Ich muss Miranda sagen, dass …"

Was er Miranda sagen wollte, ging in einem undeutlichen Gemurmel unter. Taumelnd glitt er in die Couchecke …

10 Minuten vor Mitternacht kippte auch der Letzte aus der Runde um.

Mit glasigen Augen drängte sich Bertram Weiler zwischen Peter Buch und Karin Brugger.

Im Aschenbecher verglommen zwei Zigaretten, während fünf Menschen tief und fest schliefen …

Fünf Menschen? Nein … nur noch vier.

In diesem Augenblick erhob sich die fünfte Person behutsam. Mit einem ironischen Lächeln in den Mundwinkeln überzeugte sie sich, dass die anderen schliefen, und ebenso rasch begann sie, die anderen von Schmuck und Geld zu befreien.

Als von irgendwo eine Uhr Mitternacht schlug, war das Werk vollendet. Für 10 Minuten verschwand die diebische Elster aus der Wohnung. Als sie zurückkehrte, trank sie fast genussvoll ein Glas Champagner, setzte sich auf ihren Platz und überließ sich der Wirkung des Schlafmittels, das sie selbst dem Champagner zugegeben hatte …

6 Uhr 15.

In ihrer ganzen Pracht schien die Morgensonne ins Zimmer. Sebald Viebig hielt Peter Buch an den Rockaufschlägen und schüttelte ihn. Dazu rief er ein ums andere Mal: „Wach auf, Peter … Aufwachen! Es ist was passiert! Aufwachen, Peter!!"

Müde blinzelnd öffnete Peter Buch die Augen. Gleichzeitig fuhr seine Hand zur Westentasche, und er rief laut und entsetzt: „Meine goldene Uhr ist weg!"

Sebald nickte: „Ja, mein Geld ist auch weg. Ebenso mein Brillantring und meine Armbanduhr! Komm, wir müssen die anderen wecken …"

Es gab ein böses Erwachen für die restlichen drei Schläfer. Während beide Damen ihren gesamten Schmuck vermissten, meldete Bertram Weiler den Verlust seiner Barschaft sowie eines goldenen Zigarettenetuis. Es hätte nicht viel gefehlt, und Miranda Cosé wäre in Ohnmacht gefallen …

Karin Brugger dagegen, die unglückliche Gastgeberin, war es, die zuerst einen vernünftigen Satz sprach: „Bleibt alle ruhig sitzen und rührt auch nichts an. Ich rufe die Polizei!"

„Polizei?", wiederholte Miranda entsetzt. „Willst du einen Skandal?"

„Es ist das Beste, Miranda!", stimmte Peter Buch Karin Brugger zu. Und auch die anderen nickten zustimmend!

„Also meinetwegen, hol die Polizei!"

Nun, wir brauchen nicht auf das Eintreffen der Polizei zu warten. *Wir* wissen ja bereits, wer der Täter war – oder?

꘎⊙→ **Welche Person tat das Schlafmittel in den Champagner und stahl ihren Freunden Schmuck und Geld?**

Ein folgenschwerer Beinbruch | 11

Montag, 27. April 1968.

Es schlug gerade 10 Uhr von einer nahe gelegenen Kirchturmuhr, als sich der Unfall in der Frankfurter Herderstraße ereignete.

Eine ältere Frau wurde zwei Meter vor dem Zebrastreifen von einem Pkw erfasst und zu Boden gerissen. Die Aussagen der entsetzten Augenzeugen waren – wie meist bei solchen Fällen – sehr farbig und sehr widersprüchlich. So war vom ‚rücksichtslosen Fahren' des betroffenen Autofahrers ebenso die Rede wie von der ‚totalen Nichtbeachtung' der Verkehrsregeln durch die alte Frau.

Während ein Krankenwagen die Frau mit einem Beinbruch in das nächste Unfallkrankenhaus transportierte, musste der Fahrer des Pkws den Marsch zum nahe gelegenen Polizeirevier antreten. Er tat es unter Protest und ständiger Beteuerung seiner Unschuld.

„Bitte, nehmen Sie Platz, und Ihren Führerschein hätte ich gern!", forderte der Beamte den blassen und zitternden Fahrer auf und schob ihm einen Stuhl hin.

Während sich der Mann hinsetzte, sich mit dem Taschentuch über die Stirn wischte, beteuerte er: „Ich kann wirklich nichts dafür, Herr Wachtmeister. Die Frau lief, ohne nach rechts und links zu sehen, einfach auf die Straße …"

Wachtmeister Kellner nickte und schlug den Führerschein auf: „Das kommt dann ins Protokoll!", versprach er. „Sie sind Herr Hauber?"

„Ja …"

„Bitte Ihren vollständigen Namen!"

„Friedrich Peter Hauber. Peter ist mein Rufname … Ich fahre seit siebzehn Jahren als Vertreter für die Firma Gerwin … Seit siebzehn Jahren unfallfrei, Herr Wachtmeister!"

Der Beamte nickte. „Sie sind geboren am neunzehnten März neunzehnhundertvierzig …"

„Ja, neunzehnter März neunzehnhundertvierzig … in Danzig!"

„Und Sie wohnen in Frankfurt-Griesheim, Kelterstraße vierundzwanzig. Stimmt diese Adresse noch?"

„Ja, Herr Wachtmeister … Ich habe gehupt, obwohl ich sonst ungern hupe, um die Leute nicht zu erschrecken … dafür gibt es Zeugen, dass ich gehupt habe …"

Auf Haubers Stirn hatten sich dicke Schweißperlen gebildet, die er immer wieder abtupfte. Es schien ihm wirklich sehr zu Herzen zu gehen. Seine Augen glänzten wie im Fieber, und mit rauer Stimme versicherte er: „Zum ersten Mal in meinem Leben habe ich mit der Polizei zu tun … Haben Sie wenigstens die Anschriften der Zeugen?"

Wachtmeister Kellner wedelte mit seinem Notizbuch und erwiderte: „Hier steht alles drin. Namen, Adressen und Aussagen!"

„Also, da müssen die Leute doch ausgesagt haben, dass ich unschuldig bin, Herr Wachtmeister … Es ist doch nicht immer so, dass grundsätzlich der Autofahrer Schuld hat … Es gibt doch auch rücksichtslose Fußgänger!"

„Ja", stimmte der Polizist zu, „da haben Sie Recht. Und wenn sich so etwas herausstellt, werden diese ebenso streng bestraft wie die Kraftfahrer, dessen können Sie sicher sein!"

Hauber zuckte nur hilflos mit den Schultern. Der Beamte zeigte zur Tür: „Würden Sie bitte einen Augenblick draußen

Platz nehmen, Herr Hauber. Ich will nur mal im Krankenhaus anrufen."

„Ja … ja, natürlich … fragen Sie, wie es der Frau geht … Es
tut mir aufrichtig Leid, obwohl ich keine Schuld habe. Vielleicht kann sie Ihnen das auch bestätigen … Fragen Sie sie
bitte, Herr Wachtmeister …"

Hauber verließ mit weichen Knien die Wachstube. Die Blicke,
die dem erregten Mann folgten, waren sehr nachdenklich.
Und kaum hatte sich die Tür hinter ihm geschlossen, griff
Wachtmeister Kellner zum Telefon.

„Ja, hier Kellner, geben Sie mir doch bitte mal eine Verbindung zur Firma Gerwin, Trikotagen, hier in Frankfurt …
Nein, die Nummer habe ich nicht bei der Hand …"

Es dauerte nur ganze zwei Minuten, dann war die Verbindung hergestellt. Und nach weiteren zwei Minuten hatte der
Beamte einen Mann am anderen Ende der Leitung, der sich
als Personalchef der Firma Gerwin vorstellte. Wachtmeister
Kellner gab sich sachlich: „Keine schwerwiegende Sache,
Herr Schulze. Einer Ihrer Vertreter hatte einen Unfall. Ich
wollte Sie nur fragen, seit wann Herr Hauber bei Ihnen
beschäftigt ist."

„Einen Augenblick bitte!"

Wieder verging nur wenig Zeit, und der Polizist konnte
hören, wie jemand mit Papieren hantierte. Dann war die
Stimme des Herrn Schulze wieder in der Leitung: „Seit siebzehn Jahren ist Herr Hauber bei uns beschäftigt."

„Und – sind Sie zufrieden?"

„Komische Frage. Sonst wäre er keine siebzehn Jahre in der
Firma. Herr Hauber ist der tüchtigste und gewissenhafteste
Vertreter, den wir haben."

„Danke. Das wäre auch schon alles!"

Wachtmeister Kellner legte nicht auf, sondern tippte nur kurz auf die Gabel. Wieder schaltete sich die Zentrale ein.

„Bitte geben Sie mir jetzt noch das Unfallkrankenhaus!"

Auch dieses Gespräch währte nur ganze vier Minuten.

Dann bat der Beamte Herrn Hauber in den Revierraum zurück.

„Nun, Herr Wachtmeister, wie geht es der Frau?"

„Ich kann Sie beruhigen, Herr Hauber, sie hat zwar einen komplizierten Beinbruch, aber der Arzt meint, dass in gut sechs Wochen alles vergessen ist."

Wieder wischte sich Herr Hauber den Schweiß von der Stirn.

„Na, Gott sei Dank …"

„Ja, und damit kommen wir zur zweiten Sache …"

Hauber stutzte: „Zur zweiten Sache. Wie meinen Sie das? Haben die Zeugen gegen mich ausgesagt?"

Wachtmeister Kellner schüttelte den Kopf.

„Diese zweite Sache hat nichts mit dem Unfall zu tun, Herr Hauber!"

Friedrich Peter Hauber riss die Augen auf. Alle Farbe war ihm plötzlich aus dem Gesicht gewichen.

„Hat … nichts mit … dem Unfall zu tun?", brachte er mühevoll über die Lippen.

„Es wird sich leider nicht vermeiden lassen, dass wir jetzt zusammen einen kleinen Weg erledigen …"

„Ich verstehe kein Wort, Herr Wachtmeister. Wohin denn?"

Der Polizist ließ eine Weile vergehen, bevor er antwortete: „Zur Kriminalpolizei, Herr Hauber …"

Haubers Gesicht war jetzt grau und verfallen. Kraftlos hingen seine Arme herunter …

„Kriminalpolizei …", flüsterte er kaum hörbar.

„Ja, Sie haben leider einen gefälschten Führerschein …"

Und hier die Frage:

**Woran merkte Wachtmeister Kellner,
dass Herr Hauber
einen gefälschten Führerschein besaß?**

12 | Die Reifenpanne

In der Nacht vom Donnerstag zum Freitag brachen unbekannte Täter – den Fußspuren nach handelte es sich um zwei Männer – kurz nach Mitternacht in die Filiale der ‚Amerikanischen Bank' in Perugia ein.
Nachdem sie die Alarmanlage abgestellt hatten, verschafften sie sich mit Hilfe zweier Schneidbrenner Zugang zum Tresorraum.
Ihnen fielen 200 Millionen Lire in die Hände. Noch fehlt von den Dieben jede Spur.

Als Cesare Morti diese Radiomeldung zum ersten Mal hörte, war es 5 Uhr morgens und er gerade dabei, sich die Bartstoppeln aus dem Gesicht zu kratzen.
Morti war Inhaber einer kleinen Autoreparaturwerkstatt mit Tankstelle an der Straße von Orvieto nach Viterba.
Während seine Frau Anna und die Zwillinge Ettore und Mina noch schliefen, machte er sich bereits auf den Weg zur Werkstatt, die unter den Wohnräumen lag.
Als er wenig später die beiden Torhälften seiner Werkstatt aufstieß, bot sich ihm ein eigenartiges Bild.
Gebückt und schwitzend näherte sich ihm ein gut gekleideter Mann. Er mühte sich verzweifelt, ein Autorad mit total zerfetztem Reifen in Bewegung zu halten.
Vor Cesare Morti angelangt, richtete er sich stöhnend auf, hielt sich die Hände in den Rücken und keuchte: „Lange hätte ich es nicht mehr gemacht. Haben Sie einen Reifen da?"

Cesare nickte: „Habe ich. Wo ist das Malheur denn passiert?"
Der Mann deutete nach hinten.

„Ungefähr einen Kilometer von hier. War noch reichlich dunkel. Und ausgerechnet heute hatte ich kein Reserverad dabei."
Während sich Cesare an die Arbeit machte, ließ sich der Fremde auf eine Kiste fallen und zündete sich eine Zigarette an. Cesare begann ein Gespräch: „Haben Sie die Frühnachrichten gehört, Signore?"

„Nein. Ich habe leider kein Radio im Auto. Gab es denn was Besonderes?"

„Na und ob. Einen Bankraub in der ‚Amerikanischen Bank'!"
Der Mann spuckte gelangweilt auf den Boden.

„Das ist kaum noch was Besonderes. Passiert ja fast jede Woche einmal ... Geschieht den Amerikanern recht."

„Es wird immer schlimmer!", seufzte Cesare. „Eines Tages kann man nicht mal mehr auf die Straße gehen. Wohin soll das nur noch führen ..."

„Ach was, halb so schlimm. Die Zeitungen übertreiben immer alles."

„Es ist schlimm genug!", widersprach Cesare und warf seinem frühen Kunden einen ärgerlichen Blick zu. Der kümmerte sich nicht drum.

„Wie viel haben sie denn erbeutet?"

„Im Radio sprachen sie von zweihundert Millionen!"

„Zweihundert Millionen?", wiederholte der andere kopfschüttelnd. „Kaum zu glauben!"

„Was ist kaum zu glauben?"

„Dass es in Perugia Bankfilialen mit so viel Bargeld gibt. Aber vielleicht ist das auch wieder eine von den üblichen Übertreibungen ..."

„Es könnten ja Lohngelder dabei sein!", gab Cesare zu bedenken.

„Das allerdings …" Der Mann nickte zustimmend. „Sie haben Recht. Es ist Wochenende. Es könnten wirklich Lohngelder dabei sein …" Dann erkundigte er sich: „Glauben Sie, dass ich es bis neun Uhr nach Rom schaffe?"

„So eilig?"

„Ja, ich muss ein Flugzeug erreichen …"

„Oh, Sie wollen fliegen …" In Cesares Augen war ein seltsamer Glanz getreten. „Wissen Sie, Signore, das ist das, was ich mir wünsche, solange ich denken kann: Fliegen. Ich würde für mein Leben gern mal fliegen … Aber das wird wohl ewig und immer ein Traum bleiben … So eine Flugkarte kostet ja ein Vermögen …"

Der Mann wiederholte ungeduldig seine Frage: „Glauben Sie, dass ich bis neun Uhr in Rom bin?"

„Ja … Das sollten Sie bequem schaffen. Was fahren Sie denn?"

„Einen Alfa Romeo …"

Cesare Morti lachte: „Das sehe ich am Rad. Ich meinte, wie schnell Sie fahren?"

„So schnell der Motor es zulässt …"

„Dann schaffen Sie es spielend … Ich fahr Sie gleich zu Ihrem Wagen hin."

Der Kunde hielt Morti seine Hände entgegen: „Wäre es möglich, dass ich mir mal die Hände waschen könnte?"

„Selbstverständlich, Signore … dort drüben finden Sie die Toilette … Seife klemmt hinter dem Waschbecken."

Und mit einem Augenzwinkern erklärte er: „Wissen Sie, ich muss die Seife immer verstecken. Oft kommt jemand vorbei, der nur mal rasch zur Toilette geht … Na ja, oft vergisst er dann die Seife wieder hinzulegen … Während Sie sich waschen, habe ich fertig montiert!"

15 Minuten später hielt Cesares Fiat neben dem hochgebockten Alfa Romeo. Nach weiteren fünf Minuten war es geschafft.

Der Mann bedankte sich überschwänglich. Nach einem letzten Händedruck fuhr er davon.

Er sah weder Mortis nachdenkliche Blicke noch ahnte er, dass dieser, zu Hause angekommen, als Erstes zum Telefonhörer griff.

✡

Inspektor Luigi Ovalli runzelte die Augenbrauen: „Wer ist dort?"

„Hier spricht Cesare Morti aus Riano … Ich glaube, ich habe einen der Bankräuber aus Perugia erkannt."

Ovalli presste den Hörer fest an sein Ohr.

„Bitte, würden Sie etwas lauter sprechen, die Verbindung ist sozusagen saumäßig!" Während er das sagte, machte er einem zweiten Beamten ein Zeichen, auf die Taste des Tonbandgerätes zu drücken. Gerade rechtzeitig genug, denn Cesare wiederholte noch einmal: „Hier spricht Cesare Morti aus Riano. Ich glaube, ich habe einen der Bankräuber erkannt."

„Wo?", rief Ovalli.

„Bei mir. Er hatte einen Reifenschaden."

„Welche Wagentype?"

„Er fährt einen dunkelgrünen Alfa Romeo mit Kennzeichen Roma 2299145 und ist auf dem Weg zum Flugplatz in Rom. Das wollte ich Ihnen melden!"

„Worauf begründen Sie diesen Verdacht?", rief Inspektor Ovalli in die Muschel. Und dann fluchte er. Aber er fluchte freundlich – wenn es so was gibt. Cesare Morti aus Riano hatte nämlich aufgelegt. Für ihn war die Sache erledigt.

Um 8 Uhr 46 wurde der dunkelgrüne Alfa Romeo sechs Kilometer nördlich von Rom gestoppt. Im Kofferraum fanden die Beamten Geldscheine im Wert von 204 506 950 Lire.

Und hier die Frage an alle Detektive:

⊃–⊙→ **Was brachte Signore Morti auf den Verdacht, sein früher Kunde könnte etwas mit dem Bankraub zu tun haben?**

Überfall am Rolman-Square 13

Der Juwelier Benjamin Bentford am Rolman-Square wollte gerade abschließen, als noch zwei späte Kunden sein Geschäft betraten.

Bevor Mister Bentford allerdings nach dem Begehr der beiden Gentlemen fragen konnte, hatten diese Masken vor dem Gesicht und er selbst das Bewusstsein verloren.

Als Benjamin Bentford, Sohn eines emsigen Lumpenhändlers, wieder zu sich kam, waren außer den unfreundlichen Besuchern auch Schmuck und Bargeld im Wert von reichlich 27 000 Pfund verschwunden.

Anhand der umfangreichen Verbrecheralben konnte er einen der Täter identifizieren: Es handelte sich um einen gewissen Sten Boster. Doch so sehr sich die Polizei auch bemühte – Sten Boster blieb unauffindbar.

Mehr Glück hatten sie jedoch mit dessen früherem Komplizen Tom Webster. Der lief ihnen in die Arme, als sie einige Schlupfwinkel in Soho durchsuchten.

Aber Tom Webster behauptete, von nichts zu wissen. Und sollte man ihm nicht bald das Gegenteil beweisen können, dann, ja, dann mussten sie ihn wohl oder übel wieder laufen lassen.

✡

Eigentlich waren sie zu viert.

Doch Lester Hill war neu in der Mannschaft. Der junge Mann mit der Goldrandbrille und dem melancholischen Blick musste sich erst die Sporen verdienen, meinten die anderen, erfahreneren Beamten. Sie mochten ihren jüngsten Kollegen zwar, aber sie meinten, dass er noch hart werden müsste. Seine fast leise, melodische Stimme passte noch nicht so richtig nach Scotland Yard.

Lester Hill war zwar durchaus nicht dieser Ansicht, aber er war klug – und hielt sich zurück. Man schickte ihn zu Vernehmungen von angeblichen Augenzeugen und ließ ihn, er war ja ‚Lehrling‘, die Arbeit machen, die zur ‚Routine‘ gehörte.

Lester Hill blieb immer gleich freundlich. Meckerte nie, lehnte keinen Auftrag ab und beschwerte sich nicht über die Art, wie man ihn behandelte: freundlich, kameradschaftlich, aber eben doch – wie einen Detektiv-Säugling.

Als Tom Webster eingeliefert wurde, machten sich Hills drei altgediente Kollegen an die Arbeit. Abwechselnd verhörten Detektivinspektor Calloway sowie die beiden Detektivsergeanten Morgan und Newton den vermeintlichen Übeltäter, der mit stoischer Ruhe alles und jede Frage über sich ergehen ließ.

Und er sagte immer dasselbe: Er sei unschuldig und habe seit mindestens fünf Jahren nichts von Sten Boster gehört und gesehen. Er wisse auch nicht, wo er hier in London wohne.

Und da auch der Juwelier nicht mit letzter Sicherheit behaupten konnte, dass Tom Webster der zweite Mann sei, sah es im Augenblick für die Polizei schlecht und für Webster gut aus.

Inspektor Calloway, der sich müde auf einen Stuhl fallen ließ, fasste es mit den Worten zusammen: „Wenn uns in den nächsten sechs Stunden nicht noch was ganz Originelles einfällt, müssen wir Webster laufen lassen!"

Das war der Augenblick, wo Lester Hill um Gehör bat. Obwohl er leise, fast temperamentlos sprach, war es, als hätte eine Bombe eingeschlagen: „Verzeihung, Inspektor, ich habe da eine eigene Theorie … dürfte ich mal mit dem Verdächtigen sprechen?"

Die drei sahen Lester Hill an, als hätte er behauptet, der Schah von Persien sei in Wirklichkeit eine Frau.

Lester Hill lächelte bescheiden. Es störte ihn nicht, aus den drei Mienen lesen zu können, was sie dachten. Nämlich: Wenn wir schon nichts herauskriegen, dann schafft es dieser Grünschnabel auch nicht.

Inspektor Calloway quälte sich ebenfalls ein Lächeln ab. Da ihm jedoch keine plausible Ausrede einfiel, zeigte er mit dem Daumen zur Tür, hinter der sich Tom Webster aufhielt.

„Nur zu, Hill … Warum nicht … Außerdem wird uns eine Atempause gut tun. Aber ich warne Sie. Dieser Webster hat eine Kondition wie ein Marathonläufer!"

Webster blickte Hill mit einer Mischung aus Amüsement und Misstrauen entgegen.

Lester Hill machte ‚Hallo!' und setzte sich Webster gegenüber.

„Zigarette?", fragte er und hielt dem Festgenommenen eine Zigarettenschachtel entgegen.

Der winkte ab: „Ich rauche heute nicht …" Nachdem er den jungenhaften Lester Hill eine Weile gemustert hatte, meinte er: „Ich könnte Sie mir gut mit einer Schultasche vorstellen."

Hill nickte zustimmend: „Es ist auch noch gar nicht lange her, da ging ich noch in die Schule … Na ja, und jetzt bin ich bei Scotland Yard gelandet."

„Es muss ja weit mit diesem Verein gekommen sein, wenn

man jetzt schon die Jugend auf mich ansetzt. Ich habe das Gefühl, ich werde so nach und nach ganz Scotland Yard verschleißen."

Hill schüttelte den Kopf: „Es ist zu Ende, Mister Webster. Sie brauchen sich nicht mehr anzustrengen. Das Spiel ist gelaufen."

Tom Webster kniff die Augen zusammen und runzelte die Stirn.

„Ach …", sagte er.

Lester Hill fuhr fort: „Aber eines muss ich Ihnen bestätigen. Sie waren ganz große Klasse. So lange haben meine drei Bosse noch nie an einer Nuss geknackt. Ich gratuliere!"

Webster begann unruhig auf seinem Stuhl herumzurutschen. Man sah ihm an, dass er nicht wusste, was er sagen sollte. Endlich brach es aus ihm heraus: „Was soll das Gequatsche? Ist das eine neue Tour? Ich hab nichts mit der Sache zu tun. Das habe ich doch schon den drei anderen Burschen geflüstert."

Lester Hill winkte ab: „Mir brauchen Sie nichts erzählen. Ich mach ja nur immer die schriftlichen Arbeiten … Das andere lassen sie mich nicht. Ich sei noch zu grün … meinen die … Dabei habe ich schon mal einen Taschendieb auf frischer Tat ertappt."

Lester Hill klopfte sich stolz auf die Brust.

Tom Webster wusste immer weniger, was er von all dem halten sollte.

Warum hat man mir diesen kleinen Idioten hereingeschickt?, überlegte er. Taschendieb auf frischer Tat … Als ob mich das interessieren würde …

Hill fuhr ungerührt fort: „Das ist doch für einen Anfänger eine ganze Menge, finden Sie nicht auch?"

Weil Webster nicht gleich antwortete, machte er eine beleidigte Miene: „Na ja, ich gebe ja zu, dass ich noch nicht so einen schweren Jungen wie Sie geschnappt habe … Aber das kann ja noch kommen!"

Webster konnte sich kaum noch beherrschen: „Wenn ich so ein schwerer Junge wäre, würde ich Sie wie eine kleine mickrige Wanze in der Hand zerdrücken! So!!" Er machte eine entsprechende Fingerbewegung.

Doch Lester Hill schüttelte leise den Kopf und lächelte: „Pech gehabt. Ich habe nämlich den ,Schwarzen Gürtel'."

„Schwarzen Gürtel?"

„In Jiu-Jitsu …"

„Meinetwegen. Sie langweilen mich … Zum letzten Mal: Ich habe mit der Sache am Rolman-Square nichts zu tun. Sagen Sie Ihrem Chef, dass ich gehen möchte!"

„Und ich sage Ihnen, es hat keinen Zweck mehr. Die Sache ist gelaufen … Ich weiß ja nicht, ob ich aus der Schule plaudern darf …"

Webster wurde wieder unsicher, während Lester Hill die Stimme dämpfte und Webster zu sich heranwinkte.

Fast automatisch beugte sich der Gangster vor.

Hill sprach: „Sie arbeiteten das letzte Mal vor fünf Jahren mit Boster zusammen. Das war in Sheffield, stimmt's?"

„Stimmt! Das habe ich den Gentlemen bereits gesagt."

„Ja, ich weiß. Ich weiß auch, dass Sie Boster hier in London nie getroffen haben."

„Auch das stimmt."

„Eben nicht!", stieß Hill leise und triumphierend hervor. „Das stimmt nicht. Boster behauptet, Sie hätten das Ding mit dem Juwelier gedreht. Sie und ein Mann aus Dover."

„Unsinn!", zischte Tom Webster.

„Aber er behauptet es. Und wir glauben ihm … Er ist sogar bereit, es zu beschwören, dass Sie das Ding gedreht haben. Boster selbst mussten wir leider wieder laufen lassen, weil er ein Alibi hatte. Der Juwelier muss sich geirrt haben …"

Auf der Stirn Websters traten die Adern hervor, während er die Fäuste auf- und zupresste.

„Boster hat gelogen!", keuchte er mit einem irren Glanz in den Augen. „Der Schuft hat gelogen!"

„Jetzt fällt mir auch ein, mit wem Sie das Ding gedreht haben sollen. Mit einem gewissen Joe Bradley. Wie gesagt, Boster will es beschwören!", setzte Hill noch rasch mit einem Achselzucken hinzu.

„Lüge!!", brüllte Webster. „Warum will der Schuft mich hineinstoßen … Außerdem haben wir uns seit Jahren nicht gesehen …"

„Joe Bradley und Sie, Webster. Es gibt keine Ausrede!"

„Lüge!!", brüllte Webster zum zweiten Mal.

„Ich mache Ihnen einen Vorschlag, Webster … Fragen Sie Ihren früheren Kumpan selbst, warum er Sie reinreißen will!"

Und er schob Webster das Telefon hin.

Tom Webster stürzte sich drauf, als gelte es, einen Todfeind zu beseitigen. Mit zitternden Händen wählte er …

„Besetzt!", keuchte er und versuchte es auf ein Neues … und noch ein drittes Mal … „Immer besetzt … immer besetzt …"

Mit einem fürchterlichen Fluch schleuderte er das Telefon vom Tisch.

Er konnte nicht ahnen, dass auf diesem Apparat so lange ein Besetztzeichen kam, wie nebenan der Hauptanschluss in Betrieb war …

Mit einem Röcheln sank er auf seinem Stuhl zusammen und murmelte immer wieder: "Warum ... warum ... warum hat er das getan?"

Lester Hill nickte stumm vor sich hin und notierte etwas auf einem Zettel ... Dann verließ er das Zimmer.

Inspektor Calloway und die beiden Sergeanten Morgan und Newton blickten ihn stumm und fassungslos an, als er eintrat.

"Haben Sie Webster mit Stecknadeln bearbeitet, Hill?", fragte Calloway. "Warum hat er so geschrien? Und was war das für ein Splittern eben?"

"Oh", lächelte Lester Hill fröhlich und doch bescheiden. "Es war nur das Telefon, Chef!"

"Das Te-le-fon???"

"Ja, Mister Webster hat es in die Ecke geschleudert!"

"Und warum?" Es wäre übertrieben zu behaupten, Detektivinspektor Calloway hätte ein besonders intelligentes Gesicht gemacht. "Warum schmeißt der mit unseren Telefonapparaten rum?"

"Aus Ärger, dass die Nummer von Sten Boster ständig besetzt war ..." Er reichte dem Inspektor den Zettel.

"Hier! Das ist die Nummer, unter der Boster zur Zeit zu erreichen ist ... Ja, und Tom Webster war ebenfalls dabei. Ich bin sicher, dass er jetzt ein Geständnis unterschreibt."

"Hat er seine Beteiligung zugegeben?"

"Nicht direkt. Aber er hat sich verplappert ... Es ist absolut sicher, dass er mit Boster zusammenarbeitet!"

Calloway drückte Newton den Zettel in die Hand: "Hier, stellen Sie fest, wer sich hinter dieser Nummer verbirgt. Und ihr kommt mit …"

Als sie den Nebenraum betraten, verharrte Tom Webster noch immer in der gleichen Stellung, wie ihn Hill verlassen hatte. Müde richtete er sich jetzt auf … Und noch bevor Inspektor Calloway etwas sagen konnte, sprach Webster: „Ich unterschreibe ein Geständnis, wenn Sie mir versprechen, dass Sten Boster neben mir auf der Anklagebank sitzt!"

„Und wenn er abstreitet, dabei gewesen zu sein?", fragte Hill.

„Er ist dabei gewesen … Der Juwelier hat sich nicht geirrt!"

Tom Webster sah die verwunderten Blicke nicht, die zwischen Calloway und Morgan gewechselt wurden. Aber die beiden wussten ja auch noch nicht, was zwischen Lester Hill und Tom Webster gesprochen worden war …

Von diesem Tag an hat sich zwischen Hill und den anderen Drei einiges geändert. Am glücklichsten darüber war Lester.

⊶ **Wer gut aufgepasst und bewusst gelesen hat, weiß, was Tom Webster verraten hat.**
Anders gefragt:
Wodurch erriet Lester Hill, dass Tom Webster mit Sten Boster noch immer Kontakt hatte?

Die Botschaft | 14

Wir berichteten vor längerer Zeit schon einmal von der Detektivschule ARGUS in Little Covenbridge. Damals ging es um einen Eignungstest, dem sich alle Bewerber bei der Aufnahmeprüfung unterziehen mussten.

Diesmal handelt es sich um eine Aufgabe, bei der logisches Denken und Erkennen von Zusammenhängen geprüft wird. Hier der Text:

Wien, 18. März 1756.

Es war gegen 10 Uhr, als sich der Maler Josef Muckler auf den Weg in die Sinzinger Gasse machte. Josef Muckler, der in Wirklichkeit Wilhelm von Heister hieß und den Rang eines Hauptmanns in der Armee des Preußenkönigs Friedrich des Großen bekleidete.

Niemand ahnte, dass er als geheimer Agent in der Residenz der Kaiserin Maria Theresia tätig war.

Es schlug 11 Uhr, als Muckler sein Ziel in der Sinzinger Gasse erreichte. ‚Berglehner' stand an der Tür, deren Klingelzug er jetzt in Bewegung setzte.

Berglehner schien ihn bereits erwartet zu haben: „Nun, stimmt es wirklich?"

Der angebliche Maler zog ein mehrfach versiegeltes Schreiben aus der Tasche und hielt es dem anderen hin: „Es gibt keinen Zweifel mehr, dass man in jener Sache ernsthafte Vorbereitungen trifft. Du musst dich sofort auf den Weg machen und meinen Bericht in das Hauptquartier nach Potsdam bringen. Der König wird staunen!"

Berglehner nickte: „Ich breche noch in dieser Stunde auf!"

Potsdam, 19. März 1756.

Oberst von Stützberg, augenblicklicher Kommandant der Königlichen Wache, schrieb gerade an einem Brief für seine Tochter Dorothea, als man ihm Besuch meldete.

Der Eintretende grüßte preußisch korrekt und wies sich mündlich aus: „Alois Berglehner, Kurier des Hauptmanns von Heister in Wien, mit einer dringenden Botschaft für Seine Majestät den König!"

Oberst von Stützberg nahm eine schmale, mehrfach versiegelte Order entgegen und erwiderte: „Danke! Ich werde das Dokument sofort weiterleiten!"

Und das tat er dann auch. Über diverse Stellen erreichte von Heisters Botschaft am gleichen Nachmittag den König, der sie sich vorlesen ließ. Anschließend blieb er einige Zeit stumm und nachdenklich. Dann schüttelte er den Kopf und sprach: „Ich weiß nicht, ob sich unser Mann in Wien da nicht irrt. Wir wollen aber trotzdem Vorsichtsmaßnahmen treffen. Für heute Nacht alle …", hier verbesserte er sich: „Nein, das hat morgen auch noch Zeit!"

Sprach's, griff zur Flöte und blies eine Gavotte.

⟩─⊙→ **Soweit also der Text.
Er enthält einen nachweislichen Fehler.
Um welchen handelt es sich?**

Schreck in der Abendstunde | 15

Aus dem Schatten der Garageneinfahrt löste sich ein Mann. Gebückt hastete er auf die im Dunkeln liegende Garage zu. Ein feines Klirren verriet das Hantieren mit Schlüsseln. Fünf Minuten später schwenkte die breite Garagentür mit einem kaum wahrnehmbaren Knarren nach oben.

Zur gleichen Zeit saß Dr. med. Otto Eisner seinem langjährigen Freund und Schachpartner Gustav Weinberg gegenüber. Und zwar in der Wohnung des Arztes in der Blankenburgstraße in Berlin-Friedenau.
Man schrieb den zweiten Weihnachtsfeiertag 1969.
Es war kurz vor 20 Uhr, und das Match zwischen den beiden Männern stand 1:1. Doch die Vorteile in dieser dritten Partie lagen zweifellos bei Gustav Weinberg, dem es gelungen war, seinem Kontrahenten nach einem raffinierten Ablenkungsmanöver die Dame zu nehmen.
Otto Eisner knurrte den Ärger über seine Nachlässigkeit missmutig in sich hinein, während sich Weinberg verschmitzt die Hände rieb. Für ihn stand es bereits jetzt fest: Er würde diese Partie siegreich beenden.
Doch unvorhergesehene Ereignisse sollten ihn um den Triumph des Sieges bringen.
Fünf Minuten nach 20 Uhr klingelte das Telefon, und Dr. Eisner wurde zu einem Patienten gerufen.
Während ihm seine Frau Mantel und Tasche brachte, empfahl er seinem Freund: „Du kannst dich ja inzwischen vor den Spiegel setzen, Gustav!"

Weinberg runzelte die Augenbrauen.
„Was soll ich vor dem Spiegel?"
„Dich ansehen!", grinste Dr. Eisner. „Damit du mal jemanden kennen lernst, der sich zu früh freut!"

Dr. Eisner betrat die Garage vom Wohnhaus aus. Wie immer stellte er seine Arzttasche in den Fond.
Zwei Minuten später kutschierte er langsam über den knirschenden Kies seiner Ausfahrt. Die Straße selbst lag wie ausgestorben da, und Dr. Eisner drückte aufs Gaspedal.
Sein Patient wohnte nur wenige Schritte vom S-Bahnhof Wilmersdorf entfernt, und alles in allem wäre es für Dr. Eisner eine Anfahrt von wenigen Minuten gewesen, wenn …
Ja, wenn nicht plötzlich neben ihm ein Streifenwagen der Polizei aufgetaucht wäre. Sekundenlang glaubte der Arzt an einen Irrtum, doch das energische Gehabe des einen Beamten belehrte ihn bald eines Besseren.
Kopfschüttelnd lenkte er seinen Wagen an den Bordstein. Als er ausstieg, standen die beiden Beamten bereits neben ihm.
„Ihre Papiere, bitte!", forderte der ältere der beiden und streckte ihm unübersehbar die Hand hin.
Eisner griff in die Tasche. Dabei zuckte er fragend mit den Schultern: „Bin ich zu schnell gefahren? Ich bin Arzt und muss zu einem Patienten!"
Der Beamte nahm schweigend die Papiere entgegen, studierte sie und steckte sie anschließend in die eigene Tasche. Dann sagte er: „Fahren Sie jetzt bitte zu Ihrem Patienten. Wir bleiben hinter Ihnen. Anschließend fahren wir dann gemeinsam zum Revier."

Dr. Eisner war ein Mann der Vernunft. Deshalb sagte er nichts und dachte doch, dass sich ja bald alles als ein Irrtum aufklären würde.

**Um die Frage zu klären,
warum die Polizei Dr. Eisner stoppte,
ihm die Papiere abnahm und ihn aufforderte,
anschließend mit zur Wache zu kommen,
muss man nicht nur den Text lesen –
man muss sich auch die Zeichnung
genau ansehen.
Nur so kann man diesen Fall lösen.**

Herrn Hollers Monolog | 16

Herrn Hollers große Begabung war die freie Rede.
Wer ihm zuhörte, hatte alle Ohren voll zu tun, um nichts zu
verpassen. Seine Marathonsätze würden jedes Parlament ver-
schönen. Dazu kam noch, dass Heinrich Hollers Worte mit
der Geschwindigkeit einer Lawine seinen Mund verließen.
Dass er dabei kaum Luft holte, fiel seinen Zuhörern spätestens dann auf, wenn er zischend und schnaufend neuen Atem
schöpfte.

So erging es auch Frau Mailer, die Herrn Holler, ihrem früheren Untermieter, rein zufällig begegnete. Noch bevor sie sich
nach einem Fluchtweg umsehen konnte, hatte ihr Heinrich
Holler bereits seine ganze Urlaubsgeschichte erzählt …
„… ach, Sie meinen vielleicht, Frau Mailer, ich sei an meinem
Gipsbein selbst Schuld, was? Nein, weit davon entfernt, weit.
Sehr weit. Erstens bin ich seit Urzeiten nicht mehr gelaufen,
zweitens war ein Betrieb wie in einem Ameisenhaufen und
drittens wurde nur alle vier Stunden abgezogen. Rillen und
Löcher. Dazu Leute, die in ihrem ersten Leben als Rakete auf
der Welt waren und als solche herumsausten. Sssssst, hierhin … Sssssst, dorthin. Und immer haarscharf an den Nasen
fremder Leute vorbei. Na ja, dafür war wenigstens mein Zimmer first class oder so ähnlich! Nur hundertdreißig Schilling
mit allem Komfort. Fortkommen konnte man an manchen
Tagen gar nicht so leicht. Wegen dem Schnee. Das Hotel lag ja
nur zweihundert Meter unter dem Gipfel. Und Figuren habe
ich gesehen, Frau Mailer, Figuren … Hahahehehihi, Figuren

zum Totlachen. Da war so ein Dicker aus Hildesheim mit ewig roter Nase, der wollte immer Schlitten fahren. Haben Sie schon mal einen solchen Dicken mit einer roten Nase auf einem Schlitten gesehen? Ich sage Ihnen, das war ein Bildchen wie aus dem Witzblatt. Dreimal rutschte ihm der Schlitten unterm Hintern weg, bevor er erst mal saß. Und in der dritten Kurve brach er zusammen – der Schlitten. Herrje, war das ein Spaß. Oft konnten wir wegen Nebel gar nicht zum Haus hinaus, da lag unser ganzer Berg bis zum Gipfel hinauf in zweitausend Meter Höhe in dichtem Nebel …"

An dieser Stelle musste Heinrich Holler Luft holen. Frau Mailer nutzte die Gelegenheit und suchte mit einem Ist-ja-nicht-zu-glauben-Herr-Holler-ich-hab's-selber-eilig das Weite.

Nun, Herr Holler trug's mit Fassung und zog humpelnd seines Wegs …

Nun, liebe Detektive, zu all den Eigenschaften, die ein guter Detektiv haben muss, gehört auch ein intaktes Gedächtnis. Hier könnt ihr prüfen, wie gut euer Gedächtnis ist. Es werden euch jetzt drei Fragen gestellt. Sobald ihr sie gelesen habt, klappt ihr das Buch zu und versucht diese drei Fragen zu beantworten. Einverstanden?

>–⊙→ **Frage Nr. 1:**
In welchem Land machte Herr Holler Urlaub?
Frage Nr. 2: Wie hoch lag sein Hotel?
Frage Nr. 3: Wobei hat er sich das Bein gebrochen?

Das Diktat | 17

Als Mister Hampton das Klassenzimmer betrat, bot sich ihm das übliche Montagmorgenbild: eine träge, äußerst müde vor sich hin blinzelnde Schülerschar.

Der Sonntagskrimi im Fernsehen hatte wieder einmal bis ein Uhr nachts gedauert.

„Guten Morgen, meine jungen Freunde!", eröffnete Mister Hampton die neue Schulwoche. „Ich freue mich aufrichtig, dass ihr alle so munter den Dingen entgegenfiebert. Ich habe mir, da ihr alle so fleißige Krimiseher seid, eine hübsche Sache ausgedacht …"

Hielten die Schüler ihre Köpfe während der ersten Worte noch gelangweilt gesenkt, so sahen sie nun auf. In ihren Augen stand blankes Misstrauen.

Mister Hampton genoss es sichtlich. Heiter fuhr er fort: „Ich werde euch eine kleine, kriminelle Geschichte diktieren. Eine Geschichte, deren Niederschrift ich anschließend nach zwei Richtungen hin zensieren werde. Einmal nach der Orthographie und einmal nach … aber darüber reden wir später. Also, schlagt eure Hefte auf und lasst uns beginnen.

Überschrift: Die Jagd nach Ole Hansen

Es geschah am 27. April.
Abends, gegen 23 Uhr, gelang es Jonas Candersen und seinen beiden Komplizen, das Juweliergeschäft von C. B. Atonsen in der Innenstadt von Kopenhagen auszuräumen.
Sie taten dies mit solcher Gründlichkeit und Akkuratesse,

dass außer allen Fingerabdrücken auch der gesamte Inhalt der Fächer, Schränke und Tresore fehlte. Trotzdem gelang es der tüchtigen schwedischen Polizei bereits vier Tage später, am 2. Mai, Jonas Candersen samt Gehilfen und Diebesgut in einem Bauernhaus in der Nähe Kopenhagens zu verhaften. Und bald sickerte es durch: Ole Hansen, ein nicht gerade erfolgreicher Taschendieb, hatte Jonas Candersen bei der Polizei verpfiffen. Seitdem machte die Kopenhagener Unterwelt Jagd auf Ole Hansen.

Dieser selbst, ein kleiner, wieselflinker Mann mit wasserhellen Augen, ahnte die Gefahr und beschloss, für die nächsten Wochen unterzutauchen.

Da ihm die Polizei aus menschenunfreundlichen Gründen — wie er meinte — den Pass abgenommen hatte, war ihm ein ausländisches Asyl verwehrt, und er beschloss, bei einer alten Tante in Stockholm unterzutauchen.

Drei Monate später, es war inzwischen Juni geworden, traute er sich zum ersten Mal wieder in den TIVOLI-Vergnügungspark von Kopenhagen. Doch das Vergnügen sollte ihm bald vergehen. Gerade, als er den ersten Fuß in einen Tanzpavillon gesetzt hatte, wurde er von Henrik, dem Mächtigen, erspäht.

Henrik, ein Passfälscher von 212 Zentimetern Höhe und 3 Zentnern Lebendgewicht, rollte mit den Augen und klatschte freudig in die Hände. Nichts an ihm verriet Gutes, und so beschloss Ole Hansen in der gleichen Sekunde den Rückzug. Vorsicht ist schließlich keine Feigheit.

Doch auch dieser Rückzug endete bereits nach 20 Metern. Henrik hatte nämlich einen schrillen Pfiff ausgestoßen, und wie von Zauberhand arrangiert, erschienen plötzlich von allen Seiten Leute, die Ole Hansen zwar kannte, aber im Augenblick gar nicht zu sehen wünschte . . .

Sie nahmen ihn in die Mitte, während Henrik, der Mächtige, seinen Arm ergriff. Und nichts ließ mehr darauf schließen, dass seine Hand, die sonst die filigrane Arbeit des Geldfälschens machte, die gleiche war, die Ole Hansens Arm wie einen Schraubstock umklammert hielt.

Man erzählt sich noch heute in den Unterweltskreisen von Kopenhagen, dass nie jemand mehr Prügel bezogen habe als Ole Hansen, der erfolglose Taschendieb.

Mister Hampton nickte kurz und sagte: „Das wär's wohl!"
Und nach einer kurzen Atempause erklärte er weiter: „Während ich jetzt über euch nachdenke, habt ihr Zeit, den Text noch einmal zu lesen und eventuell zu verbessern.

Und noch etwas: Auf die nächste dem Diktat folgende Seite schreibt ihr die Fehler oder Unrichtigkeiten, die diese Geschichte enthält. Für Krimifreunde und Fachleute sicher eine Sache von nebensächlichem Schwierigkeitsgrad."

Unsere Aufgabe lautet ebenfalls:

⌐⊙→ Wie viele Fehler enthält diese Geschichte, die Mister Hampton seinen Schülern diktierte?

18 | Wer ist Ernönü?

Der Mann mit den kalten schwarzen Augen und dem bleistiftdünnen Schnurrbart durchquerte das Halbdunkel des Lokals, ohne nach rechts und links zu sehen. Vor der Theke blieb er stehen, sah sich kurz um und fragte: „Ist der Chef da?"

Dem kaum wahrnehmbaren Nicken des Alten hinter dem Tresen folgte ein Griff unter denselben, und ein Schlüssel wechselte den Besitzer.

Der Neuankömmling strebte ohne weiteren Aufenthalt der – Toilette zu. Es gab drei Türen darin. Zu der, die mit der Aufschrift ‚Privat' versehen war, passte der Schlüssel. Hinter der Tür begann ein langer, enger Gang, an dessen Ende der Absatz einer Treppe zu sehen war.

Der Mann nahm immer zwei Stufen auf einmal. Fast schien es, als seien ihm die großen Ölbilder, die jeden Treppenabsatz verschönerten, völlig gleichgültig. Doch dann blieb er gerade vor so einem Bild stehen. Es zeigte ein religiöses Motiv aus dem Orient. Mit der flachen Hand klopfte er sekundenlang in einem bestimmten Rhythmus gegen das Gemälde, das sich plötzlich zu drehen begann.

Der Mann trat ein.

Die Gemäldetür klappte geräuschlos hinter ihm zu.

Es war ein großer Raum, angefüllt mit Schränken, Regalen und ledernen Sesseln. An den Wänden hingen riesige Landkarten aus allen Teilen der Welt und auf dem Boden lagen kostbare persische Teppiche und Brücken, die das Geräusch eines jeden Schrittes auffingen.

An einem mächtigen, papierübersäten Schreibtisch saß ein weiterer Mann. Die auffälligsten Merkmale an ihm waren Haut und Haare. Die straffe, von der Sonne tief gebräunte Haut seines Gesichts stand in einem seltsamen Kontrast zu dem schneeweißen Haar.

„Schon aus Ankara zurück? Ich hatte dich erst morgen erwartet."

Seine Stimme war tief und hatte einen eisigen, metallischen Klang.

Der andere ließ sich in einen der herumstehenden Ledersessel fallen und erwiderte: „Es ist schneller gegangen, als wir gedacht hatten, Chef. Die Sendung ist fertig!"

„Und wie steht es mit der Qualität?"

„Ausgezeichnet. Nur eines beunruhigt mich: Die Nervosität von Patani …"

Der Weißhaarige legte einen goldenen Kugelschreiber aus der Hand und sah seinen Besucher scharf an. In seiner Stimme war ein Grollen: „Wieso Nervosität? Ist etwas vorgefallen?"

„Patani glaubt Anhaltspunkte dafür zu haben, dass Interpol einen Tipp bekommen hat. Vorige Woche ist in Izmir einer seiner Leute hochgegangen."

„Mit Ware?"

„Ohne. Außerdem mit falschem Pass. Patani meint, dass wir deshalb die Ware über Aksarai abtransportieren sollen. Er schlägt den dreiundzwanzigsten vor. Wenn wir einverstanden sind, soll Ernönü die Ware in den Ruinen übernehmen. Mit Gepäckwechsel nach bewährtem Rezept."

Der Mann hinter dem Schreibtisch beugte sich zurück. Seine Augen schienen sich irgendwo auf einem Punkt der Europakarte festgesogen zu haben … Fast eine Minute verging, ohne dass einer der Männer sprach ... Endlich beugte sich der Weißhaarige wieder nach vorn. Ohne die geringste Bewegung in der Stimme fragte er jetzt: „Wie viel liefert Patani diesmal?"

„Siebenhunderttausend in Hundert-Dollar-Noten."

„Okay, dann ruf jetzt Ernönü an!"

Ohne ein weiteres Wort erhob sich der Besucher aus seinem Sessel, trat an den Schreibtisch heran und ergriff das Telefon. Er nahm den goldenen Kugelschreiber und wählte damit ... Am anderen Ende ertönte ein Rufzeichen, dann eine Stimme: „Ernönü!"

„Hallo, Ernönü, ich bin's, Ismet. Eine neue Lieferung ist fällig. Und zwar am dreiundzwanzigsten. Aus Gründen der Sicherheit diesmal wieder über Aksarai. Transportart: Gepäckwechsel. Gepäckart Nummer drei. Führung zwischen zehn und zwölf. Ende!"

Der Mann, der sich Ismet nannte, legte den Hörer wieder auf die Gabel. Doch der andere befahl ihm: „Und jetzt schaff mir eine Verbindung zu Patani!"

All das ereignete sich am letzten Freitag. Man schrieb den 16., und über Istanbul, der größten türkischen Stadt, lag eine Hitzeglocke, die selbst das Atmen im Liegen noch zur Anstrengung werden ließ.

Kein Lüftchen regte sich über dem Bosporus und brachte Abkühlung.

Zu denen, die unter den Hitzegraden stöhnten, gehörte auch die Österreicherin Fräulein Dr. Minetti, die als Korrespondentin einer Anzahl westeuropäischer Zeitungen in Istanbul tätig war. Dass die Journalistin an jenem Freitag für einige Zeit die Bruthitze vergaß, lag einzig und allein an einem Vorfall, der sie kurz nach 16 Uhr in ein bestimmtes Büro in der Innenstadt führte.

16 Uhr 10 führte man sie in einen Raum, in dem Herren in Zivil saßen. Bei ihrem Eintritt erhoben sich beide höflich, und der ältere der beiden begrüßte sie: „Guten Tag, Madame. Ich bin Kommissar Kolai und das ist Inspektor Balaiko. Sie wollten mich sprechen?"

Die Besucherin nickte. „Ja. Ich bin Doktor Minetti …" Noch bevor sie weitersprechen konnte, verbeugte sich Kolai kurz und warf ein: „Oh, Madame ist Italienerin!"

„Nein, ich muss Sie enttäuschen, ich bin Österreicherin. Und zwar eine waschechte Wienerin!", erwiderte sie mit dem Anflug eines Lächelns.

Dann fuhr sie fort: „Aber in diesem Fall dürfte die Nationalität von absoluter Bedeutungslosigkeit sein … Viel wichtiger für Sie ist zu wissen, dass ich Journalistin bin. Und wenn ich es im vorliegenden Falle vorziehe, nicht allein zu handeln, dann liegt es einfach daran, dass ich vermute, es handelt sich um eine größere und … heiße Sache. Aber …", und ab hier betonte sie jedes Wort, „und das ist mein Wunsch: Ich will dabei sein. Deshalb der Hinweis auf meine Tätigkeit als Journalistin!"

Die beiden Männer hatten einen raschen und amüsierten Blick gewechselt. Nun gab Kommissar Kolai zu: „Madame, nach dieser großartigen Einleitung haben Sie uns entsprechend neugierig gemacht. Um was handelt es sich?"

„Statt einer Antwort zunächst eine Frage, Kommissar: Verfügen Sie über ein Tonbandgerät?"

Kolai nickte und ging quer durchs Zimmer auf einen Rollschrank zu. Er war voll gepfropft mit einer Unzahl technischer Geräte. Darunter auch einem Tonbandgerät deutschen Ursprungs.

„Bitte, Madame!"

Dr. Minetti reichte dem Beamten eine Tonbandspule. Dazu erklärte sie: „Wenn ich nicht in meiner Wohnung bin, pflege ich mein Telefon mit einem Tonbandgerät zu koppeln. Fragen Sie mich aber nicht, wie dieses Gespräch auf mein Tonband kommt. Ich weiß es nicht, ich kann es mir auch nicht vorstellen. Bitte, Geschwindigkeit neun Komma fünf ..."

Kommissar Kolai hatte das Band inzwischen fertig aufgelegt. Mit einem: „Dann wollen wir uns mal überraschen lassen!", drückte er auf die Taste.

Sekundenlang war der Raum angefüllt mit atmosphärischen Geräuschen, dann ein heftiges Pfeifen und schließlich eine Stimme: „... nönü."

„Hallo, Ernönü, ich bin's, Ismet! Eine neue Lieferung ist fällig. Und zwar am dreiundzwanzigsten. Aus Gründen der Sicherheit diesmal wieder über Aksarai. Transportart: Gepäckwechsel. Gepäckart Nummer drei. Führung zwischen zehn und zwölf ..."

Unmittelbar nach ‚zwölf' der gleiche schrille Pfeifton. Kommissar Kolai drückte rasch auf die Stopptaste.

Die Mienen der beiden Polizeioffiziere waren mit einem Mal sehr ernst. Einige Atemzüge lang fühlte sich Dr. Minetti, der die Reaktion der beiden Beamten natürlich nicht entgangen war, etwas ungemütlich in ihrer Haut. Trotzdem fragte sie und bemühte sich dabei um einen burschikosen Ton: „Nun, Kommissar, ist es eine heiße Sache – oder nicht?"

Kolais Stimme war ebenso ernst wie sein Gesichtsausdruck.

„Es ist wahrscheinlich sogar eine sehr heiße Sache, Madame. Wäre ich ein abergläubischer Mensch, würde ich jetzt von Schicksal sprechen. Wäre ich ein strenggläubiger Mohammedaner, dann würde ich behaupten, es sei Kismet … Ich möchte mich jedoch mit dem Wörtchen ‚Zufall' begnügen … Madame, Inspektor Balaiko ist vom Interpol-Büro in Ankara. Und bevor Sie kamen, sprachen wir über Dinge, die wie ein Mosaikstein in das passen, womit Sie uns eben überrascht haben …" Er machte eine einladende Handbewegung in Richtung des Interpol-Inspektors: „Bitte, Balaiko, klären Sie die Dame auf!"

„Gern!" Balaiko wandte sich Dr. Minetti zu. „Madame, wir sind seit vielen Monaten hinter einer Bande her, die falsche amerikanische Dollarnoten herstellt und vertreibt. Leider, ich muss es zugeben, bisher mit keinem großen Erfolg. Zwar fangen wir ab und zu einmal einen kleinen Fisch; wir vermuten auch, dass Achmed Patani seine Hände im Spiel hat … aber all das ist leider zu wenig. Wir suchen das Hauptquartier."

„Und Sie sind sicher, dass dieses Telefongespräch etwas mit den Geldfälschern zu tun hat?", warf Fräulein Minetti ein.

„Ich bin nicht sicher, aber ich vermute und ich wünsche es. Wir haben vorige Woche einen von Patanis Leuten erwischt. Das könnte den Ausschlag gegeben haben, dass sie aus ‚Gründen der Sicherheit' so weit nach Anatolien ausweichen."

„Wo liegt dieses Aksarai? Hat es etwas mit den alten Ruinen zu tun?"

Balaiko nickte: „Ganz recht. Es liegt genau zwischen Kayseri und Konja."

Hier mischte sich auch Kommissar Kolai wieder in das Gespräch: „Man könnte fast annehmen, dass der sogenannte Gepäckwechsel auch in den Ruinen stattfinden soll."

„So wird es sein!", stimmte Balaiko lebhaft zu. „Ich wüsste keine andere Stelle um Aksarai, wo Führungen veranstaltet werden … Es gibt nur insofern Schwierigkeiten, das Ruinengebiet umfasst drei Besichtigungsziele. Und zwar den Turm von Gayana, die Höhlen von Romchiko und die Cersa-Felsen … Das heißt, dass wir alle drei Örtlichkeiten abriegeln müssen."

Johanna Minetti hatte interessiert zugehört. „Wie geht das mit den Führungen vor sich?", fragte sie jetzt, und Balaiko erklärte: „Alle zwei Stunden fährt ein Kleinbus bis zu einem Wendepunkt, lädt die Besichtigungswilligen aus und nimmt die Müden wieder mit zurück … An dieser Stelle müssen wir unseren Hebel ansetzen."

Dr. Minetti nickte. Und wie sie es tat, zeigte, dass sie mit keinem Widerspruch rechnete: „Dann werde ich mir also den dreiundzwanzigsten reservieren."

Kommissar Kolai lächelte: „Wir könnten zwar jetzt lautstark protestieren, aber Sie sollen Ihren Willen haben. Nur um eines müssen wir Sie bitten, Madame: Keine Veröffentlichungen ohne unsere vorherige Zustimmung!"

Die Wienerin lächelte zurück: „Das ist zwar ein wenig ungewöhnlich, aber in diesem Fall wohl angebracht. Ich bin einverstanden!"

„Gut, Madame, dann werde ich Ihnen im Laufe des morgigen Tages mitteilen, inwieweit wir Sie in unseren Plan einbauen können …"

Knapp 24 Stunden später stand Inspektor Balaiko der Journalistin erneut gegenüber. Und Fräulein Dr. Minetti staunte nicht schlecht, als er ihr eröffnete: „Madame, nach reiflicher Überlegung haben wir uns entschlossen, Sie als meine Frau mitzunehmen!"

Zuerst schluckte sie, dann trat sie einen Schritt zurück, und schließlich stotterte sie: „Das … das … ich finde … das ist … finde ich, aber eine komische Bedingung …"

Balaiko konnte nicht anders, er grinste. Dann erklärte er: „Sie wären zwar als Ehefrau durchaus mein Geschmack, Madame, aber in diesem Fall handelt es sich um ein Missverständnis. Sie und ich werden als englisches Touristenpaar an der Führung zwischen zehn und zwölf teilnehmen."

Jetzt musste die Journalistin doch lachen.

„Verzeihung, Inspektor, wenn ich mich eben etwas dämlich benommen habe. Mich hat nur der Gedanke, so plötzlich verheiratet zu sein, etwas irritiert. Für welches Besichtigungsziel haben Sie sich denn entschieden?"

„Das kommt darauf an, welches Ziel sich unser Freund vornehmen wird. Unser Plan jedenfalls sieht vor, ihn gar nicht zu dem vereinbarten Treffpunkt gelangen zu lassen. Das soll dann einer unserer Leute übernehmen."

„Und warum so umständlich?"

„Ganz einfach: Wir wollen versuchen, anders herum an die Quelle zu kommen. Das heißt also, dass der Überbringer uns verraten soll, wo die Banknoten hergestellt werden. Wissen wir erst einmal die Stätte der Herstellung, dann finden wir auch die restlichen Spuren zu Auftraggebern und Verteilern."

Da Dr. Minettis Blick in diesem Moment auf ihr Telefon fiel, erinnerte sie sich der Frage, die sie noch stellen wollte:

„Haben Sie inzwischen auch in Erfahrung bringen können, von wo der Anruf kam, der auf meinem Telefonapparat gelandet ist?"

„Wir wissen nur, dass der Anrufer hier in Istanbul gesessen hat. Ob er es noch tut – das ist eine andere Frage", gab Balaiko Auskunft.

„Was ich eigentlich schon gestern fragen wollte: Was bedeuten eigentlich ‚Gepäckwechsel' und ‚Gepäckart Nummer drei'?"

Balaiko nickte und erklärte: „Die Voraussetzung für den Gepäckwechsel sind zwei gleiche Gepäckstücke. Das heißt, sie müssen sich wirklich wie ein Ei dem anderen gleichen. An irgendeiner Stelle werden sie miteinander ausgetauscht. Derjenige, der bisher das volle hatte, trägt nun das leere und umgekehrt. Was uns dagegen unbekannt ist, ist die Gepäckart. Das kann zum Beispiel ein Geigenkasten sein, eine Aktenmappe oder ein Matchbeutel …"

„Verstehe. Wann soll unsere Expedition losgehen?"

„Wir treffen uns am dreiundzwanzigsten in Komya. Sie sollten jedoch bereits am zweiundzwanzigsten anreisen. Bestellen Sie sich ein Zimmer im Hotel ‚Sasoky'." Balaiko reichte der Korrespondentin einen Zettel: „Hier habe ich Ihnen alles aufgeschrieben!"

„Danke. Ich komme also aus Istanbul, und mein sogenannter Ehemann reist von Ankara aus an."

„So ist es. Es gibt für mich noch eine Menge vorzubereiten. Deshalb fahre ich auch heute schon zurück. Ich hole Sie dann am Morgen des dreiundzwanzigsten vom Hotel ab."

„Haben Sie besondere Wünsche, was Kleidung und Ausrüstung anbetrifft?"

Balaiko schüttelte den Kopf.

„Nichts dergleichen. Das bleibt ganz Ihnen überlassen."

Und mit einem verschmitzten Grinsen fügte er hinzu: „Ich werde doch schließlich meine Frau nicht bevormunden!"

Alle Vorbereitungen verliefen wie geplant.

Am Vormittag des zweiundzwanzigsten startete Johanna Minetti nach Anatolien. Kurz nach 16 Uhr traf sie in Komya ein, wo sie ihren Wagen in einer Garage unterstellte und dann in einem uralten, klapprigen Taxi vor dem Hotel ‚Sasoky' vorfuhr.

Das Zimmer war spartanisch eingerichtet. Ein Bett, ein Stuhl mit drei Beinen, eine Waschschüssel und zwei Kleiderbügel. Um so schöner war der Blick, den sie vom Fenster aus hatte. Ganz deutlich sah sie den 40 Kilometer entfernten, 3000 Meter hoch aufragenden Hasan-Berg vor sich, an dessen Fuß das morgige Ziel lag.

Als sie am Morgen des dreiundzwanzigsten, es war gegen 9 Uhr, auf die Straße trat, kam ihr bereits Inspektor Balaiko entgegen. Er führte sie zu einem Auto mit englischem Kennzeichen.

Während er den Wagen mit sicherer Hand in Richtung Aksarai steuerte, berichtete er seiner Begleiterin, dass insgesamt 24 Beamte bereitstanden, die heiße Spur zu sichern.

9 Uhr 38 lenkte Inspektor Balaiko auf den großen Parkplatz ein. Die erste Etappe war erreicht. Von hier aus ging es nur noch mit dem Bus weiter.

Unauffällig musterte Balaiko die bereits Anwesenden.

Johanna Minetti dagegen knipste weniger unauffällig munter drauflos. Dabei zählte sie 21 Leute, die anscheinend auf die Ankunft des Pendelbusses warteten.

9 Uhr 52 tauchte er auf. Knallrot gestrichen und mit vier zusätzlichen Scheinwerfern ausgestattet. Sieben mehr oder weniger staubbedeckte Fahrgäste stiegen aus … Und, den Inspektor sowie die Journalistin nicht mitgezählt, zwölf neue Fahrgäste nahmen Platz. Drei Männer, drei Frauen und drei Kinder.

Dr. Minetti und Inspektor Balaiko saßen ganz allein auf der letzten Bank des Busses.

„Drei Männer nur …", flüsterte erstere.

„Das erleichtert unsere Aufgabe etwas!", gab Balaiko ebenso leise zurück. „Ich hoffe nur, dass unser Mann dabei ist."

„Ein kleiner Koffer, ein prall gefüllter Rucksack und ein Plastikbeutel!", zählte Dr. Minetti auf. „Man kann sogar sehen, was der Plastikbeutel enthält: zwei Bananen und eine Flasche … anscheinend Wasser."

„Sie sind eine gute Beobachterin!", erwiderte der Beamte anerkennend. „Was haben Sie sonst noch festgestellt?"

„Dass alle drei ohne Begleitung sind …"

„Sehr gut. Noch etwas?"

„Dass es sich wahrscheinlich um zwei Einheimische und einen Ausländer handelt. Ich frage mich nur, was dieser Mann mit Rucksack, Kletterseil und Eisenhaken hier sucht."

Balaiko zuckte mit den Schultern.

„Ich habe mir sagen lassen, dass die Höhlen von Romchiko ein wahres Kletterparadies seien … Wen halten Sie für Ernönü?"

Diesmal zuckte die Österreicherin mit den Schultern.
„Keine Ahnung. Einer sieht harmloser als der andere aus. Aber warum lassen Sie sich nicht einfach den Pass zeigen?"
„Weil Ernönü ein Deckname ist, der nicht im Pass steht."
„Sind Sie sicher?"
„Absolut sicher!"
„Haben Sie schon einen Verdacht?"
Balaiko antwortete bedächtig: „Einen Verdacht, ja. Ob er sich bestätigt, das müssen wir abwarten…"
So flüsterten sie noch eine Weile. Die drei Männer, denen ihre Aufmerksamkeit galt, saßen ganz vorn und konnten nichts verstehen. Außerdem sorgte die lebhafte Unterhaltung von Frauen und Kindern für einen weiteren Geräuschschutz.

Um 10 Uhr 25 erreichte der Bus die Wetterstation, die gleichzeitig Wendemarke war. Hier warteten die drei Führer, die die Besucher zu den Besichtigungszielen bringen sollten.
Und dann ging alles blitzschnell. Während Frauen und Kinder unbehelligt ihren Fußmarsch fortsetzen konnten, wurden die drei Männer in einen Raum der Wetterstation gebracht.

Fünf Minuten später ließ sich Inspektor Balaiko den ersten vorführen. Johanna Minetti saß im Hintergrund und sah interessiert und gespannt zu … Der Interpol-Mann gab sich betont freundlich: „Bitte, nehmen Sie Platz!"
Der Angesprochene, ein untersetzter, schwarzhaariger Mann aus der Osttürkei, war genau das Gegenteil. Wütend hieb er eine Faust auf den Tisch und schimpfte erregt: „Ich lege schärfsten Protest ein! Ich werde mich beschweren. Ich

wer…" Dann stutzte er. Sah Balaiko scharf an: „Moment mal … Sie waren doch eben im Bus …" Er zeigte auf Dr. Minetti: „Mit dieser Dame dort …"
„Ganz recht!", gab Balaiko ruhig zurück. „Ich bin von der Polizei und habe ein paar Fragen an Sie. Es muss leider sein … Wie ich aus Ihrem Pass entnehme, kommen Sie aus Trapezunt am Schwarzen Meer."
Der Gefragte nickte widerwillig: „Dort bin ich zu Hause. Ich bin Lehrer … Aber jetzt komme ich aus Ankara."
„Und Sie heißen Alad Schüklü!"
„Ja … Und ich bin empört!"
„Was führen Sie in Ihrer Plastiktüte … oder Beutel mit?"
Schüklü schien nicht gewillt, einen gemäßigteren Ton anzuschlagen. Giftig antwortete er: „Das sehen Sie doch … Bananen und eine Flasche Trinkwasser. Keine Pistole, keinen Sprengstoff und keinen Düsenjäger!"
Balaiko zeigte sich nach wie vor ungerührt. Man merkte es ihm an, wie die Aggression des Türken von ihm abprallte. Wie sie ihn gar nicht erreichte.
„Sagt Ihnen der Name Ernönü Patani etwas?"
Stille. Es sah aus, als würde der Mann nachdenken. Dann schüttelte er den Kopf: „Nein, sagt mir nichts. Habe ihn noch nie gehört!"
„Sie können wieder ins Nebenzimmer zurückgehen … Aber bitte keine Unterhaltung mit den beiden anderen."

Der zweite Mann, es war der mit dem Koffer, begann schon bei seinem Eintritt wild mit dem Arm zu gestikulieren, und er sprach so schnell, dass Balaiko Mühe hatte, ihm zu folgen:

„Hören Sie zu, bevor ich auch nur einen Pieps sagen werde, verlange ich unverzüglich meinen Konsul zu sprechen … He, Monsieur, Sie kenne ich doch … Sie sind doch ebenfalls gerade angekommen."

„Tut mir Leid, Monsieur Orelle, wenn ich Ihnen Schwierigkeiten machen muss. Aber es ist leider nicht zu umgehen. Sie sind französischer Staatsbürger?!"

Orelle blickte zur Decke. Als das niemanden zu beeindrucken schien, befreite er sich selbst aus dieser unbequemen Stellung: „Ich sage kein Wort ... ja, ich bin Franzose!"

„Darf ich einen Blick in Ihre Tasche werfen?"

„Hier! Da finden Sie nur zwei Bücher über Ihr Land!"

Balaiko lächelte: „Ich hoffe, mein Land gefällt Ihnen!?"

Monsieur Orelle bemühte sich um einen ironischen Gesichtsausdruck. Ja, er konnte sogar mit den Ohren wackeln und tat es. Dazu sagte er: „Bisher gefiel es mir ganz gut, Monsieur. Wie gesagt, bisher!"

„Was wollten Sie hier aufsuchen?"

Orelle zögerte mit der Antwort. Kniff die Augenbrauen zusammen, als hätte er die Frage nicht richtig verstanden.

„Meinen Sie hier die Ruinen?"

„Ja."

„Ich wollte zum Turm von Gayana."

Balaiko reichte Orelle den Koffer zurück. „Noch eine letzte Frage: Sagt Ihnen der Name Ernönü Patani etwas?"

„Nein, bedaure, nie gehört!"

Der dritte und letzte war der Mann mit Kletterseil, Pickel und Rucksack. Auch er schien über den Zwangsaufenthalt alles andere als erfreut zu sein. Er warf seinen Rucksack auf einen Stuhl und zischte Balaiko ärgerlich an: „Was soll das ganze Theater eigentlich? Warum werden wir wie Schwerverbrecher behandelt?"

Balaiko schien ehrlich bekümmert. „Es täte mir Leid, wenn man Sie nicht korrekt behandelt hätte."

Der Bergsteiger winkte ab: „Ich finde es unverschämt, dass man uns ohne Angabe von Gründen hier festhält."

„Wir suchen nach einem bestimmten Mann. Sie heißen Lusin Bötöbülü?"

„Stimmt. Sie haben meinen Pass und Sie können sogar lesen. Alle Achtung!"

„Und wo möchten Sie gern hin?"

„Wenn Sie nichts dagegen haben zu den Cersa-Felsen!"

„Sind Sie so ein begeisterter Kletterer?"

„Bin ich!", fauchte der Gefragte und donnerte einen seiner Nagelschuhe auf die Dielen, dass es ächzte.

„Warum gehen Sie dann nicht in die Höhlen von Romchiko?"

Bötöbülü machte eine verächtliche Handbewegung. „Die kenne ich bereits in- und auswendig …"

„Weil wir gerade beim Kennen sind: Sagt Ihnen der Name Ernönü Patani etwas?"

Der Gefragte schüttelte energisch den Kopf: „Ich kenne weder den einen noch den anderen."

Inspektor Balaiko bedankte sich höflich: „Das wär's … Sie können gehen …"

Dr. Johanna Minetti hatte sich hin und wieder eine Notiz gemacht. Jetzt stand sie auf und trat auf Balaiko zu. Unmut umwölkte ihre Stirn: „Nun, jetzt sind wir so klug wie früher. Wer ist Ernönü nun wirklich?"

Balaiko verbeugte sich liebenswürdig: „Verzeihung, Madame, dass ich Ihnen keinen Wink geben konnte. Aber Ernönü dürfte in diesem Augenblick bereits wissen, dass der Ausflug für ihn zu Ende ist."

Johanna Minetti sah den Inspektor wie einen Geist an.

„Soll das heißen, dass er unter den drei Männern von eben war?"

„Ganz recht. Und wenn Sie wollen, können Sie sich jetzt uns anschließen und dem Gepäcktausch zusehen …"

„Und welcher war es?", fragte die Österreicherin mit großen Augen. „Der mit dem Rucksack, der mit dem Koffer – oder der mit dem Plastikbeutel?"

Balaiko spielte Sphinx: „Begleiten Sie mich … dann werden Sie es sehen …"

>–⊙–→ **Nun, wer war Ernönü nun wirklich? Alad Schüklü, der Mann mit dem Plastikbeutel? Monsieur Orelle, der Mann mit dem Koffer? Oder Lusin Bötöbülü, der Mann mit der Kletterausrüstung?**

19 | Krach im Gartenhaus

Müde von der Gartenarbeit begab sich Herr Hofbichler in sein kleines, schmuckes Gartenhäuschen.

Um der schon tiefer stehenden Sonne das Hereinscheinen zu verwehren, zog er den bunt bedruckten Vorhang vor das Fenster und legte sich dann wohlig seufzend auf das knarrende, altersschwache Sofa.

Fünf, zehn Minuten vergingen …

Martin Hofbichler, Eisenbahnschaffner a. D., hatte bereits das Stadium des Halbschlafs erreicht, als es plötzlich zweimal hintereinander krachte und splitterte.

Riss er beim ersten Mal nur die Augen auf, so sprang er beim zweiten Splittern entsetzt hoch. Das Sofa ächzte und quietschte in allen Fugen.

Von zwei kinderfaustgroßen Steinen zertrümmert, boten sich ihm die beiden Flügel des Gartenhausfensters dar. Die Wurfgeschosse selbst lagen friedlich vereint dicht neben der Tür, durch die Herr Hofbichler in diesem Augenblick stürzte. Seine Fäuste waren geballt und in seinen Augen glitzerte maßlose Wut. Doch von den Übeltätern selbst war weit und breit nichts zu sehen.

Er ahnte nicht, dass die beiden Steinewerfer hinter dem Zaun in Deckung gegangen waren. Und zwar ebenso erschrocken wie er selbst. Denn als sie mit dem ‚Preiswerfen' begannen, glaubten sie es mit dem leeren Gartenhaus zu tun zu haben.

Als der noch immer schimpfende Martin Hofbichler ins Innere verschwand, um seine Brille zu holen, flüsterte Pepi seinem Freund Franz hastig zu: „Los, weg hier!"

"Karl im Gartenhaus"

Sie hatten die ersten hundert Meter bereits hinter sich gebracht, als Martin Hofbichler wieder ins Freie trat.
"Halunken, Spitzbuben, Lausbuben!!", schrie er den Davonrennenden hinterher und schwang drohend die Fäuste. Und leise: "Wartet, euch werd ich's zeigen!"

"Ich bin zwar kein Kriminalbeamter", sagte Polizeimeister Schulze schmunzelnd, "aber es sollte uns trotzdem gelingen herauszufinden, ob ihr zwei die Scheiben eingeworfen habt oder nicht."
"Sie haben!!", donnerte Herr Hofbichler.
Pepi Hauser und Franzl Pelle standen vor dem Polizisten, während Franzls Vater und die Eltern von Pepi im Hintergrund auf einer Bank saßen.
"Franz, Pepi ...", fuhr Meister Schulze fort. "Herr Hofbichler hat euch heute am späten Nachmittag in der Nähe seines Gartens weglaufen sehen. Wollt ihr abstreiten, dass ihr euch dort aufgehalten habt?"
Einige Sekunden war es still. Dann erwiderte der Pepi: "Wir waren schon dort, aber das war heute Mittag um zwölfe."
Franzl Pelle nickte eifrig zu dieser Ausführung, während Herr Hofbichler nach Luft schnappte.
Meister Schulze gab sich von seiner freundlichsten Seite: "Herr Hofbichler behauptet, dass ihr ihm gegen siebzehn Uhr die Scheiben eingeworfen habt. Ihr dagegen behauptet, es nicht gewesen zu sein; gebt jedoch zu, euch in der Nähe seines Gartens aufgehalten zu haben. Und zwar bereits heute Mittag um zwölf Uhr ... Ich glaube nicht, dass Herr Hofbichler schwindelt ... Und euch will ich eine Chance geben: Geht

ins Nebenzimmer und beratet euch. Solltet ihr zu dem Entschluss kommen, die Wahrheit zu sagen, dann wird Herr Hofbichler sicher von einer Anzeige zurücktreten und sich mit eurem Taschengeld zufrieden geben. Also … ab nach nebenan!"

Mit gesenkten Köpfen trotteten die beiden Übeltäter aus dem Zimmer. Zurück blieb die Erwartung, dass sie sich zur Wahrheit durchringen würden.

)–⊙→ **Wir wissen bereits, dass die beiden Freunde Herrn Hofbichlers Gartenhausscheiben demolierten.**
Woher aber wissen wir, dass sie mit der Zeit gelogen haben?
Sie behaupteten, bereits um 12 Uhr am Ort der Tat gewesen zu sein.
Wenn ihr euch die Zeichnung zum Fall genau anseht, dann werdet ihr herausfinden, warum es mit der von den Übeltätern angegebenen Zeit nicht stimmen kann.

225

20 | Als das Vögelchen sang

Kriminalassistent Legrand steuerte den dunkelblauen Peugeot durch die regennassen Straßen von Montparnasse. Ganz Paris lag an jenem Freitag Nachmittag unter tristen, grauen Regenwolken.

„Rue Martole … dort drüben, das Appartementhaus ist es!", brummte Inspektor Jules Pacques und zeigte auf ein hell getünchtes Hochhaus zu seiner Rechten.

„Hoffentlich ist sie auch zu Hause. Wäre schade, wenn wir den ganzen Weg umsonst gemacht hätten!", erwiderte Legrand.

„Ach was", nuschelte Pacques, „es ist halb vier. Zu dieser zivilen Stunde sollte auch eine Nachtclubsängerin ausgeschlafen haben."

Sieben Minuten später standen die beiden Beamten vor der betreffenden Tür. ‚Raffaela Dumas' hieß es auf einer Visitenkarte aus rosa Bütten.

„Soll ich klingeln, Chef?", erkundigte sich Legrand und erntete ein gequältes Seufzen. „Na, wozu, Legrand, sind wir wohl hier?"

Raffaela Dumas, eine gepflegte Endzwanzigerin mit tiefschwarz gefärbten Haaren, hob gelangweilt die linke Augenbraue.

„Kriminalpolizei?" Eine Handbewegung. „Na, meinetwegen, treten Sie ein!"

Sie ließ sich in einen Sessel fallen, zündete sich eine Zigarette an, schlug die Beine übereinander und forderte die Polizisten auf, es sich ebenfalls bequem zu machen.

Während Inspektor Pacques der Aufforderung nachkam, lehnte sich Legrand gegen den Türpfosten.

„Bitte ... womit kann ich Ihnen dienen, meine Herren? Aber denken Sie daran, dass ich eine berufstätige Frau bin und bald zur Arbeit muss!"

Pacques warf einen raschen Blick zur Uhr. „Es ist jetzt sechzehn Uhr zehn, Madame. Ihr erster Auftritt findet in der Regel nicht vor zweiundzwanzig Uhr statt. Also?"

„Eine Menge Zeit!", ergänzte Legrand und erntete für diesen Zwischenruf einen spöttischen Seitenblick und eine ebensolche Bemerkung: „Ach, Sie sind ein Duett ..."

Pacques winkte ungeduldig ab: „Hören Sie, Madame, ich hab's mit der Galle und der Leber. Ich soll mich also nicht aufregen. Auf der anderen Seite müssen wir jedem Hinweis nachgehen, obwohl wir glauben, dass Sie unschuldig sind!"

„Hinweis? Was für einen Hinweis?"

„Madame, kennen Sie einen gewissen Berbier?"

„Berbier?" Die Sängerin schüttelte den Kopf, dass die schwarzen Haare flogen. „Den Namen habe ich noch nie gehört."

„Wirklich nicht?"

„Nein. Tut mir Leid, dass ich Ihnen nicht helfen kann."

„Berbier ist da anderer Meinung, Madame. Wir kommen nämlich gerade von ihm aus dem Untersuchungsgefängnis."

Raffaela Dumas streifte gelassen die Asche ab.

„Schade, dass ich nicht stark genug bin, um Sie hinauszuwerfen."

Pacques tat, als habe er in eine Zitrone gebissen. Dann drohte er mit dem Finger und brummte: „Sie werden sich doch nicht an so einem alten Mann wie mir vergreifen ... Übrigens, Berbier erbeutete neunzigtausend Franc bei seinem Überfall auf die Kasse."

Jetzt grinste der Inspektor: „Weil aber die Pariser Polizei so gut ist, erwischte sie Berbier bereits vierundzwanzig Stunden später auf dem Bahnhof Versailles. Nun, wir fanden zwar das Geld nicht, aber nach freundschaftlichem Zureden verriet er uns, wem er es gegeben hat."

Raffaela Dumas drückte gelassen ihre Zigarette aus. „Wie schön für die Polizei … Ich verstehe trotzdem nicht, wozu Sie mir diese Geschichte erzählen. Ich kenne weder Ihren Berbier noch interessiere ich mich für Raubüberfälle."

„Komisch!", entgegnete Pacques melancholisch. „Warum behauptet Berbier dann, dass er Ihnen das Geld gegeben hat?"

Madame Dumas sprang auf.

„Ich werde Sie verklagen, Monsieur … und Sie auch!!"

„Das wär mal was anderes!", warf Legrand ein, und Pacques ergänzte: „Ja, mal was ganz anderes. Madame, wann hat Berbier Ihnen das Geld gegeben und wo haben Sie es versteckt?"

Raffaelas Augen funkelten, als sie, zornrot im Gesicht, hervorstieß: „Ich kenne Ihren verdammten Jacques Berbier nicht. Wie oft soll ich Ihnen das noch sagen?!"

„Was taten Sie an jenem Dienstag?"

„Ich weiß zwar nicht, wann jener Dienstag war, von dem Sie reden, aber wahrscheinlich habe ich da das Gleiche gemacht, was ich jeden Dienstag mache: Lange schlafen, essen, Einkäufe erledigen und abends auftreten."

„Sie sind also unschuldig?"

„Ja, ja und noch einmal ja. Ich habe mit dem Raub nicht das Geringste zu tun."

„Und Sie behaupten nach wie vor, dass Sie Jacques Berbier nicht kennen!"

„Das behaupte ich!"

Inspektor Pacques griff mit betont saurer Miene in die Innentasche seines Jacketts und zog einen Bogen bedruckten Papiers heraus.

„Dann bin ich ja beruhigt …"

„Was ist das?", fragte Raffaela Dumas misstrauisch. „Ich unterschreibe nichts!"

„Sie brauchen nichts zu unterschreiben, Madame, Sie müssen nur lesen … Es ist ein Haftbefehl, den ich mir vorsorglich habe geben lassen. Ein Haftbefehl gegen Sie."

Die Sängerin war plötzlich kreidebleich.

„Ein Haftbefehl … gegen mich?", flüsterte sie mit erstickter Stimme.

„Ja … Sie haben leider einen Fehler gemacht, Madame … Aber es sollte Sie trösten, dass selbst ganz gescheite Leute Fehler machen …"

Nun, welchen Fehler machte Madame Raffaela Dumas?

Lösungen
zu den zweiten 20 Fällen

1 Das Gesicht an der Scheibe

Seite)–⊙→ **133**

Frank Demmler behauptete, den Brief seines Onkels nie erhalten zu haben. Wenn das stimmen würde, hätte er den Namen des ‚Gesichts' nicht kennen dürfen.

Wie sagte er doch: „… soll doch die Polizei sehen, dass sie diesen Hilder einfängt …"

Bis zu diesem Zeitpunkt hatte Paul Demmler den Namen noch gar nicht erwähnt.

2 Der Dieb von Amsterdam

Seite)–⊙→ **140**

Ein einfacher Fall. Boris Lutrinck beging den Fehler, sich genau über die Tatzeit informiert zu zeigen.

3 Das Nachtgespenst

Seite)–⊙→ **145**

Der Täter heißt Bock.

Angeblich nahm er gegen 23 Uhr eine Schlaftablette und schlief durch. Im gleichen Augenblick jedoch beteuert er, niemanden rufen gehört zu haben.

Hätte Bock wirklich durchgeschlafen, wüsste er nichts von irgendwelchen ‚Rufen'. Seine Bereitwilligkeit, sein Zimmer durchsuchen zu lassen, zeugt ferner davon, dass er wusste, dass etwas gestohlen worden war.

4 Lügen haben kurze Beine

Seite 148

Lüge 1: Angeblich wusste er nicht, dass die Schramms verreist waren. Dann aber gibt er zu, es drei Tage vorher erfahren zu haben.

Lüge 2: Um 22 Uhr ist er eingestiegen, um 23 Uhr 35 wurde er gefasst. Also ist er nicht gleich wieder umgekehrt, wie er behauptete.

Lüge 3: Er war angeblich nicht in der Küche, beteuert später jedoch, die Kühlschranktür wieder geschlossen zu haben.

5 Die verbotene Spritztour

Seite 152

Der Übeltäter heißt Leo Sixten. Wäre er wirklich drei Stunden wandern gewesen, hätte er nicht wissen können, wann sein Bruder nach Hause gekommen ist.

6 Herr Luft sucht einen Dummen

Seite 158

Es gab keinen Zeugen der Sachbeschädigung, die in Wirklichkeit gar nicht stattgefunden hat.

Herr Luft erzählte dem Beamten, dass er 11 Uhr 20 zum Wagen zurückgekehrt sei und ihn zerschrammt vorfand.

Der Beamte stolperte über die Tatsache, dass ihm Herr Luft die Autonummer präsentierte. Das hätte er nicht tun dürfen.

7 Die Mietschuld

Seite 161

Der zweite Anruf erfolgte an einem Dienstag. Huber behauptete dabei, seinen Brief ‚vorgestern' abgeschickt zu haben.

Also sonntags. Das Bild zeigt jedoch, dass es sich um einen Wochentag handelt.

8 Der Parkplatz-Gangster

Seite ◯─◉→ **165**

Angeblich war der Fahrer des SAAB mehrere Stunden abwesend. Woher konnte er dann wissen, dass in der Zwischenzeit ein roter Mercedes und ein weißer Ford neben seinem Wagen geparkt hatten?

9 Der Pechvogel

Seite ◯─◉→ **169**

Punkt 2 Uhr 22 wurde die Scheibe zerschlagen. Bereits 2 Uhr 23 aber rief Mister Sinclair die Polizei an. Damit ist bewiesen, dass seine Schilderung von der Verfolgung des angeblichen Diebes ein Märchen war.

10 Die Abendgesellschaft

Seite ◯─◉→ **173**

Der Täter heißt Peter Buch. Genaugenommen hat er sogar zwei Fehler begangen:

Fehler 1: Er war es, der unbedingt tanzen wollte. Nur dabei ergab sich die Möglichkeit, unauffällig das Schlafmittel in den Champagner zu bekommen.

Fehler 2: Niemand, der so plötzlich erwacht, wird sofort feststellen, dass die goldene Uhr gestohlen worden ist.

11 Ein folgenschwerer Beinbruch

Seite ◯─◉→ **177**

Der Unfall ereignete sich im April 1968. Das Geburtsdatum

in Haubers Führerschein lautete März 1940, und die Firma Gerwin bestätigte, dass Hauber seit 17 Jahren bei ihnen tätig sei. Also: Von 1940 bis 1968 sind es 28 Jahre. Zieht man die 17 Jahre bei der Firma Gerwin ab, käme heraus, dass Herr Hauber bereits mit elf Jahren angefangen hätte, Geld zu verdienen und – Auto zu fahren.

12 Die Reifenpanne
Seite ➙ **182**

Seine Täterschaft ergab sich aus der Tatsache, dass er sagte, nichts über den Bankraub gehört zu haben.
Woher stammte dann sein Wissen, dass der Bankraub in Perugia stattgefunden hatte?

13 Überfall am Rolman-Square
Seite ➙ **187**

Angeblich hatte Webster seinen Komplizen vor Jahren zuletzt in Sheffield gesehen und dann jeden Kontakt zu ihm verloren. Woher wollte er dann Bosters Telefonnummer in London kennen?

14 Die Botschaft
Seite ➙ **195**

Im Jahre 1756 war es unmöglich, innerhalb eines Tages von Wien nach Berlin zu reisen.

15 Schreck in der Abendstunde
Seite ➙ **197**

Ein leichter Fall: Dr. Eisner hatte nicht bemerkt, dass man die Nummernschilder seines Wagens gestohlen hatte.

16 Herrn Hollers Monolog

Seite ⟩–⊙–→ **201**

1. Österreich
2. 1800 Meter
3. Schlittschuhlaufen

17 Das Diktat

Seite ⟩–⊙–→ **203**

Fehler 1: In Kopenhagen fungiert die ‚dänische' und nicht die ‚schwedische' Polizei.

Fehler 2: 27. April und vier Tage macht nicht den 2., sondern den 1. Mai.

Fehler 3: Wie wollte er nach Stockholm kommen, wo er doch keinen Pass besaß?

Fehler 4: April plus drei Monate ergibt Juli, nicht Juni.

Fehler 5: Erst war Henrik, der Mächtige, Passfälscher – dann plötzlich Geldfälscher.

18 Wer ist Ernönü?

Seite ⟩–⊙–→ **206**

Der gesuchte Mann heißt Lusin Bötöbülü.

Und warum?

Weil er der Einzige war, der wusste, dass es sich bei Ernönü Patani um zwei Männer handelte.

Außerdem schieden die beiden anderen schon von vornherein aus, da ihr Gepäck entweder zu unpassend bzw. zu auffallend war.

19 Krach im Gartenhaus

Seite)-⊙-→ **222**

Um 12 Uhr mittags steht die Sonne am höchsten. Sie wirft also keine solchen Schatten, wie sie auf dem Bild zu sehen sind.

20 Als das Vögelchen sang

Seite)-⊙-→ **226**

Immer wieder behauptete Madame Dumas, Berbier nicht zu kennen. Sie strafte sich selbst Lügen, als sie Berbiers Vornamen ‚Jacques' nannte.

Das Schloss der roten Affen

Die letzten 25 Fälle

INHALT

☆☆ **1 Das Alibi** ⊙➔ 241

☆ **2 Fahndung nach Tom Kölle** ⊙➔ 245

☆☆ **3 Die Aussage** ⊙➔ 247

☆☆ **4 Der Schwarzfahrer** ⊙➔ 250

☆☆ **5 Ein Lebenslauf** ⊙➔ 253

☆☆ **6 Der Test** ⊙➔ 255

☆☆ **7 Das Schloss der roten Affen** ⊙➔ 258

☆ **8 Der Bildband** ⊙➔ 271

☆ **9 Die Uhr aus Elfenbein** ⊙➔ 275

☆☆ **10 Die Geburtstagsparty** ⊙➔ 278

☆☆ **11 Die Blüte** ⊙➔ 281

☆ **12 Der Augenzeuge** ⊙➔ 285

☆☆ **13 Das Protokoll des Mister Willibald Duffleport** ⊙➔ 292

☆☆ **14 Die Orchesterprobe** ⊙➔ 295

INHALT

☆ **15** Nächtliche Störungen ⊙→ 299

☆ **16** Die Sammlung ⊙→ 302

☆☆ **17** Der Trickdieb ⊙→ 305

☆☆ **18** Die bösen Nachbarn ⊙→ 309

☆ **19** Besuch nach Mitternacht ⊙→ 312

☆☆ **20** Der Große Preis von Laxton ⊙→ 317

☆☆ **21** Der Campingplatz-Schreck ⊙→ 323

☆☆ **22** Pinky, der Schwindler ⊙→ 327

☆☆ **23** Falscher Alarm ⊙→ 330

☆☆ **24** Der Aufsatz ⊙→ 332

☆ **25** Gruber ist doof ⊙→ 336

Lösungen ⊙→ 338

⊙→ **Schwierigkeitsgrad der Fälle:**

☆ leicht ☆☆ mittelschwer   schwer

Das Alibi | 1

Privatdetektiv Olaf Kellbjörn räkelte sich seufzend aus seinem Sessel hoch, schenkte der adretten Blondine auf dem Fernsehschirm einen letzten Blick und wandte sich seiner Wohnungstür zu.

„Bitte, was kann ich für Sie tun?", sagte er wenig später zu dem Mann vor der Tür, der nervös seinen Hut in der Hand drehte.

„Mein Name ist Sven Oxter. Ich hätte gern Herrn Kellbjörn gesprochen …"

Olaf Kellbjörn machte eine einladende Handbewegung und erwiderte: „Ich freue mich immer über Gäste, die nach zweiundzwanzig Uhr kommen."

Der Besucher zeigte sich zerknirscht: „Ich weiß, dass es spät ist … trotzdem. Nur Sie können mir helfen."

Kellbjörn nickte. „Wenig überzeugend diese Feststellung. Immerhin gibt es in Stockholm eine zweistellige Zahl Detektive, die für Geld sogar nach gelb gestreiften Ameisen forschen. Aber was soll's – nehmen Sie Platz, trinken Sie meinen Whisky und erzählen Sie mir, wo Sie der Schuh drückt, Herr Oxter."

Es vergingen noch fast zwei Minuten, bevor Oxter zu berichten begann. Und er hatte in Stockholms bestem Privatdetektiv einen guten Zuhörer.

„Ich bin Verwalter der Kantinen und des Kasinos der Dagström-Werke. Wir haben über tausend Beschäftigte. Mir unterstehen die beiden Kantinen der großen Zweiglager ebenso wie die Kantine und das Kasino im Hauptwerk.

Jeden Freitagabend zwischen achtzehn und neunzehn Uhr rechnen die Außenstellen bei mir ab. So auch am gestrigen Freitag. Ich habe das Geld in meinen Tresor eingeschlossen, wie ich es seit eh und je tue."

Kellbjörn unterbrach seinen Besucher: „Sie wohnen auf dem Werksgelände?"

„Ja und nein. Meine Wohnung gehört zwar zum Werksgelände, aber ich habe auch einen direkten Zugang zur Kjölberg-Gatan ... Meine Frau ist zur Zeit bei Verwandten in Göteborg, sodass ich gezwungen bin, auswärts zu essen. Ich habe meine Wohnung um zwanzig Uhr verlassen, um in der Stadt im ‚Hotel Sansibar' zu essen."

Kellbjörn grinste fröhlich: „Ein feiner Laden mit einer exzellenten Küche. Wenn ich gut bei Kasse bin, esse ich auch hin und wieder dort. Ist das ‚Sansibar' für Sie nicht etwas umständlich zu erreichen?"

Sven Oxter zuckte mit den Schultern. „Halb so schlimm. Mit dem Auto brauche ich eine halbe Stunde. Was tut man nicht alles für eine gute Küche."

Kellbjörn nickte. „Ein wahres Wort. Aber ich wollte Sie nicht unterbrechen. Bitte, erzählen Sie weiter!"

Es fiel Oxter ziemlich schwer, dieser Aufforderung nachzukommen. Endlich schien er sich gefasst und gesammelt zu haben: „Gewohnheitsmäßig gehe ich alle Räumlichkeiten abends noch einmal durch ... Als ich in das Hauptbüro im Kasino kam, dachte ich, mich trifft der Schlag. Der Tresor war aufgebrochen."

Kellbjörn schob seinem Gast die Whiskyflasche hin: „Nehmen Sie einen Schluck, das hilft. Erinnern Sie sich noch, wie spät es war, als Sie das Hauptbüro betraten?"

Oxter musste nicht lange überlegen: „Ja, es war einundzwanzig Uhr fünfzehn … Ich weiß es deshalb so genau, weil ich die Polizei anrufen wollte …"

Kellbjörn stutzte. „Und warum, bitte, haben Sie es nicht getan?"

Der Verwalter schluckte aufgeregt: „Weil, das … weil dann … dann herausgekommen wäre, dass ich vergessen hatte, das Hauptbüro abzuschließen … Verdammt, Herr Kellbjörn, ich hatte es tatsächlich vergessen. Es ist mir noch nie passiert, noch nie …"

Und dann zog Oxter einen gefalteten Bogen Papier aus der Tasche. „Hier, ich habe Ihnen die Namen der Leute aufgeschrieben, die für den Diebstahl eventuell in Frage kommen. Alles Leute, die sich in den Räumlichkeiten genau auskennen und die wussten, dass sich fast vierzigtausend Kronen im Tresor befanden."

Der Detektiv nahm den Bogen entgegen und überflog die Namen. Dann fragte er: „Sind Sie sicher, Herr Oxter, dass alles haargenau so war, wie Sie es mir erzählt haben?"

Oxter legte sich die Hand auf die Brust und rief erregt: „Alles. Ich habe mich nicht in einem Detail geirrt. Weder in den Uhrzeiten noch in den Namen, die ich Ihnen aufgeschrieben habe … Was wollen Sie denn mit dem Telefon?"

Kellbjörn lächelte freundlich: „Ich rufe Inspektor Orldag an. Er wird zwar schimpfen – aber trotzdem kommen. Und er wird sich dann mit Ihrem sogenannten Alibi auseinandersetzen, lieber Herr Oxter. Ich habe nämlich das schlichte Gefühl, dass besagte vierzigtausend Kronen in Ihrer Tasche gelandet sind … Nehmen Sie's leicht. Trinken Sie noch einen von meinem Whisky. Inspektor Orldag wird bald da sein!"

)–⊙→ **Woran merkte der Detektiv, dass ihm der Verwalter ein Märchen aufgetischt hatte?**

Fahndung nach Tom Kölle | 2

Als Polizeiwachtmeister Schulz am 13. Oktober die Fahndungsmeldung „Kölle" verfasste, plagten ihn Zahnschmerzen so heftig, dass ihm bei der Niederschrift einige Fehler unterliefen.

Hier ist der Text:

„Gesucht wird Tom Kölle, 30 Jahre, zuletzt wohnhaft in Gantersbach, Kreis Bornstedt, wegen Verdachts der Mittäterschaft bei einem Autodiebstahl.

Ein Mann, dessen Beschreibung auf Kölle passt, wurde beobachtet, wie er in der Nacht vom 1. zum 2. Oktober mit einem Fahrrad in die Varnholmstraße einbog, das Rad neben dem abgestellten Pkw an einen Baum lehnte, die Tür des Pkws gewaltsam aufbrach – es handelte sich um einen Opel Rekord 1700 – und nach Kurzschließen der Zündung davonfuhr.

Es ist anzunehmen, dass es sich auch bei dem Fahrrad um Diebesgut handelt. Es wurde sichergestellt. Tom Kölle trug zum Zeitpunkt der Tat einen hellen Ulster mit dunklen Ärmelaufschlägen und Kragen, dazu eine Mütze aus Fell oder Krimmer. Er war ferner mit einer, wahrscheinlich beigen, langen Hose und blauweißen Sportschuhen bekleidet.

Da es bei dem Diebstahl jedoch keine Tatzeugen gab, konnte nicht festgestellt werden, welche Richtung Tom Kölle mit dem gestohlenen Fahrzeug einschlug."

So weit Polizeiwachtmeister Schulz. Glücklicherweise las er seine Niederschrift noch einmal durch, bevor er sie zum Fernschreiber brachte. So konnte er die zwei Fehler, die sich eingeschlichen hatten, gerade noch rechtzeitig ausmerzen. Und er bekam noch nachträglich einen roten Kopf, als er daran dachte, wie man wohl über ihn gelacht hätte.

)-⊙→ **Um welche beiden Fehler handelte es sich in dem Bericht?**

Die Aussage | 3

„Bitte, nehmen Sie Platz, Herr Dorn!" Der Angesprochene, ein unrasierter Mann in etwas nachlässiger Kleidung, zeigt ein hochnäsiges Gesicht und erwidert: „Sie brauchen gar nicht so freundlich sein, Herr Inspektor. Die weiche Welle zieht bei mir nicht!"

Kriminalinspektor Heinze lächelt: „Was ich privat über Sie denke, Herr Dorn, ist meine Sache, Ihre Behandlung dagegen schreibt das Dienstreglement vor. Sie behaupten also nach wie vor, dass Sie an der Rauschgiftparty nicht teilgenommen haben?"

„Stimmt!"

„Ich lese Ihnen vor, was Sie bei der ersten Vernehmung ausgesagt haben: ‚Ich bin Punkt zweiundzwanzig Uhr in der Wohnung von Rainer Zink angekommen. Die Party war bereits in vollem Gange. Es wurde Bier vom Fass getrunken. Von Rauschgift habe ich nichts bemerkt. Der Plattenspieler spielte Tom Jones und in einem Zimmer wurde getanzt. Da mir die Gesellschaft zu fad war, bin ich nach neunzig Minuten wieder gegangen. Mit der Straßenbahn fuhr ich nach Hause und legte mich ins Bett. Gegen ein Uhr nachts kam die Polizei und holte mich aus dem Bett. Sie brachte mir meinen Ausweis, den ich bei Zink verloren hatte.'"

Peter Dorn brennt sich gelassen eine Zigarette an und erkundigt sich gleichzeitig: „Ich darf doch, oder?"

„Das Reglement hat nichts dagegen", nickt Inspektor Heinze und fährt fort: „So weit also Ihre erste Aussage. Unsere Razzia in der Wohnung Zink fand null Uhr zwanzig statt. Sie lagen ja wohl zu diesem Zeitpunkt bereits im Bett. Sie behaupten auch nach wie vor, dass Sie von Rauschgift nichts bemerkt haben!"

Dorn bestätigt dies durch eifriges Nicken.

„Dann also noch einmal von vorn, Herr Dorn. Bitte, berichten Sie, was sich an jenem Abend ereignete!"

„Du lieber Himmel, wievielmal denn noch. Also: Am Nachmittag rief mich Zink in meiner Untermieterklause an und lud mich zu seiner Party ein. Ich nahm an. Als ich kam, schlug die Uhr der Michaeliskirche gerade zweiundzwanzig Uhr. Ich bin zur Wohnung hinauf … das war alles!"

„Und es gab Bier vom Fass?"

„Ja, nur Bier vom Fass. Wenn es auch Rauschgift gab, dann höchstens, als ich schon fort war."

„Wie viel Bier haben Sie getrunken?"

„Ein Glas. Ich mache mir nicht viel aus Bier."

„Und welche Musik wurde gespielt?" Der Inspektor lächelt noch immer. Eine Tatsache, die Herrn Dorn absolut nicht behagt. Und aufgebracht fragt er: „Was macht Ihnen eigentlich so viel Spaß, Herr Inspektor?"

„Ihre Bemühungen, mir weiszumachen, dass Sie von nichts wissen."

„Ich habe nichts zu verbergen!"

„Meinetwegen. Wie war das jetzt noch mit der Musik? Was wurde gespielt?"

„Ich glaube Play Bach."

„Play Bach?"

„Oder Tom Jones. Ja, es war Tom Jones. Ich erinnere mich."

„Ich bin zwar kein Musikwissenschaftler, aber so viel weiß ich, dass zwischen Bach, oder besser gesagt, zwischen Play

Bach und Tom Jones ein Unterschied besteht. Also, für was wollen Sie sich entscheiden?"

„Tom Jones!"

„Fein, das ist ein Wort. Nun weiter!"

„Ich trank ein Bier, habe ein bisschen getanzt und bin dann nach Hause."

„Wie spät war es da?"

„Ich habe auf die Uhr gesehen, wegen der Straßenbahn, die sechs Minuten nach Mitternacht fährt. Als ich aus dem Haus bin, war es genau Mitternacht."

„Und oben wurde noch immer nur Bier vom Fass getrunken?"

Peter Dorn fährt sich aufgebracht zwischen Hemd und Hals.

„Ganz recht, Herr Inspektor."

Der Inspektor erhebt sich. Und mit der gleichen liebenswürdigen Stimme erklärt er Herrn Dorn: „Sie können jetzt nach Hause gehen. Sollte ich das Verlangen verspüren, mich mit Ihnen über das Loch in Ihrer Aussage zu unterhalten, werde ich Sie noch einmal hierher bitten."

„Loch in meiner Aussage? Was soll das bedeuten?"

„Ist das so schwierig, Herr Dorn?"

„Vergessen Sie nicht, ich bin kein Kriminalist!"

„Ganz einfach: Ihre beiden Aussagen decken sich nicht ganz genau. Denken Sie darüber nach, Herr Dorn. Gute Nacht!"

Welches „Loch" in Dorns Aussage meinte der Inspektor?

4 | Der Schwarzfahrer

Mit unverminderter Geschwindigkeit rast der Nachtexpress Amsterdam-Köln über die Gleise. Geisterhaft huschen Lichter erleuchteter Fenster oder flimmernder Straßenlaternen vorüber.

Es ist 23 Uhr 15.

Hilversum und Utrecht hat der Express bereits passiert und braust soeben durch den Bahnhof von Doorn. Ein Großteil der Fahrgäste liest oder schläft und nur wenige versuchen etwas von der im Dunkeln liegenden Landschaft zu erhaschen. Ein Mann im olivgrünen Trenchcoat schiebt sich in den Gang des Erster-Klasse-Wagens. Er tut es jedoch erst, nachdem er mit einem Blick festgestellt hat, dass der Gang leer ist.

Jedes Abteil unterzieht er einer raschen Musterung. Endlich scheint er das geeignete gefunden zu haben: zwei schlafende Männer, die sich an den Fensterplätzen gegenübersitzen, während zwei weitere Plätze vermuten lassen, dass sie ebenfalls belegt sind.

Der Neuankömmling legt seinen Mantel ab, verstaut seinen Koffer über dem Sitz und setzt sich dann neben einen der Männer. Dessen leises und rhythmisches Schnarchen verstummt auch dann nicht, als sich ein paar tastende Finger mit ihm befassen. Als der Fremde gefunden hat, was er suchte, wechselt er sofort den Platz. Keine Minute zu früh, denn zwei weitere Männer kehren in diesem Augenblick ins Abteil zurück. Man nickt sich zu – und man befasst sich wieder mit sich selbst.

Und dann geschieht es: „Bitte, die Fahrausweise!", sagt eine freundliche Stimme. Auch die beiden Schläfer sind plötzlich wach, und fünf Händepaare fahren bereitwillig in die verschiedenen Taschen.

Der Schaffner hat bereits vier Karten abgeknipst und wendet sich jetzt dem Herrn auf Platz Nr. 70 zu, der verzweifelt in den Taschen seines Anzugs wühlt: „Bitte, suchen Sie nur in aller Ruhe. Ich komme später noch einmal!" Mit einem aufmunternden Kopfnicken verlässt er das Abteil.

„Vielleicht haben Sie die Karte im Mantel?", empfiehlt der Mann von gegenüber auf Platz 71.

„Das ist unmöglich ... ich hatte die Karte hier in meiner Jackentasche ..."

„Vielleicht doch nicht!", mutmaßt Nr. 71, und Nr. 73 meint: „So eine Karte hat man schnell mit etwas anderem aus der Tasche gezogen."

Zum wiederholten Male durchforstet der Mann, immer nervöser werdend, seine Taschen. „Ich kann es nicht glauben ... hier, in dieser hatte ich die Karte!" Er klopft sich dabei fassungslos auf die rechte Rocktasche. „Meine Herren, haben Sie denn nichts bemerkt?"

„Ich bin leider erst in Doorn zugestiegen", sagt Nr. 73 achselzuckend, und Nr. 71 beteuert eifrig: „Ich habe geschlafen ... und Sie?" Er deutet dabei auf Nr. 68.

„Ich war einige Zeit im Speisewagen ... aber wenn ich mich recht erinnere, hatte der Herr doch in Amsterdam eine Zeitung in der Tasche ... oder irre ich mich?"

Der Betroffene vom Fensterplatz schüttelt erregt den Kopf. „Sie irren sich. Ich hatte nie eine Zeitung in der Tasche."

Der Mann von Platz 69 hebt jetzt leicht ironisch die Augenbrauen und fragt: „Haben Sie auch schon mal an die Möglichkeit gedacht, dass Sie vergessen haben, eine Fahrkarte zu lösen?"

Einen Augenblick lang sieht es aus, als wolle sich Nr. 70 auf seinen Nachbarn stürzen. Doch er überlegt es sich noch einmal und fährt nur wütend mit der Hand durch die Luft. Nach weiteren fünf Minuten lässt er resignierend die Schultern sinken und seufzt: „Sie ist weg ... verschwunden ... Es wird mir nichts weiter übrig bleiben, als eine neue Karte zu kaufen ..."

Und das findet auch der Schaffner, als er nach geraumer Zeit dem Abteil den versprochenen zweiten Besuch abstattet. Zähneknirschend entrichtet der Mann von Platz 70 den geforderten Preis und kassiert außer der Quittung noch die geringschätzigen Blicke seiner Mitreisenden ... Wer findet Schwarzfahrer schon sympathisch. Und dazu noch solche, die sich dabei erwischen lassen.

⟩—◉→ **Auf welchem Platz aber saß der echte Schwarzfahrer?**

Ein Lebenslauf | 5

In der Samstagsausgabe der *Allgemeinen Neuen Zeitung* hatten die **Marrow-Werke** in einer großen Anzeige wissen lassen, dass sie für die „Flugtechnische Abteilung" zwei begabte technische Zeichner suchen.

Da die **Marrow-Werke** unter anderem Messgeräte für die Raumfahrt herstellen, ist das Sicherungsnetz, das die Werke vor Spionage schützen soll, sehr eng geknüpft. Jede Bewerbung, jeder Lebenslauf und jedes Zeugnis werden genau geprüft und gehen durch viele Hände, bevor man den Bewerber persönlich kommen lässt.

Man schreibt den 15. März 1969, als Dr. Lorenz Steidt, der Personaldirektor der **Marrow-Werke,** den Lebenslauf des technischen Zeichners Arndt Wegmann in die Hände bekommt. Nach dem ersten Lesen will er ihn schon in die Mappe zurücklegen, als er, mehr unbewusst, stutzt und noch einmal zu lesen beginnt. Und er liest ihn noch ein drittes und viertes Mal, bis er endlich herausfindet, was ihn stört. Jetzt weiß er es. Dieser Lebenslauf enthält einen entscheidenden Irrtum.
Der Lebenslauf lautet:

„Ich, Arndt Peter Wegmann, wurde am 30. Juni 1930 in Düsseldorf geboren. Mein Vater hieß Ferdinand und arbeitete als Rangiermeister. Meine Mutter Josefa war eine geborene Schüler.
Ich besuchte zuerst die Grundschule in Düsseldorf,

später die Oberschule, die ich jedoch 1945 verlassen musste, weil meine Eltern vorübergehend von Düsseldorf nach Stadthagen umzogen. 1947 kehrten wir nach Düsseldorf zurück, und ich arbeitete zunächst als Hilfsarbeiter auf dem Bau.

1949 ging ich nach Cuxhaven und heuerte auf einem Fischdampfer an. Ich fuhr dann bis Juni 1950 zur See und kehrte anschließend, mein Vater war inzwischen verstorben, zu meiner Mutter zurück. In einem Baubüro begann ich als Hilfsbuchhalter. Gleichzeitig besuchte ich eine private Abendschule, in der ich mich bis August 1955 zum technischen Zeichner ausbilden ließ. In dieser Tätigkeit war ich bis zum 12. September 1964 bei der Firma Siemens beschäftigt, ging anschließend als Bauzeichner für zwei Jahre in den Irak und arbeite jetzt als technischer Zeichner seit vier Jahren bei der Firma Höger & Wieck. Ich befinde mich in ungekündigter Stellung, würde mich aber gern verbessern.

gez. Arndt Wegmann."

So weit der Lebenslauf des technischen Zeichners Arndt Wegmann.

Und hier die Frage:

⊃─⊙→ **Was war es, das in diesem Lebenslauf nicht stimmen konnte? Worüber stolperte Personaldirektor Dr. Lorenz Steidt?**

Der Test | 6

Es gibt heute kaum noch Eignungsprüfungen, die keine Tests enthalten. Der Test ist die große Mode geworden. Eine Mode, die vor keiner Branche Halt macht. So müssen zum Beispiel die Zöglinge der Detektivschule Argus in Little Covenbridge ebenfalls einen Text-Test über sich ergehen lassen.
Hier ist er:

In der Eingangshalle hingen zwei Ölgemälde, die große deutsche Künstler darstellen. Nämlich: den Komponisten Ludwig van Beethoven und den Maler Rembrandt. Während ersterer durch seine Bilder und Gemälde unsterblich wurde, gelang dies dem anderen durch viele Sonaten und Symphonien.

Es herrschte reges Treiben in der Vorhalle, und Inspektor Mulligan schätzte die Anzahl der Gäste, die zum Geburtstag des Hausherrn, Sir Arthur Hull, gekommen waren, auf mindestens 100. Mulligan und drei weiterer Polizeibeamten war die Aufgabe zugefallen, aufzupassen, dass diesen Gästen, die sich durchweg aus hohen und höchsten Kreisen des Landes zusammensetzten, nichts geschah. Einem anonymen Anruf zufolge sollte ein berüchtigter Taschendieb beabsichtigen, sich unter die Geladenen zu mischen.

Als Mulligan die Nachricht erhielt, dass alle Gäste versammelt seien, rief er seine Beamten zu sich und gab ihnen noch einmal genaueste Instruktionen: „Ich hoffe, dass Sie Ihre Augen offen halten. Speziell die Terrassentüren bilden eine Gefahrenquelle. Bewegen Sie sich zwanglos und wickeln Sie Ihre Aufmerksamkeit in ein diskretes Gewand. Ich nehme an, dass wir uns verstanden haben. Sie, Black, übernehmen die Nordseite. Sie, Henry, beobachten alles, was sich im Süden tut. Sie, Forrester, kümmern sich um den westlichen Trakt und Sie, Sergeant Pullman, passen auf, dass wir keine unliebsamen Überraschungen aus östlicher Richtung erleben. Gehen Sie jetzt bitte auf Ihre Plätze."

Plötzlich spielte das Orchester einen Tusch, und ein Gentleman in stahlblauem Frack kletterte auf das Podium. Seine Rechte hielt ein Sektglas. Er erhob es und sprach: „Meine Damen, meine Herren. Ich hoffe in Ihrem Sinne zu handeln, wenn ich jetzt mein Glas auf unseren charmanten Gastgeber erhebe, um auf sein Wohl zu trinken. Sir Arthur, wir alle wünschen Ihnen in Ihrem neuen Amt alles Gute und gratulieren zur Ernennung zum Präsidenten des Landes."

Laut prasselte der Beifall, und viele Schlucke wurden auf Hulls Wohl getrunken. Es gab noch eine ganze Anzahl von Reden, bevor man endgültig zum unterhaltsamen Teil überging.

Inspektor Mulligan und seine Beamten dagegen ließen ihre Augen pausenlos wandern. Hinter welcher Maske verbarg sich der Taschendieb? Insgeheim hoffte der Inspektor, dass sich der anonyme Brief als dummer Scherz erweisen würde.

Gegen 22 Uhr trat dann ein Zauberkünstler auf. Er sammelte in einem Zylinder ein Dutzend Herrentaschenuhren ein, die selbstverständlich alle aus Gold waren, und bestieg damit einen Stuhl. Das Licht erlosch, und fast gleichzeitig flammte ein Scheinwerfer auf, der den Stuhl in grelles Licht tauchte. Ein überraschtes Raunen zeigte die Verblüffung der Versammelten, während es den Inspektor siedend heiß überkam.

Auf dem Stuhl stand ein junges Mädchen. Der Zauberkünstler war verschwunden. Das Mädchen machte einen leichten Knicks, hob die Hand und verschwand im Dunkeln.

Der Scheinwerfer war wieder erloschen. Atemlose Stille ringsum. Höchstens zehn Sekunden dauerte es, dann brannten die vier Kronleuchter wieder, und auf dem Stuhl stand – der Zauberkünstler.

Er lüpfte den Zylinder und sprach: „Bitte, meine Herren, prüfen Sie, ob sich Ihre Uhren wieder auf ihrem angestammten Platz befinden." Fast ruckartig fuhren die Hände der betroffenen elf Herren zur Tasche. Und tatsächlich – alle Uhren waren vorhanden. Es gab donnernden Applaus.

Das Fest wurde ein voller gesellschaftlicher Erfolg. Und als Inspektor Mulligan gegen 4 Uhr früh mit seinen Beamten abzog, tat er es beruhigt. Es war nichts, aber auch gar nichts gestohlen worden.

Wie viele sachliche Fehler – und welche – enthielt diese Geschichte?

7 | Das Schloss der roten Affen

An jedem Freitag trafen sich die Honoratioren von St. Lermain am Stammtisch im Hotel **Zur Schwarzen Rose.** So auch am 12. Mai des Jahres 1968. Ein Datum, das wohl allen Beteiligten noch lange in Erinnerung bleiben wird.

Zu denen, die an jenem denkwürdigen Abend die Tischrunde bildeten, gehörten der Apotheker Gustav Lerron, der Bürgermeister Michel Jonas, der Polizeichef Honoré Collet, der Kaufmann Robert Roche und der Versicherungsvertreter Marc Loire. Etwas später kam auch noch der Lehrer Lupont.

Nachdem sie ungefähr eine halbe Stunde zusammensaßen, klopfte Lerron, der Apotheker, plötzlich an sein Glas und sprach: „Wenn ihr nichts dagegen habt, Freunde, würde ich gern mal einen Vorschlag machen, wie wir unseren wöchentlichen Stammtisch noch etwas interessanter gestalten könnten!" Gespannt sah er in die Runde.

Der Kaufmann Roche war es, der zuerst antwortete: „Ehrlich gesagt, Gustav, ich finde unseren Stammtisch gar nicht so uninteressant. Aber bitte, wenn du einen Vorschlag machen willst; immer los! Wir sind brave Demokraten und werden über deinen Einfall abstimmen!"

Die anderen lachten und stimmten Roche zu.

Gustav Lerron räusperte sich und brachte seinen ‚Antrag' vor: „Ich habe mir gedacht, dass es doch ganz amüsant wäre, wenn jede Woche einer eine Geschichte erzählen würde. Irgendeine Geschichte, die er selbst erlebt oder die er gehört hat ... Was haltet ihr davon?"

„Hm!", machte Collet, der Polizeichef. Und: „Meinetwegen!", brummte der Bürgermeister, während der großsprecherische Marc Loire ganz hinterhältig grinste und sprach: „Merkt ihr was, edle Freunde? Der Apotheker hat eine Geschichte im Ärmel, die er gern loswerden möchte. Und damit das Kind einen Namen bekommt, will er aus uns ebenfalls Geschichtenerzähler machen." Er hob sein Glas, nahm einen Schluck und beschloss seine Betrachtung mit dem Hinweis: „Ich bin der Ansicht, dass das eine Angelegenheit für den Lehrer ist. Der wird fürs Geschichtenerzählen bezahlt!"

Doch da erhielt Lerron Unterstützung durch den Bürgermeister: „Warum eigentlich nicht. *Ich* bin dafür!"

„Ich auch!", schloss sich der Kaufmann Roche an.

Und auch der Polizist Collet nickte jetzt voller Eifer.

Da klatschte Gustav Lerron in die Hände und verkündete freudestrahlend: „Marc Loire, du bist überstimmt! Und weil du immer so gern von deinem Mut, von deinem Draufgängertum und von deiner mangelnden Angst sprichst, werde ich heute zum Auftakt eine Geschichte erzählen, wo sich selbst dir die Haare sträuben werden."

Marc Loire, ein wenig gekränkt, machte eine ärgerliche Handbewegung: „In einigen Dingen, mein lieber Gustav, hast du wieder einmal maßlos übertrieben. Nur in einem hast du Recht: Ich kenne keine Angst. Ich bin der Meinung, dass nur dumme Menschen Angst haben!"

Minutenlang prasselten die Gegenargumente auf den Versicherungsvertreter hernieder, und ebenso lange konnte niemand mehr sein eigenes Wort verstehen.

Dann war es der Lehrer, der wohl allen aus dem Herzen sprach: „Keine Angst zu haben, mein lieber Marc Loire, ist nicht unbedingt ein Zeichen von Stärke. Ja, ich möchte sogar noch weitergehen und behaupten, dass jeder halbwegs kluge Mensch weiß, was Angst ist."

Marc Loire schien jetzt ernsthaft beleidigt zu sein. „Mit anderen Worten, ihr haltet mich für einen Dummkopf!?"

„Unsinn, Marc!", versuchte der Bürgermeister einzulenken. „Du musst nicht immer jedes Wort auf die Goldwaage legen … Also, Gustav, was ist jetzt mit deiner haarsträubenden Geschichte?"

Auch die anderen schlugen in die gleiche Kerbe, und der Apotheker ließ sich nicht mehr lange bitten: „Die Geschichte heißt", begann er, „‚Allein mit sieben roten Affen.' "

„Das soll ein Titel sein?", erkundigte sich Collet mit ungläubigen Blicken. Lerron aber nickte mit Nachdruck. „Was ist daran auszusetzen? Es ist ein Titel wie jeder andere."

„Das finde ich nun wieder nicht", mischte sich Roche ein. „Ich würde eher sagen, dass es ein recht ausgefallener Titel ist …"

Der Apotheker schlug die Hand auf den Tisch, dass die Weingläser klirrten, und fragte aufgebracht: „Soll ich nun erzählen, oder wollt ihr euch über den Titel streiten?"

„Wir sind ganz Ohr!", versicherte Jonas, der Bürgermeister, mit einem Augenzwinkern und setzte sich ostentativ in Zuhörerpose.

Auch die anderen blickten jetzt erwartungsvoll auf den Apotheker Lerron …

„Ich habe die Geschichte von einem Arzneimittelvertreter … Er hat sie mir bei seinem letzten Besuch erzählt. André Passou, so heißt er, hat sie selbst erlebt. Und zwar, als er auf der Route Paris-Orléans unterwegs war.

Die Geschichte begann damit, dass plötzlich auf einen Schlag beide Hinterreifen platzten. Bis zur nächsten Ortschaft waren es zwar nur sechs Kilometer, aber da er so viele Medikamente im Wagen hatte, wollte er ihn nicht allein zurücklassen. So wartete er. Aber es war wie verhext. Kein Auto, kein Radfahrer, kein Fußgänger kam des Weges. André Passou war der Verzweiflung nahe.

Endlich, lange nach Einbruch der Dunkelheit, tauchte eine alte Frau auf. Schweigend hörte sie sich Passous Malheur an und versprach Hilfe zu schicken.

Wieder tropften für André Passou die Minuten endlos dahin. Doch dann stutzte er. Ganz deutlich hörte er aus der Ferne das Geräusch eines sich nähernden Pferdewagens. Und er hatte sich nicht verhört: Es handelte sich wirklich um einen Zweispänner. Auf dem Bock saß ein in Schwarz gekleideter Mann, der ihm erklärte, dass er vor Tagesanbruch niemanden fände, der ihm die Reifen in Ordnung bringen würde. Und er lud ihn ein, diesen neuen Tag im Schloss Loupou abzuwarten. Obwohl Passou noch nie etwas von einem Schloss Loupou gehört hatte, dachte er nicht weiter über diese Tatsache nach und half dem Kutscher, das Gepäck vom Auto auf den Pferdewagen umzuladen. Fünfzehn Minuten später passierten sie das Schlosstor, welches mit donnerndem Krachen hinter ihnen zuschlug.

Vom Schloss selbst sah André zunächst nur die Silhouette. Doch dann führte ihn der Schwarzgekleidete durch hallende Gänge, weite Säle und hohe Räume. Alle diese Gemächer hatten eines gemeinsam: Sie waren leer. Es gab weder Möbelstücke noch Teppiche noch Bilder. Dann standen sie vor einer breiten, großen Tür, und der Kutscher beugte sich vor und presste sein Ohr lauschend an das Holz. In diesem Augenblick ertönte von jenseits der Tür ein, kreischender Schrei.

André Passou hielt den Atem an und er spürte, wie sein ganzer Körper von einer pickeligen Gänsehaut überzogen wurde. Für den Kutscher jedoch schien dieses Geräusch ein besonderes Zeichen zu sein. Wortlos öffnete er die Tür und ließ Passou den Vortritt.

Mit zitternden Beinen und butterweichen Knien folgte dieser der Aufforderung. Dabei fühlte er, wie ihm der Angstschweiß in dünnen Bahnen zwischen den Schulterblättern entlang lief.

Hunderte von Stearinkerzen erhellten einen weitläufigen Salon, in dessen Mitte eine gedeckte Tafel stand. Sie war für zwei Personen gedeckt und zeigte kostbares Geschirr, Tafelsilber mit altmodischen Verschnörkelungen, teure Gläser und einen Berg lukullischer Kostbarkeiten. Nur eines fehlte: der oder die Gastgeber.

André erinnerte sich des entsetzlichen Schreies und sah sich hilfesuchend nach seinem Begleiter um … Doch der war verschwunden.

Passou wollte zur Tür stürzen, als sich diese öffnete und ein Mann eintrat. Er war alt, weißhaarig und sah aus, als sei er soeben einem antiken Gemälde entstiegen.

„Bitte, Monsieur, nehmen Sie Platz und seien Sie mein Gast!", sagte er, fasste André am Arm und dirigierte ihn mit sanfter Gewalt zur Tafel.

Immer wieder versuchte André Passou eine Unterhaltung in Gang zu bringen, doch es blieb vergebliche Liebesmüh. Das Einzige, was der alte Mann erwiderte, war: „Nehmen Sie was von der Gänseleber … versuchen Sie mal diesen Hummer … die Wildschweinbrust ist ausgezeichnet …"

So verging eine gute halbe Stunde, und André hatte den Entschluss, dem Kutscher nach Loupou zu folgen, längst bereut. Zum zweiten Mal an diesem Abend schenkte ihm der Weißhaarige Wein ein. Diesmal war es ein roséfarbener, und Passou fand, dass er einen etwas eigenartigen Nachgeschmack hatte … Plötzlich begann sein Gastgeber das faltige Gesicht zu einer höhnischen Grimasse zu verziehen. Passou empfand es jedenfalls so und er wollte etwas fragen … Doch trotz aller Anstrengung brachte er die Zähne nicht auseinander … Er spürte deutlich, wie eine eigenartige Verwandlung mit ihm vorging. Wie seine Beine und seine Arme zentnerschwer wurden und wie vor seinen Augen in immer kürzeren Abständen die Konturen des alten Mannes verschwammen.

Hilflos sah André Passou auf sein Gegenüber, das sich mit einem leise-meckernden Lachen erhob und zur Tür ging. Zuerst klatschte der Weißhaarige kräftig in die Hände, dann legte er die Hand auf den Lichtschalter.

André sah auf die Tür, und das Blut in seinen Adern gerann: Zwei riesenhafte Gorillas kamen gebeugt und mit wiegenden Schritten auf ihn zu. Doch nicht allein das war es, was ihn so erschreckte. Es waren die gefletschten gelben Zähne und das leuchtende Rot ihrer Felle … Gibt – es – denn – rote – Affen?, überlegte Passou, jedes Wort mühsam im Geiste formend.

Er sah, wie sich die beiden Gorillas über ihn beugten, und er verspürte für Sekunden ihren heißen, stinkenden Atem, und er sah, wie der weißhaarige Alte den Schalter niederdrückte und das Licht verlosch. Dann versank er in einer Leere.

263

Als André Passou erwachte, lag er auf einem Bett. Wo dieses Bett stand, konnte er jedoch nicht sehen, da um ihn totale Finsternis herrschte.

Es dauerte fast eine Minute, bis er sich der mysteriösen Ereignisse erinnerte. Und dann fuhr er erschrocken zusammen. Irgendwas hatte sich schwer über seine Beine gelegt. Vorsichtig richtete sich André auf und tastete mit der Hand nach vorn. Doch als habe er in eine offene Flamme gelangt, riss er sie wieder zurück. Ganz deutlich hatte er das zottelige Fell gespürt … Es gab keinen Zweifel darüber, dass ihn einer der roten Affen bewachte.

André Passou lag still. Seine Sinne waren geschärft und krampfhaft versuchte er etwas zu erlauschen. Seine Ohren registrierten einen leisen, pfeifenden Atem zu seiner Rechten … Dann ertönte das gleiche Geräusch auch von links … Sollte es noch mehr Opfer außer ihm hier geben?

„Hallo!", rief er leise in das Dunkel. „Hallo, ist hier jemand?" Keine Antwort.

Behutsam streckte er seine linke Hand aus … „Hallo!" Plötzlich verstummte das Atemgeräusch, ein schrill kreischender Ruf gellte durch die Finsternis und brach sich hallend an den Wänden. Andrés Hand wurde ergriffen und harte Nägel bohrten sich in den Handrücken. Dann fühlte er etwas Haariges über sein Gesicht streifen. Fast schmerzhaft empfand er den Schlag seines Herzens.

Mit einem Ruck befreite er seine Hand und hielt bebend den Atem an, als erwarte er einen tätlichen Angriff der Tiere. Passou wusste längst, dass er es nicht nur mit einem einzelnen Affen zu tun hatte. Doch nichts geschah …

Nach einer Stunde ungefähr wechselte das Tier, das bisher

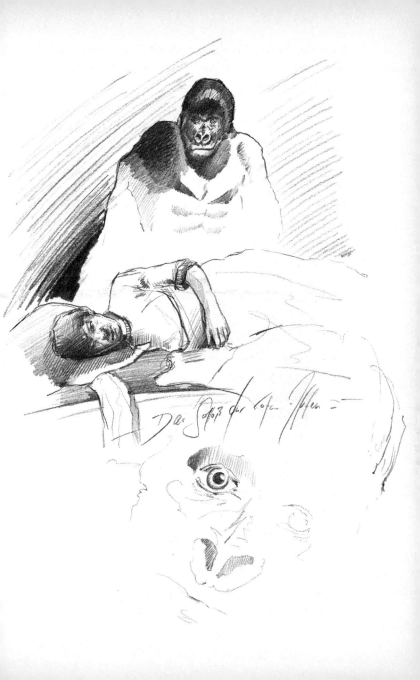

quer über seinen Beinen lag, die Stellung. André hörte es vom Bett springen, hörte das Tappen der Fußsohlen auf einem offensichtlich steinernen Boden, und er hörte das laute, dumpfe Zubodenfallen des schweren Körpers. Der grunzende Wohllaut ließ Passou fröstelnd zusammenschauern.

Und dann starrte er auf einen hellen, rechteckigen Fleck … Es musste sich um ein Fenster handeln, und es gab keinen Zweifel daran, dass der Morgen graute … Nach zwanzig Minuten konnte Passou schon mehr erkennen. Aber es war nicht viel Erfreuliches … Sein Bett stand in einem riesenhaften Saal. Und rund um sein Bett lagen sieben Affen … Sieben ausgewachsene Affen. Und alle trugen sie das gleiche leuchtend rote Fell.

Nach weiteren zehn Minuten wusste André, dass sich der Saal zu ebener Erde befand. Deutlich erkannte er jenseits des Fensters die Schlossmauer und eine schmale, eiserne Pforte. Und er sah den Stamm eines Baumes.

André beobachtete die Affen … Sie alle schienen im tiefsten Schlaf zu liegen … Vorsichtig zog er seine Beine an … Noch vorsichtiger schwang er sie über den Bettrand hinweg, bis er festen Boden unter seinen Füßen spürte. Da, eine Feder knarrte … Passou erstarrte. Doch der Schlaf der Tiere schien fester zu sein, als er geglaubt hatte.

André schätzte die Entfernung zum Fenster auf ungefähr zwölf bis fünfzehn Meter …

Es schien alles gut zu gehen.

Doch als ihn nur noch drei Schritte vom Fenster trennten, stieß eine der rothaarigen Bestien ein lautes Kreischen aus. Wie auf Kommando sprangen alle sieben Affen auf und stimmten ein infernalisches Geschrei an, das sich hallend widerbrach.

André Passou, halb irr vor Angst, war mit zwei Sätzen am Fenster und wollte es aufreißen … Doch vergeblich … das Fenster besaß keinen Wirbel. Es war nur mit einem Schlüssel zu öffnen. Gehetzt wandte sich André um. Das Entsetzen lähmte ihn so sehr, dass statt eines Hilferufes nur ein heiseres Röcheln über seine Lippen kam.

Das größte Tier war nur noch wenige Meter von ihm entfernt und hatte sich hoch aufgerichtet. Auch die anderen sechs Gorillas waren nicht untätig geblieben und kamen jetzt in einem Halbkreis auf ihn zu … Geräuschlos und langsam … Meter um Meter … Als sich das Leittier zum Sprung zusammenzog, peitschte ein Kommando durch den Saal.

Im Türrahmen stand der schwarz gekleidete Kutscher vom vergangenen Abend. Innerhalb weniger Sekunden war der Saal bis auf André und das Bett leer … War alles nur ein teuflischer Spuk?

Als Passou den Hof betrat, sah er dort sein Auto stehen. Die Reifen hatte man in Ordnung gebracht und der Kutscher war gerade dabei, die Koffer daneben zu stellen.

Aus dem Hauptportal aber kam der weißhaarige Mann auf André zu. Er reichte ihm einen Umschlag und sagte dazu: „Monsieur, ich weiß, dass Sie keinen Grund zur Freude haben, wenn Sie meiner ansichtig werden. Es tut mir aufrichtig Leid. Auf der anderen Seite jedoch danke ich Ihnen im Namen der Wissenschaft. Insbesondere der Verhaltensforschung. Für die ausgestandene Angst erlauben wir uns, Ihnen ein Honorar von zweitausend Franc anzubieten …"

André Passou griff zu und ließ noch einmal seine Blicke zu

dem Fenster im zweiten Stock hinaufgleiten, hinter dem er noch vor wenigen Minuten allein mit sieben roten Affen war …"

Der Apotheker lächelte verschmitzt. „Ja, liebe Freunde, das war also meine Geschichte. Ich hoffe, ich habe niemanden gelangweilt …" Eine Zeit lang herrschte Schweigen am Tisch. Dann war es Lupont, der Lehrer, der mit belegter Stimme seiner Meinung Ausdruck verlieh. „Ich finde die Experimente dieser Verhaltensforscher äußerst makaber … Nur leuchtet mir nicht ein, warum die Affen rot sein mussten. Ich habe meinen Lebtag noch nichts von roten Affen gehört …"

„Wissenschaftler haben oft sonderbare Einfälle", warf der Bürgermeister ein. „Ich finde es jedenfalls anständig, dass man den Mann ordentlich entschädigt hat für die ausgestandene Angst."

Gustav Lerron wendete sich Marc Loire zu und in seinen Augen funkelte es ironisch. „Und was sagt unser Held zu der Geschichte? Wie hättest du dich verhalten?"

Marc Loire machte eine seiner großsprecherischen Gesten und erwiderte spöttisch: „Dein Vertreter scheint ein ausgesprochener Hasenfuß zu sein. Der hätte wahrscheinlich auch Angst gehabt, wenn man ihn mit einem Haufen Spatzen zusammengesteckt hätte."

Lerron lächelte liebenswürdig.

„Genau das wollte ich von dir hören, Marc. Ich habe dem Hasenfuß nämlich von dir erzählt … auch davon, dass dich nichts in Angst und Schrecken versetzen kann …"

Loire nickte ein wenig nervös. „Ich jedenfalls hätte mir die zweitausend Franc ohne Herzklopfen verdient."

„Auch das habe ich Monsieur Passou berichtet. Er wiederum hat es umgehend an Professor Mendelle weitergegeben … das ist der Weißhaarige aus der Geschichte. Ja, und jetzt freut sich der Professor auf deine Mitarbeit!"

Einen Augenblick lang herrschte Totenstille am Stammtisch. Dann erkundigte sich Marc Loire mit heiserer Stimme: „Was meinst du mit ‚auf deine Mitarbeit' freuen?"

„Ganz einfach: Professor Mendelle ist morgen früh in St. Lermain, um dich abzuholen … Übermorgen bist du schon um zweitausend Franc reicher, mein lieber Marc."

Marc Loire war plötzlich kreidebleich und fuchtelte hilflos mit den Händen in der Luft herum. „Oh … d… das … t… t… tut mir … a… aber L… L… Leid", stammelte er, „d… dass ich verreisen muss … verreisen muss … aus… ausgerechnet morgen früh muss ich verreisen … Da fällt mir ein, ich muss ja noch meinen Koffer packen … Koffer packen …"

Loire hatte es so eilig, dass er außer dem Bezahlen auch noch seinen Hut vergaß … Gustav Lerron, der Apotheker, aber holte ganz tief Luft, und sein Gesicht überzog sich mit einem fröhlichen und zufriedenen Grinsen. „Endlich …", seufzte er, „endlich einmal habe ich dem Großsprecher das Fürchten beigebracht … Oh, Freunde, das tut gut!"

Lupont beugte sich mit aufgerissenen Augen über den Tisch und fragte fassungslos: „Soll das heißen, Gustav, dass die ganze Geschichte erfunden ist?"

„Ist sie!", nickte Lerron, und in seiner Stimme war kein bisschen Reue. „Oder hast du schon mal was von roten Affen gehört?"

„Eine wunderschöne Geschichte, Gustav", meldete sich in diesem Augenblick Honoré Collet, der Polizeichef, zu Wort.

„Eine wunderschöne Geschichte, die du ebenso wunderschön erzählt hast. Nur eines muss ich dir sagen, und zwar als Zuhörer, der schon von Amts wegen gut zuhören muss: Beim nächsten Mal musst du besser aufpassen. Hätte Marc Loire nämlich genau hingehört, wären ihm die beiden ganz entscheidenden Fehler sicher nicht entgangen."

„Zwei Fehler?", wiederholte Lerron erstaunt.

„Ja, zwei Fehler. Sie haben weder mit den Affen noch mit der Panne als solcher zu tun. Denk mal darüber nach …"

Gustav Lerron nickte. „Mach, ich, Honoré. Und das nächste Mal werde ich vorher alle Polizisten vom Tisch schicken …"

Um welche beiden entscheidenden Fehler handelte es sich?

Der Bildband | 8

Als Frau Knödler den Verlust bemerkte, war es wenige Minuten vor Ladenschluss. Überraschung und Verständnislosigkeit hielten sich zunächst die Waage.

Doch je länger sie über das Geschehnis nachdachte, umso mehr geriet sie in eine Stimmung, die man allgemein als ‚gerechten Zorn' bezeichnet.

Und Amanda Knödler, Inhaberin der Bücherei am Kaisereck, rief Herrn Schatz an. Franz Schatz war nicht nur ihr Untermieter, sondern auch Detektiv in einer Versicherung.

„Nur immer der Reihe nach, Frau Knödler!", beschwichtigte Herr Schatz die aufgeregte Frau, als er eine halbe Stunde später eintraf. „Also, wie war das?"

„Ich hatte den Bildband gerade ausgepackt und dort drüben ins Regal gestellt. Im Laden waren nur zwei Kunden: Frau Stolze und Herr Langbein. Beide leihen seit Jahren aus. Sie sind sozusagen Stammkunden meiner Leihbuchabteilung …"

Hier unterbrach Herr Schatz: „Haben die beiden auch heute ausgeliehen?"

Amanda Knödler nickte. „Ja. Herr Langbein zwei Kriminalromane und Frau Stolze ein Buch über Astrologie. Ich musste es ihr heraussuchen, weil sie ihre Brille vergessen hatte. Sie ist ja so kurzsichtig, dass sie nicht einmal ein Fünfmarkstück in ihrer Hand erkennen kann. Gerade als ich ihr das Buch gab, klingelte das Telefon …"

Wieder unterbrach Herr Schatz: „Hatten die beiden Herrschaften denn die Möglichkeit, den Bildband unterzubringen?"

„Ja. Frau Stolze trug eine größere Einkaufstasche, und Herr Langbein …" Frau Knödler überlegte einen Augenblick angestrengt … „ja, Herr Langbein hatte eine Aktenmappe bei sich."

„Und als die beiden gegangen waren, fehlte auch der Bildband?"

„So war es!", stimmte Frau Knödler zu. „Und nach ihnen war auch kein Kunde mehr da. Es kann also nur Frau Stolze oder Herr Langbein gewesen sein."

„Wer verließ den Laden zuerst?"

Wieder musste Frau Knödler nachdenken. „Zuerst ging Herr Langbein …"

„Na schön. Dann geben Sie mir mal jetzt die Adressen der beiden Stammkunden. Mal sehen, was sie zu sagen haben."

⚜

Herr Langbein blickte misstrauisch durch den Türschlitz. „Was wollen Sie?"

„Ich würde gern einmal eintreten, Herr Langbein. Frau Knödler von der Bücherei schickt mich."

Albert Langbein wies auf einen Stuhl. „Bitte, nehmen Sie Platz. Was hat Frau Knödler denn auf dem Herzen?"

Schatz setzte sich und steuerte ohne Umschweife auf sein Ziel los: „Frau Knödler hat heute Nachmittag einen kostbaren Bildband, Wert hundertzwanzig Mark, ins Regal gestellt. Der ist verschwunden! Sie sind, wie mir Frau Knödler sagte, ein langjähriger Kunde …"

Langbein nickte eifrig. „Bin ich … und verschwunden, sagen Sie … doch nicht etwa der dicke Bildband mit den antiken Ausgrabungen …?"

„Genau der!", stimmte Schatz zu. „Ist Ihnen etwas aufgefallen?" Sekundenlang starrte Albert Langbein seinen Besucher an. Dann erwiderte er: „Verstehe. Sie wollen wissen, ob ich den Bildband gestohlen habe … Ich war es selbstverständlich nicht. Aber vielleicht sehen Sie sich einmal die Frau an, die mit mir im Laden war … Und jetzt darf ich Sie bitten zu gehen!" Resolut und bestimmt zeigte Herr Langbein zur Tür.

Frau Stolze gab sich wesentlich freundlicher. Sie bot Schatz sogar ein Glas Bier an. Als dieser dann zu der entscheidenden Frage kam, zwinkerte sie überrascht. „Ich soll den Bildband mitgenommen haben? Nein, lieber Herr, da irren Sie sich." Dann flüsterte sie aufgeregt: „Aber ich habe was beobachtet … Da war noch ein Mann im Laden … ich stand einige Meter weg ... Er wusste nicht, dass ich ihn sehe … und dieser Mann blätterte in einem dicken Buch, wo draufstand ‚Antike Ausgrabungen'."

„Hm…", sagte Herr Schatz. „Haben Sie auch gesehen, dass er es eingesteckt hat?"

Frau Stolze schüttelte bedauernd den Kopf. „Nein, das habe ich nicht gesehen."

„Na, das macht nichts. Wir sind den Dingen schon näher gekommen."

Frau Stolze atmete auf. „Dann haben Sie mich wohl jetzt nicht mehr in Verdacht?"

„Sicher werden Sie noch von der Sache hören, Frau Stolze. Meine Mission ist erfüllt. Ich sollte mich ja nur erkundigen …"

Eine halbe Stunde später stand Herr Schatz wieder seiner Wirtin gegenüber. Und Frau Knödler war ehrlich erfreut, dass der Ausflug ihres Untermieters von Erfolg gewesen war. Und sie nahm sich vor, mit der diebischen Person ein ernstes Wörtchen zu reden.

Wer stahl den Bildband nun wirklich?

Die Uhr aus Elfenbein | 9

Der Tag begann wie jeder andere auch. Nichts deutete darauf hin, dass heute irgendetwas Außergewöhnliches geschehen könnte.

Kurz nach 9 Uhr kamen die ersten Touristen, und um 9 Uhr 30 begann Sebastian Hoff mit der ersten Führung durch die historischen Räumlichkeiten des Schlosses Friedrichsburg. Und es gab auf Friedrichsburg eine Menge zu sehen.

Außer den ungewöhnlich schönen und seltenen Orientteppichen wurden vor allen Dingen die prachtvollen (allerdings manchmal auch sehr unbequemen) Möbel bewundert. Fast zu jedem Stück konnte Herr Hoff ein Geschichtchen erzählen, das den Vorteil des nicht Nachprüfbaren hatte.

Gegen Ende einer jeden Führung kamen sie dann in den ‚Grünen Salon'. Hier befand sich eines der kostbarsten Stücke des Schlosses: eine 30 Zentimeter große Kaminuhr aus Elfenbein, die über und über mit Edelsteinen besetzt war.

Um sie vor dem Betasten durch ungezählte Hände zu schützen, hatte man sie in einem Schrank untergebracht, dessen Tür dann jeweils geöffnet wurde. Hinein in das „Ah" und „Oh" der Besucher berichtete Hoff, wie das Kunstwerk einst aus China seinen Weg nach Friedrichsburg fand.

So verging die erste Führung.

Die zweite fand 10 Uhr 30 statt, die dritte um 11 Uhr 30. Dann war Mittagszeit.

Bei jedem Eintritt in die Schlossräume zählte Hoff genau die Besucher. Das Gleiche wiederholte sich beim Verlassen.

Pünktlich 15 Uhr begann Sebastian Hoff mit der vierten Tagesführung, der sich um 16 Uhr die fünfte anschloss.

Es war gerade beim Verlassen der fünften Gruppe, als er von einem auf den Schlosshof fahrenden Omnibus abgelenkt wurde. Freudig winkte er zu dem Fahrer hinüber.

Die letzte Führung, also die sechste, war um 17 Uhr. Eigentlich wäre jetzt für Herrn Hoff Feierabend gewesen, doch da traf noch eine österreichische Reisegruppe ein. Nach einigem Hin und Her willigte Sebastian Hoff in eine siebte Führung ein, doch er nahm sich vor, diese abzukürzen und auf die letzten drei Räume zu verzichten. Und mit dem harmlosesten Gesicht schritt er an der Tür des ‚Grünen Salons‘ vorüber.

Als die österreichische Reisegruppe dann das Schloss verließ, war er froh, dass alles stimmte. Er wollte gerade das große Tor verschließen, als ein eigenartiges Geräusch an sein Ohr drang … Es klang wie Schnarchen …

Zehn Sekunden später entdeckte er in einer Nische einen korpulenten Herrn, der es sich auf einer Steinbank bequem gemacht hatte und zufrieden vor sich hin schnarchte.

Vorsichtig weckte Herr Hoff den Schläfer, der sich als Mitglied der letzten Reisegruppe ausgab und der leicht beschämt gestand, dass er aus Gründen der Erschöpfung nicht am Rundgang teilgenommen habe.

Freundlich wies ihn Herr Hoff darauf hin, dass der Omnibus jeden Augenblick ohne ihn abfahren würde. Da kam Leben in den erschöpften Mann. Mit einem „Jesses Maria und Josef" stürzte er zum Schlosstor hinaus.

Genau 60 Sekunden später explodierte es in Hoffs Kopf. Wieso konnte der Mann zu der österreichischen Reisegruppe gehören? Sie hatte doch vollzählig das Schloss verlassen. 67 Leute waren es ... und 67 hatten auch am Rundgang teilgenommen ... Sebastian Hoff setzte sich in Bewegung. Drei Stufen auf einmal nehmend, hetzte er in den ersten Stock hinauf, ... riss die Tür des ‚Grünen Salons‘ und wenig später die des Schrankes auf ... Dann ließ er sich kraftlos auf einen damastbezogenen Hocker sinken ...

Die Elfenbeinuhr war verschwunden ...

An jenem Tag fanden sieben Schlossführungen statt. Es liegt die Wahrscheinlichkeit nahe, dass sich der Dieb in einer bestimmten Führung eingeschlichen hat. Welche war es?

10 | Die Geburtstagsparty

Es war ein wunderschöner Juniabend, als sich die fast 70 Gäste zur Geburtstagsparty bei Direktor Bert C. Sylvester einfanden. Der große Garten war mit unzähligen Lampions geschmückt und auf der Veranda spielte ein modernes Streichquartett.

Anlass der ausgelassenen Party war der 21. Geburtstag von Sylvesters einziger Tochter Gwendoline.

Gegen 2 Uhr morgens, die vier Musiker packten bereits ihre Instrumente ein, fasste Philip McKenzie den Hausherrn am Arm und führte ihn in den Schatten eines Strauches. „Stell dir vor, Bert, Mary ist bestohlen worden. Jemand hat ihr die Handtasche geplündert."

Sylvester war entsetzt. Und das Entsetzen steigerte sich, als innerhalb der nächsten 30 Minuten weitere Verlustmeldungen an ihn herangetragen wurden.

Direktor Bert C. Sylvester telefonierte mit Detektivinspektor Graham Boult. Und seine Stimme war heiser vor Erregung.

Boult kam mit drei Beamten. Und er brauchte weniger als eine Viertelstunde für den Weg.

„Ich kenne jeden der Gäste seit vielen Jahren!", beteuerte Sylvester händeringend.

„Wie viele Gastkellner haben Sie verpflichtet?", erkundigte sich Boult. „Fünf … dazu das Streichquartett. Aber die fallen ja aus, denn die haben die ganze Zeit gespielt und ihren Platz nicht verlassen … Ja, und eine Frau für die Garderobe …"

Inspektor Boult überlegte sich scheinbar genau, was er sagte. Dann bestimmte er: „Die Musiker können gehen. Alle anderen werden wir ins Haus bitten und ihnen reinen Wein einschenken. Wir werden ihnen sagen, dass wir eine genaue Untersuchung durchführen müssen und mit ihrem Verständnis rechnen. Sollte es jedoch jemand so eilig haben, dass er nicht warten kann, so würden wir ihn später vernehmen."

Sylvester ruderte ein bisschen hilflos mit seinen Armen, als er fragte: „Und Sie glauben, dass Sie mit dieser Methode Erfolg haben werden?"

„Vergessen Sie nicht, Sir, dass der oder die Täter Helfershelfer gehabt haben können. Die sind ohnehin längst über alle Berge. Es ist ein Versuch!"

Und so geschah es. Natürlich war der Schreck bei den Anwesenden groß, und zahllose Hände begannen unverzüglich Taschen und sonstige Behältnisse zu untersuchen.

Während Boult und ein Beamter mit der Vernehmung begannen, postierten sich die beiden restlichen Beamten am Portal. Eine halbe Stunde später übergaben sie Kriminalinspektor Boult die Liste mit den Namen derjenigen, die es vorgezogen hatten zu gehen.

Christopher Lee mit Frau, Juwelier.
Grund: Kinder sind allein zu Hause.

Jack Lesly Bahman, Antiquitätenhändler.
Grund: Er habe es eilig.

June Chester, ohne Beruf.
Grund: Es sei ihr peinlich.

Ben Sole, Trompeter.
Grund: Gibt an, die ganze Zeit Musik gemacht zu haben.

Mickey Brown und Frau, Bankier.
Grund: Hat keinen stichhaltigen Grund angegeben.

Andrew Pickles zog es vor zu bleiben, nachdem ihm kein Grund einfiel.

Mellery Sanatoni, Agent.
Grund: Behauptete, dass ihn seine Frau um 3 Uhr erwarte.

Inspektor Boult las die Angaben zweimal durch. Dann sah er den Beamten an, der ihm die Liste übergeben hatte, und es war alles andere als ein freundlicher Blick.
Eine Minute später stand er Bert C. Sylvester gegenüber. Aus seiner Miene sprach Zerknirschung. „Tut mir Leid, dass ich Ihnen vorerst keine gute Nachricht bringen kann. Aber meine Beamten, diese Flohzüchter (das war Boults schlimmstes Schimpfwort), haben dem Dieb ‚Gute Reise' gewünscht. Ich verspreche Ihnen, dass wir ihn wieder einfangen. Es ist nur eine Frage der Zeit. Guten Morgen, Sir!"

⊶ **Wen hielt Inspektor Boult für den Dieb?**

Die Blüte | 11

Josef Grablitz, Nachtportier des **THÜRINGER HOF,** legte zufrieden den Kugelschreiber zur Seite und brummte stolz: „Das wär's."
Damit pflegte er seit eh und je das erfolgreiche Ausfüllen eines Kreuzworträtsels abzuschließen.
Es war 1 Uhr 45. Noch reichliche fünf Stunden lagen vor ihm. Und da alle Zimmer vermietet und die Gäste bereits im Hause waren, konnte er erfahrungsgemäß mit einer ruhigen Nacht rechnen.
Grablitz überlegte kurz und beschloss, die Abrechnung für seine Ablösung am Morgen fertig zu machen. Anschließend wollte er die Weckliste noch einmal durchsehen und selbst eine Mütze voll Schlaf nehmen.

Nach 20 Minuten hatte er die Belege sortiert und zusammengerechnet. 631 Mark mussten in der Kasse sein. Er wollte die Geldscheine gerade zusammenschieben, als er stutzte.
Schnell richtete er das Licht der Tischlampe voll auf den Tresen und starrte dann wie gebannt auf die fünf Hundertmarkscheine, die vor ihm lagen. Kein Zweifel ... einer unterschied sich auffällig von den anderen. Er hatte einen viel dunkleren Farbton.
Der Nachtportier schüttelte verständnislos den Kopf. Warum hatte er das nicht schon früher bemerkt? Aufgeregt holte er ein Vergrößerungsglas aus der Schublade, hielt den Geldschein gegen das Licht und suchte nach dem Wasserzei-

chen ... Seine Hand zitterte, als er kurz darauf nach dem Telefonhörer griff.

Genau eine halbe Stunde später schellte die Nachtglocke und Josef Grablitz beeilte sich mit dem Aufschließen.

Die beiden eintretenden Herren machten keineswegs einen besonders heiteren Eindruck. Insbesondere der kleinere, der sich als Inspektor Horn vorstellte, schien dem verlorenen Schlaf nachzutrauern. „Das ist Dr. Weinberg!", stellte er seinen Begleiter vor und fügte mit neidischem Augenaufschlag hinzu: „Und da die Wissenschaftler mit weniger Schlaf auskommen als ein gewöhnlicher Sterblicher, ist er auch wesentlich munterer als ich!"

Dr. Weinberg lächelte entschuldigend. „Machen Sie sich nichts daraus, Herr ..."

„Grablitz. Josef Grablitz", holte der Portier seine Vorstellung nach.

„Also, Herr Grablitz, wo haben Sie die Blüte?"

Der Nachtportier fischte die fünf Hundertmarkscheine aus der Kassette und breitete sie auf dem Tresen aus. Ohne Zögern zog Dr. Weinberg den dunkleren Schein heraus und reichte ihn Inspektor Horn. „Aus der holländischen Quelle, eindeutig!"

Der Inspektor nickte und erwiderte: „Ja, die gleiche Ausgabe wie die, die man in Berlin sichergestellt hat." Er wandte sich dem Portier zu. „Falschgeld, Herr Grablitz. Und nicht mal gutes. Sie hatten also Recht mit Ihrer Vermutung. Ich nehme an, dass Sie keine Ahnung haben, wer Ihnen die Blüte angedreht hat."

Josef Grablitz schüttelte eifrig den Kopf. „Das stimmt. Aber ich kann den Personenkreis auf drei Herren einengen!" Der Inspektor tat, als habe er sich verhört. „Soll das ein Witz sein?"

„Nein, nein, Herr Inspektor. Sehen Sie hier … Ich habe heute Abend sechshunderteinunddreißig Mark eingenommen. Und zwar vierzehn Mark für Zeitungen, Briefmarken und Ansichtskarten und drei Rechnungsbeträge von Gästen, die mit dem Fünf-Uhr-Express abreisen. Herr Körner hundertvierundzwanzig Mark, Herr Baukelius zweihundertneunzehn Mark fünfundzwanzig und Herr van Straaten zweihundertvierundsiebzig Mark fünfzig."

Inspektor Horn überflog die Aufstellung und erkundigte sich dann: „Und alle drei haben mit Hundertmarkscheinen bezahlt?"

Grablitz nickte zustimmend. „Ich habe ein gutes Gedächtnis, was Geld anbetrifft, Herr Inspektor. Herr Körner gab mir einen Hundertmarkschein, Herr Baukelius und Herr van Straaten bezahlten mit je zwei. Die restlichen Summen erhielt ich in kleineren Scheinen und Hartgeld … Ja, trotzdem begreife ich nicht, dass mir der Unterschied nicht gleich aufgefallen ist."

Der Inspektor drückte seinen Zeigefinger unter einen Namen. „In welchem Zimmer wohnt dieser Herr?"

Josef Grablitz sah zuerst auf den Zettel, dann auf den Beamten. „Herr Inspektor, Sie meinen wirklich, dass dieser Mann …?"

„Wenn es einer von den dreien war, dann nur dieser. Sie waren so freundlich, mich mit einer Bemerkung draufzubringen. Es würde mich gar nicht wundern, wenn wir noch mehr dieser hübschen Papierchen in seinem Gepäck finden sollten. Also – in welchem Zimmer?"

„In Zimmer hundertzwölf, Herr Inspektor…"

In welchem der Gäste vermutete Inspektor Horn den früheren Besitzer des falschen Hundertmarkscheines?

Der Augenzeuge | 12

Samstag, 0 Uhr 11 ... Auf dem letzten Teil des Gartenweges stehen nur zwei Wohnhäuser, spärlich beleuchtet von einer Straßenlaterne.
Der Weg ist menschenleer. Nur auf der Bank am Ende des Weges, dort, wo der Schein der Laterne nicht mehr hinreicht, sitzt der alte Jendritzki und raucht behaglich seine Zigarre. Der alte Herr beugt sich vor und blickt auf einen Fußgänger, der den Weg hinaufschlendert.
Jetzt erreicht der Fußgänger den Mercedes 220 S, der am Wegrand parkt. Er stutzt, tritt näher, macht sich am Fenster zu schaffen, öffnet dann die Tür und holt aus dem Wagen einige Gegenstände heraus. Danach verschwindet er im Haus Nr. 21.
Jendritzki ist sehr beruhigt. Die Leute aus Nr. 21 kennt er alle. Frau Hagen und ihre vier Untermieter, alles Studenten.

Der alte Mann hat die Sache längst vergessen, da liest er in der Tageszeitung vom Dienstag eine kurze Notiz:

> Am Abend des Samstags wurden im Gartenweg aus einem Pkw eine kostbare Film- und Fotoausrüstung und eine Kassette mit unersetzlichen Unterwasseraufnahmen entwendet. Sachdienliche Hinweise nimmt jede Polizeidienststelle entgegen.

August Jendritzki macht sich sofort auf den Weg zur Polizei und sitzt nun Inspektor Herborn gegenüber. Bedauernd erklärt er gerade:

„Das ist es ja eben, Herr Inspektor, ich konnte sein Gesicht nicht erkennen, weil ich meine Brille nicht dabei hatte. Aber sonst habe ich alles gesehen. Er hantierte zuerst am Fenster herum, dann an der Tür, und dann nahm er was aus dem Auto heraus und verschwand in der Nummer einundzwanzig."

„Dass es sich um einen Diebstahl handeln könnte, vermuteten Sie nicht?"

Jendritzki ist empört: „Nein! Sonst hätte ich mich nämlich schon lange bei Ihnen gemeldet."

Der Inspektor nickt ihm freundlich zu: „Das glaube ich! Übrigens, meinen Sie, dass es einer der Studenten gewesen ist?"

„Sie meinen einer, der bei Frau Hagen wohnt?"

„Ja, meine ich!"

„Na, wer denn sonst? Die alte Frau Hagen läuft doch um Mitternacht nicht mehr auf der Straße herum."

„Gut, dann will ich mich mal mit der Dame unterhalten."

Inspektor Herborn lässt zwischen diesem Entschluss und seiner Ausführung nicht viel Zeit verstreichen. Genau eine Stunde später steht er Frau Hagen gegenüber. Und er nennt sich selbst einen Glückspilz, denn alle Studenten sind zu Hause. Während er zum ersten Stock hinaufsteigt, rollen einer grenzenlos enttäuschten Frau die ersten Tränen über die Wangen.

Mit Werner Hof, einem Physikstudenten, macht der Inspektor den Anfang.

„Ich bin Inspektor Herborn vom Diebstahldezernat. Ich hätte da ein paar Fragen an Sie, Herr Hof!"

Werner Hof sieht nicht besonders intelligent aus, als er mit gerunzelter Stirn fragt: „Habe ich was ausgefressen?"

„Das will ich ja von Ihnen wissen! Samstagabend wurden hier auf der Straße aus einem Pkw einige Sachen gestohlen. Der Täter verschwand in *diesem* Haus."

„Und das soll ich gewesen sein?"

„Ich versuche den Dieb zu finden. Was taten Sie am Samstagabend?"

„Gegen zweiundzwanzig Uhr kam ich aus dem Kino und bin dann gleich ins Bett."

„Ist Ihnen etwas Verdächtiges aufgefallen?"

„Nein, ich habe nichts gehört. Was wurde denn gestohlen?"

Statt einer Antwort stellt der Inspektor eine Gegenfrage: „Fotografieren Sie gern?"

„Es geht. Hier ein Knipser, dort ein Knipser. Eine Leidenschaft ist es nicht gerade."

„Darf ich mich mal in Ihrem Zimmer umsehen?"

„Bitte gern, Herr Inspektor. Aber wenn Sie einen Fotoapparat suchen, suchen Sie umsonst!"

Inspektor Herborn betrachtet den Studenten Hof forschend, bevor er fragt: „Warum sollte ich ausgerechnet nach einem Fotoapparat suchen?"

Werner Hof zuckt mit den Schultern. „Ich dachte nur, nachdem Sie sich so nach der Fotografiererei erkundigt haben …"

Der Beamte nickt kurz und geht auf die Tür zu.

„Besten Dank … für jetzt. Vielleicht komme ich noch einmal auf Sie zurück."

Der zweite Student heißt Martin Sänger.

Er bastelt gerade an einem Radiogerät herum, als der Inspektor eintritt.

„Guten Tag! Sind Sie Herr Sänger?"

Der junge Mann grinst. „Bis eben war ich's noch. Wollen Sie mir das Gegenteil beweisen?"

„Das gerade nicht!", schmunzelt Herborn, „aber etwas anderes möchte ich beweisen. Ich bin nämlich von der Kriminalpolizei und überzeugt davon, dass in diesem Haus ein Dieb wohnt."

„Jetzt wird's spannend. Was soll ich denn gestohlen haben?"

„Am Samstagabend wurden aus einem abgestellten Wagen fotografische Geräte entwendet. Der Dieb wurde beobachtet, aber leider nicht erkannt. Nur eines steht fest: Er verschwand in diesem Haus. Was haben Sie am Samstagabend gemacht, Herr Sänger?"

Der Student überlegt nicht lange.

„Einiges, wenn ich mich recht erinnere. Eine Abhandlung geschrieben, zum Beispiel. Briefschulden erledigt, an diesem Radio gebastelt. Um dreiundzwanzig Uhr bin ich dann ins Bett."

„Haben Sie Zeugen?"

Sänger schüttelt den Kopf. „Nein, aber ich kann trotzdem beweisen, dass ich nicht Ihr Täter bin. Ich habe nämlich zur Tatzeit die literarische Sendung ‚Von Mitternacht bis eins' im Radio angehört."

Der Inspektor hat bereits die Hand auf der Klinke. „So, dann will ich mein Glück mal bei Ihrem Nachbarn versuchen."

Der dritte Student heißt Peter Rost und trägt einen lustigen Rauschebart.

„Warum kommen Sie ausgerechnet zu mir?", fragt er verärgert.

„Ist Ihnen in den letzten Tagen nicht zufällig eine Fotoausrüstung hier im Hause aufgefallen?"

Peter Rost schüttelt entschieden und zugleich missmutig den Kopf: „Nichts dergleichen."

„Was taten Sie am Samstagabend?"

„Am Samstagabend habe ich gelernt… Natürlich. Samstag war ich zu Hause …"

„Verstehen Sie was von Autos?"

Peter Rost zupft sich am Bart und erwidert ironisch: „Ich weiß, wo man ein- und aussteigt und wo das Benzin hingehört. Und dann weiß ich noch, dass man die Autosteuer ans Finanzamt überweisen muss."

„Die Fotoausrüstung, von der ich sprach, wurde aus einem viertürigen Mercedes gestohlen. Sie waren am Samstagabend nicht spazieren?"

„Daran erinnere ich mich gar nicht … Ehrenwort, Polizist!"

Mit einem Lächeln verabschiedet sich Herborn. „Nun ja, hoffentlich weiß der Herr von nebenan ein bisschen mehr."

Sebastian Kaufmann schließt den Koffer, als der Inspektor hereinkommt. „Sie wollen verreisen?"

„Was geht Sie das an? Wer sind Sie überhaupt?" Der Inspektor deutet eine leichte Verbeugung an.

„Freunde sagen Heinrich zu mir. Weniger gute Freunde nennen mich den Handschellen-Heinrich. Alles zusammen ergibt Kriminalinspektor Heinrich Herborn. Zufrieden?"

Der junge Mann nickt, während ihm die Röte in die Wangen steigt. „Danke, Herr Inspektor, was kann ich für Sie tun?"
„Wann sind Sie am Samstagabend nach Hause gekommen?"
„Am Samstagabend? Warten Sie mal ... So zwischen dreiundzwanzig Uhr und Mitternacht ..."
„Denken Sie gut nach, Herr Kaufmann. War es nicht ein bisschen später?"
„Kaum, Herr Inspektor. Nach mir ist nämlich noch jemand gekommen. Und da war's genau zwanzig Minuten nach Mitternacht. Ich habe auf die Uhr gesehen!"
„Und wer war es?"
Kaufmann zuckt mit den Schultern. „Keine Ahnung. Ich weiß es nicht."
„Woher wussten Sie die Uhrzeit?"
„Ich sagte doch, ich habe auf die Uhr gesehen ..."
Inspektor Herborn deutet auf die beiden Koffer: „Wollen Sie für längere Zeit verreisen?"
Kaufmann stellt den eben gepackten Koffer auf die Erde und langt nach dem leeren. Dazu sagt er: „Ich will nicht verreisen, ich ziehe um. Und bevor Sie sich in neuen Spekulationen ergehen: Ich ziehe nicht wegen irgendeiner krummen Sache um, sondern aus ... aus ... nun, ich hatte ein bisschen Ärger mit meinem Nachbarn ... Kann ich weiterpacken – oder haben Sie etwas dagegen?"
„Packen Sie nur weiter, Herr Kaufmann. Ich habe nicht das Geringste dagegen!"

Frau Hagen empfängt den Inspektor mit großen fragenden Augen. „Haben Sie alle meine Jungen verhört? Sie sind doch unschuldig … nicht wahr, Herr Inspektor, Sie hatten sich geirrt …"

Man sieht es dem Inspektor an, dass er sich alles andere als wohl fühlt, als er erwidern muss: „Ich muss Sie leider enttäuschen, Frau Hagen, unter Ihren Studenten befindet sich doch ein Dieb …"

Entsetzt sieht die alte Dame den Inspektor an. Dann fragt sie leise: „Welcher ist es denn …"

Und der Inspektor erwidert: „Der Bewohner des Balkonzimmers!"

>-⊙→ **Welcher der vier Studenten war der Dieb?**

13 | Das Protokoll
des Mister Willibald Duffleport

Am 26. April dieses Jahres erschien Mister Willibald Duffleport beim Bahnhofsvorstand in Lonfield und berichtete aufgeregt, dass man ihm im soeben eingefahrenen Zug seine Koffer gestohlen habe. Er verlangte sofortigen Schadenersatz. Mister Kent, der Bahnhofsvorstand, erklärte jedoch beschwichtigend, dass man zuerst einmal ein Protokoll aufnehmen müsse. Dann würde man weitersehen. Er schickte den Bestohlenen zu Bahninspektor White, der dann auch folgendes Protokoll aufnahm:

„Ich heiße Willibald Duffleport, bin Vertreter für Küchengeräte, wohnhaft in Dover, Caven-Street 112.
Zur Sache habe ich nachstehende Angaben zu machen: Als ich in Stenton den Zug verließ, um in den Zug nach Lonfield umzusteigen, war ich zunächst ganz allein im Abteil. Doch nach und nach stiegen auf der Fahrt nach Lonfield noch zwei ältere Herren, eine Frau und ein junges Mädchen zu. Sie fuhren alle bis Lonfield und verließen mit mir hier den Zug. Wir haben uns sehr gut unterhalten. Dabei erzählte ich auch, dass ich Vertreter für Küchenartikel sei und hauptsächlich Waagen und elektrische Geräte vorführe.
Einer der Herren lud mich zu einem Drink in den Speisewagen ein. Er stellte sich als Douglas Spencer vor, und ich fand ihn sehr sympathisch. Wie auch ich wohnt er im Londoner Stadtteil Kensington.
Nach einer knappen Stunde kehrten wir in unser Abteil

zurück. Die beiden älteren Damen und das junge Mädchen waren bereits ausgestiegen. Leider bemerkte ich nicht, dass meine Koffer zu diesem Zeitpunkt bereits gestohlen waren. Die restlichen drei Stationen habe ich regelrecht verschlafen. Bei meinem Erwachen stand der Zug bereits in Lonfield. Ich befand mich allein im Abteil. Meine Koffer waren verschwunden."

Inspektor White ließ das Protokoll unterschreiben und versprach Mister Duffleport, dass man ihn verständigen würde, sobald man etwas erführe. Wutschnaubend verabschiedete sich der Bestohlene und gab zu verstehen, dass er so lange im Hotel **KING GEORGE** wohnen bliebe, bis er seine Koffer zurück – oder aber einen entsprechenden Schadenersatz habe.

⁂

Inspektor White suchte umgehend den Vorsteher auf und legte diesem das Protokoll vor.
Mister Kent las es, runzelte die Stirn, las es ein zweites Mal und fragte dann den Inspektor: „Na, wer hat die Koffer gestohlen?"
„Keine Ahnung, Sir. Man muss erst ermitteln!", erwiderte der Inspektor eifrig.
„Dann ermitteln Sie zuerst einmal, wo dieser Mister Willibald Duffleport wohnt …"
„Er wohnt im King George!", antwortete der Inspektor noch eine Spur eifriger und drückte dabei die Brust heraus.
Darauf Mister Kent mit nachsichtigem Lächeln: „Wenn das geklärt ist, rufen Sie Detektivinspektor Ford an und bitten Sie ihn, dass er sich diesen schrägen Vogel einmal vorknöpft."

White schluckte und stotterte: „Ich verstehe ... verstehe nicht, Sir ...“

„Dann will ich es Ihnen deutlicher sagen: Dieser Mann ist ein Betrüger und die ganze Koffergeschichte von A bis Z erfunden.“

„Erfunden?“, wiederholte White mit großen Augen.

„Ja, erfunden. Lesen Sie sich das Protokoll noch einmal durch, dann werden Sie feststellen, dass es einige ganz entscheidende Ungereimtheiten aufweist ...“

„Ungereimtheiten?“ Whites Kinnlade klappte nach unten.

„Herrgott, White, stellen Sie sich doch nicht so ... so ... so schwerfällig an. Ich meine, dass das Protokoll dieses Herrn eine Menge sachlicher Fehler enthält. Hier, lesen Sie. Und dann sagen Sie mir, wie viele Fehler Sie gefunden haben!“

„Ja, Sir ...“

⊃─◉→ **Wie viele und welche Fehler wies das Protokoll des Mister Willibald Duffleport auf?**

Die Orchesterprobe | 14

Es ist kurz nach 9 Uhr, als das letzte Mitglied des Philharmonischen Orchesters das Haus der Philharmonie betritt.
Wie üblich handelt es sich dabei um den Flötisten Steinig, der zur Probe in schöner Regelmäßigkeit zu spät kommt. Nachdem er an der Tür einen jungen Mann in einer gelbschwarzen Jacke fast umgerannt hat, wirft er dem Pförtner Härtle einen freundlichen Blick zu, und obwohl er aus dem Probenraum im ersten Stock hört, wie die Streicher bereits ihre Instrumente stimmen, geht er keinen Schritt schneller.
Helmer Steinig gehört zu der Sorte von Menschen, die trotz bester Vorsätze immer und überall zu spät kommen. Da er jedoch ein ausgezeichneter Musiker ist, bedeutet seine Verschlafenheit für Kapellmeister Uhlemann das kleinere Übel.

Pünktlich 12 Uhr ist die Probe zu Ende. Im Nu füllt sich die kleine Garderobe, die dem Probenraum gegenüberliegt, mit schwatzenden Musikern. Doch plötzlich ruft der Fagottist Max Brand laut und fassungslos: „Meine Brieftasche ist verschwunden!"
Herrscht zunächst für Sekunden Totenstille, so folgt dieser ein hastiges Kontrollieren aller Taschen und Behältnisse. Das Ergebnis ist niederschmetternd: 39 Musikern fehlt Geld. Teilweise handelt es sich um beachtliche Beträge, die verschwunden sind. Das allgemeine Entsetzen ist groß.
Kapellmeister Uhlemann ist der Erste, der versucht, der Situation Herr zu werden: „Bitte, meine Herrschaften, keine

Panik, bleiben Sie vorläufig hier …!", ruft er und winkt gleichzeitig den Orchesterdiener heran: „Holen Sie bitte den Pförtner hoch, Herr Korb!"

Wenig später steht Alfons Härtle vor dem Kapellmeister. Als ihm dieser erklärt, was geschehen ist, tastet der Pförtner, bleich vor Schreck, nach einem Stuhl. Uhlemann forscht: „Haben Sie niemanden gesehen, Herr Härtle?"

Der Pförtner schüttelt den Kopf. „Furchtbar, furchtbar!", stöhnt er. „Ich habe wirklich nichts gesehen. Ich war die ganze Zeit unten am Eingang!" Doch dann erfasst sein Blick Helmer Steinig: „Sie sind doch später gekommen, Herr Steinig …" Der Flötist schnappt nach Luft, und für einen Augenblick sieht es aus, als wolle er sich auf den Portier stürzen …

„Wollen Sie vielleicht damit sagen, dass ich …"

„Bitte, bitte, meine Herren!", unterbricht der Dirigent. „Wir wollen doch Haltung bewahren!"

Steinig öffnet die geballten Fäuste und fährt sich nervös über den Scheitel.

„Fehlt nur noch, dass Sie von mir verlangen, dass ich meine Taschen umkremple …" Dann stutzt er … geht auf den Pförtner zu und bohrt diesem einen Zeigefinger in die Brust: „Sagen Sie mal … als ich kam, bin ich doch mit so einem Jüngling zusammengeprallt … Wer war das eigentlich?"

Einen Augenblick lang sinnt Härtle nach, dann schlägt er sich mit der Hand vor die Stirn und ruft: „Natürlich … der kann es gewesen sein … Er hat einen Umschlag mit Noten gebracht … Jetzt weiß ich auch, warum er so lange zwischen den Mänteln gewühlt und sogar die Hüte heruntergenommen hat."

„Ach, er hat zwischen den Mänteln gewühlt?", erkundigt sich Kapellmeister Uhlemann erstaunt.

„Ja, angeblich suchte er seinen Schal ... Jetzt erst fällt mir auf, wie durchsichtig diese Ausrede war ..."

Der Kapellmeister wendet sich dem Orchesterdiener zu: „Rufen Sie die Polizei. Die soll sich diesen Boten einmal näher ansehen."

„Ja, Herr Uhlemann, wird gemacht."

„Ich gehe gleich mit!", verkündet Helmer Steinig, und zu den anderen gewandt: „Ich hab's eilig. Außerdem ist mir ja nichts gestohlen worden. Also, bis morgen!"

Wer stahl das Geld in der Garderobe?

Nächtliche Störungen | 15

Schlaftrunken schreckt Oswald Gerber hoch. Das Telefon klingelt schon wieder. Bevor er aus dem Bett klettert, wirft er einen raschen Blick auf den Wecker: 4 Uhr morgens.

Das letzte Mal läutete es kurz nach 3 Uhr. Grimmig stampft er durch die Wohnung und reißt den Hörer von der Gabel. „Gerber!", bellt er unfreundlich in die Muschel … „und wenn Sie das Huhn gewaschen haben …" Oswald Gerber knallt den Hörer auf die Gabel. Sein Gesicht ist rotfleckig, was auf die grenzenlose Wut zurückzuführen ist, die in ihm tobt.

Sechs Stunden später sitzt er Kriminalinspektor Höfer gegenüber, der das Gehörte noch einmal kurz zusammenfasst: „Sie werden also seit drei Nächten regelmäßig angerufen. Nachdem Sie sich gemeldet haben, spricht eine Stimme Kochrezepte …"

Gerber unterbricht: „Immer nur ein Rezept, Herr Inspektor. Das mit dem …" er schluckt schwer, bevor er vollendet: „… dem Huhn."

Der Inspektor nickt. „Sie können kein Huhn vertragen?"

Gerber schüttelt sich. „Mir wird schon schlecht, wenn nur jemand davon redet … Oder wenn ich im Radio Hühnergegacker höre …"

„Verstehe – wer weiß von diesem Übel?"

„Niemand, Herr Inspektor … Das heißt, vor Jahren habe ich das mal meinen Zimmerkollegen im Finanzamt erzählt …

Aber es ist mir rätselhaft, wie sich ein Telefon-Ansagedienst melden kann, wenn ich den Hörer abhebe."

Der Inspektor blickt Gerber fragend an: „Sind Sie sicher, dass es sich um einen offiziellen Ansagedienst handelt?"

„Ja, ich habe vorgestern die Rezeptansage gewählt. Es waren die gleichen Worte und die gleiche Stimme. Lediglich die Akustik war im Telefon besser."

„Seit wann haben Sie einen Telefonanschluss?"

„Heute ist es genau eine Woche."

„Ihre Kollegen wissen natürlich davon?", vermutet Inspektor Höfer, und Gerber nickt zustimmend. „Glauben Sie, dass Ihre Kollegen etwas damit zu tun haben?"

„Ich weiß es nicht, Herr Inspektor. Als ich ihnen nach der ersten Nacht von den Anrufen erzählte, haben sie nur spöttisch gelacht."

Am Nachmittag des gleichen Tages knöpft sich der Inspektor die drei Kollegen Gerbers der Reihe nach vor.
Hier sind die Aufzeichnungen der Aussagen.

Hofmann: Ja, ich weiß, dass Gerber seit kurzem ein Telefon hat. Nein, befreundet sind wir nicht gerade. Die Sache mit dem Huhn? Ich kann mich nicht daran erinnern. Nachts schlafe ich wie ein Murmeltier – nein, wegen Gerber würde ich nachts bestimmt nicht zur Telefonzelle marschieren.

Mähnig: Natürlich bin ich immer für einen Witz zu haben, Herr Inspektor. Ich erinnere mich, dass Gerber einmal über seine Hühnerantipathie gesprochen hat … Ja, ich habe ein

Telefon. Früher habe ich öfters Tonbandscherze gemacht. Aber man wird schließlich auch mal älter.

Borsig: Nein, Herr Inspektor, ich habe kein Telefon. Wenn Sie mich so fragen: Ich kann Gerber nicht sonderlich gut leiden. Er ist mir ein zu großer Pedant … Was ich zu den Anrufen sage? … Nein, vielleicht ist das alles nur Gerbers Fantasie entsprungen, obwohl ich auf der anderen Seite der Ansicht bin, dass er gar keine Fantasie hat. Gibt es denn im Telefon wirklich einen Ansagedienst für Küchenrezepte?

Nach dieser Befragung stand für Inspektor Höfer fest, dass einer der drei der heimliche Telefonierer war. Als er es dem Betreffenden auf den Kopf zusagte, gestand dieser sofort, der Übeltäter gewesen zu sein.

)–◉→ **Wer war der nächtliche Störenfried?**

16 | Die Sammlung

Es ist wenige Minuten nach Mitternacht, als der Kleinwagen in den Fasanenweg einbiegt, stoppt und die Lichter löscht.

Wie ausgestorben bietet sich der kleine Villenvorort den Blicken der beiden Männer dar, die, wie zufällige Spaziergänger, gemächlich dahintrotten. Doch was sie sich zu sagen haben, ist weniger harmlos:

„Ich hab ja schon vieles erlebt, Toni, aber wegen so was in ein Haus einbrechen … Nee, das hab ich noch nicht erlebt …", beteuert der kleinere der beiden Männer.

Doch Toni belehrt ihn: „Du hast eben keine Ahnung, Atze, was so eine Sammlung wert sein kann … Und unserem Auftraggeber liegt eben was dran …"

Arthur Schneckel, genannt ‚Atze', schneidet eine Grimasse, die seine ganzen Zweifel widerspiegelt, und sagt: „Ist ja alles ganz gut und schön … Nur würd ich mich scheckig ärgern, wenn man mich ausgerechnet bei so einem Gastspiel erwischen würde."

„Hm…", macht Toni. Und noch einmal: „Hm …"

„Ist es noch weit?"

„Die übernächste Querstraße, Atze …"

„Und du bist ganz sicher, Toni, dass die Leutchen verreist sind?"

Toni nickt lebhaft. „Der Auftraggeber hat es mir hoch und heilig versichert. Er wüsste es ganz genau, hat er gesagt … Also muss es ja stimmen …"

„Müssen wir das Zeug eigentlich in der ganzen Wohnung zusammensuchen, oder liegt es an einer bestimmten Stelle?"

„Die Dinger stecken in sechs Alben. Und die sind in einem Schrank im Wohnzimmer."

Atze schüttelt ungläubig den Kopf. „Komisch, ich hab immer gedacht, nur Briefmarken kämen in ein Album. Dann ist das sicher ein Spezialalbum, oder?"

Toni verzieht spöttisch das Gesicht und tippt sich vor die Stirn: „Denkst du vielleicht, dass die ganze Schachtel ins Album kommt? Da wird doch nur der Aufkleber genommen … Aber davon hast du ja keine Ahnung. Hast du überhaupt in deinem Leben schon mal eine Sammlung gesehen?"

Atze spuckt wütend auf den Fußweg und erwidert: „Gib doch nicht so an. Du bist auch nicht klüger als ich … Ich hab schon große Briefmarkensammlungen gesehen … und Bierdeckelsammlungen. Und du? Was hast du gesehen?"

„Den Mann im Mond. Reg dich nicht unnötig auf, Kleiner … Ich kann schließlich nichts dafür, dass es Leute gibt, die auch solches Zeug sammeln. Mich interessiert viel mehr, was die mit dem Inhalt gemacht haben …"

Da beginnt Atze plötzlich fröhlich vor sich hin zu kichern. „Ich weiß, was sie damit gemacht haben … sie haben sich ein Holzhaus gebaut, hihihihi."

Toni Zappke knufft seinen Kumpan ärgerlich in die Seite. „Mach gefälligst nicht so einen Krach … Wir sind gleich da."

Nach 20 Metern stehen sie vor dem betreffenden Haus, und tiefe Enttäuschung malt sich auf ihren Gesichtern. Vier Fenster des Hauses sind erleuchtet, und aus einem offenen klingt leise Tanzmusik zu ihnen.

„Da haben wir den Salat!", schimpft Atze. „Und dafür schlage ich mir die Nacht um die Ohren …"

„Nichts ist mit der Sammlung!", seufzt auch Toni. Und mit

einem Schulterzucken ergibt er sich in sein trauriges Schicksal … „Gehen wir einen trinken … Wir werden uns doch wegen dem blöden Zeug nicht die ganze Nacht verderben lassen. Komm, Atze …"

„Hast Recht, Toni. Weiß die Tante Ballutschek, wozu es gut ist, dass es nicht geklappt hat …"

)─◉─➤ **Wenn es auch nicht
zu dem geplanten Einbruch kam,
so ist doch noch eine Frage offen:
Um was für eine Sammlung handelte es sich?**

Der Trickdieb | 17

Den 22. Mai wird Frau Lechner wohl nicht so schnell wieder vergessen.
An diesem Tag machten Peter und Cornelia einen Klassenausflug. Für Frau Lechner eine willkommene Gelegenheit für einen Besuch beim Frisör. Und so hatte sie sich für 11 Uhr 30 angesagt. Da sie jedoch die tägliche Hausarbeit bis dahin hinter sich bringen wollte, musste sie sich sputen. Doch ausgerechnet an diesem Vormittag schien es wie verhext zu sein.
Viermal läutete die Flurglocke.
Zuerst war es ihre Nachbarin, die aufgeregt erklärte, sie müsse sofort für einige Tage verreisen, da ihre Tochter erkrankt sei. Mit der Bitte, Frau Lechner möge sich um ‚Hansi' den Kanarienvogel und die Blumen kümmern, drückte sie ihr den Wohnungsschlüssel in die Hand. Dann war es das Telefon. Cornelia wollte ihr unbedingt erzählen, was sich schon alles auf dem Klassenausflug getan hatte.
Um 10 Uhr 10 läutete es zum zweiten Mal an der Tür. Es war ein Vertreter für Küchengeräte.
Um 11 Uhr wollte ihr ein Mann unbedingt einen billigen Teppich andrehen.
Und um 11 Uhr 25, als sie schon den Mantel anhatte, erschien ein junger Mann an der Tür, um sie für ein Zeitungsabonnement zu interessieren.

Als Frau Lechner gegen 15 Uhr vom Frisör zurückkam, hatten Diebe aus der Wohnung ihren Schmuck, Bargeld, ein teures Fernglas und die Spiegelreflexkamera ihres Mannes gestohlen. Aber auch der Schlüssel der Nachbarwohnung war verschwunden.

Wie sich später herausstellte, hatte der Dieb die Gelegenheit wahrgenommen und auch dort Schubladen und Schränke durchwühlt. Dass er dabei das Sparbuch der Nachbarin übersah, war wohl ein reiner Zufall.

✵

Kriminalassistent Zerkes ließ sich von Frau Lechner minutiös den Ablauf des Vormittags und auch die Gespräche mit den drei Vertretern erzählen. Und Frau Lechner war nicht wenig überrascht, als ihr der Beamte erklärte:

„Der Dieb ist ohne Zweifel einer der Vertreter und gehört zur Gruppe der Trickdiebe. Sie selbst haben ihm sozusagen Tür und Tor geöffnet … Aber ich hoffe trotzdem, dass wir ihn, wenn Sie uns eine gute Beschreibung geben, bald gefasst haben."

Anhand der Auszüge aus den drei Gesprächen zwischen Frau Lechner und den Besuchern kann man eindeutige Rückschlüsse auf den Täter ziehen.

Der Küchengeräte-Vertreter:

Guten Tag, gnä' Frau, ich hätte Ihnen gern unser neues Mehrzweck-Küchengerät vorgeführt. – Bitte, es dauert bestimmt nicht lange. – Aber gnä' Frau, bis halb zwölf ist doch noch eine Ewigkeit Zeit. – Sie werden es bestimmt nicht bereuen, gnä' Frau. – Wenn Sie auch jetzt allein sind, so hätten Sie Ihrem Gatten doch einiges voraus. Sie wüssten immerhin, dass es sich um ein prachtvolles Gerät handelt. Ich käme gern heute Abend noch einmal her! Bitte, wenn Sie nicht wollen … – Schade, gnä' Frau, dann werd ich's mal bei Ihrer Nachbarin versuchen.

– Verreist? Pech auf der ganzen Linie. Auf Wiedersehen, gnä' Frau!

Der Teppich-Händler:

Oh, liebe Frau, ich sage Ihnen, ist einmalige Gelegenheit, die ich Ihnen biete. Kommt, bitte schön, höchstens zweimal vor, in finfzig Jahr. – Oh, liebe Frau, auch wenn Sie haben alles voll liegen von Teppiche in Wohnung. So gut, so billig, solche Qualität, nicht kommen jede Tag an Ihre Tür! – Sie können nicht einfach stoßen gewaltig Glück von Ihre Tür. Ich mache Ihnen Vorschlag: Lassen Sie mich Teppich hinlegen in Ihre Wohnzimmer. Wenn nicht gefällt, ich nehme unter Arm und gehe. – Na, liebe Frau, Frisör läuft nicht weg, aber Teppich findet bald glückliches Käufer! Was machen dann Sie? Haben Kummer!

– Oh, bitte, liebe Frau, kann ich nur sagen: Auf Wiedersehen, armes Frau. Haben Sie sich geschnitten in eigenes Finger!

Der Abonnenten-Werber:

Darf ich fragen, Frau Lechner, welche Zeitungen Sie bereits halten? – Nein, ich frage nicht aus Neugier. Ich möchte Ihnen nur keine Zeitungen anbieten, die Sie bereits beziehen. – Ich will Sie wirklich nicht lange aufhalten, aber sehen Sie sich doch mein Angebot einmal an. – Radiozeitungen, Illustrierte … oder eine Zeitschrift für den Herrn? – Wenn es Ihnen lieber ist, komme ich natürlich gern heute Abend noch einmal wieder. – Dann entschuldigen Sie bitte, dass ich gestört habe. Auf Wiedersehen, Frau Lechner.

Welcher der drei Vormittagsbesucher war aufgrund seines Gesprächs am dringendsten tatverdächtig?

Die bösen Nachbarn | 18

Sie wohnten alle im gleichen Haus: die Familie Blatzer im vierten, die Familie Neu im zweiten und die Familie Siedler im neunten Stockwerk. Und sie hatten noch eines gemeinsam: Sie waren miteinander verfeindet.

Man ging sich aus dem Weg, wo man konnte. Und wenn das nicht möglich war, dann sah man starren Blickes aneinander vorbei.

So kam die Nacht vom 29. zum 30. September heran. Es war eine lauwarme Spätherbstnacht, in der es 20 Minuten nach ein Uhr ganz plötzlich an den Türen der Familien Blatzer, Neu und Siedler zu klingeln begann. Es war ein Klingeln ohne Unterbrechung.

Wütend trafen sich die drei Familienoberhäupter wenig später unten an der Haustür, wo sie, jeder für sich allein, ein angespitztes Streichholz aus ihren Klingeln zogen.

Und dann ging es los: Herr Siedler verdächtigte Herrn Neu. Herr Neu gab zurück und stieß gleichzeitig die Vermutung hervor, dass es natürlich auch Herr Blatzer gewesen sein könnte. Dieser richtete sich drohend auf, zischte ‚Mensch', ballte die Fäuste und … Ja, in diesem kritischen Augenblick stürzte Herr Seifert, der Hausverwalter, aus seiner Parterrewohnung. Er trug einen rot gestreiften Pyjama und rief beschwörend: „Ich bitte Sie, meine Herren, denken Sie auch an die anderen Mieter!"

„Mir reichts!", donnerte Herr Blatzer, „ich werde Sie wegen

Verleumdung anzeigen!" Dabei deutete sein Zeigefinger un-
missverständlich auf Herrn Neu.

Und so traf man sich drei Monate später vor dem Friedensrichter wieder. Dieser, ein ruhiger und weiser Mann, hörte
sich die Aussagen der Herren Blatzer, Siedler und Neu an und
ließ dann auch den Hausverwalter vorladen. „Sagen Sie, Herr
Seifert, Sie wohnen doch vom ersten Tag an mit diesen Leuten zusammen. Wen halten Sie für den Übeltäter?"
Der Verwalter zuckte ratlos mit den Schultern: „Eine Gewis-
sensfrage, Herr Richter, die ich nicht beantworten kann. Ich
lag schon im Bett, als ich plötzlich den Krach hörte …"
„Wer von den drei Männern war denn zuerst an der Haustür?"
„Herr Siedler."
Der Richter machte sich eine kurze Notiz, bevor er weiter-
fragte: „Erzählen Sie mir doch bitte, wie der ganze Streit mit
den drei Familien angefangen hat."
„Tja … zuerst war da die Geschichte mit der Wäsche. Frau
Blatzer hatte sie auf dem Trockenplatz aufgehängt. Zufällig
konnte ich beobachten, wie zweimal der Fußball von Willy
Neu dagegen flog. Als ich es Frau Blatzer sagte, war sie natürlich am Kochen. Ein paar Wochen später hörte ich, wie der
kleine Kurti Siedler dem Willy vorschlug, die Luft aus allen
Blatzer-Fahrrädern zu lassen. Wie ich sehen konnte, haben
sie das dann auch tatsächlich im Keller durchgeführt. Ich
teilte meine Beobachtung Herrn Blatzer mit. Herrje, es war
fast ein Vergnügen zuzuhören, wie er den anderen die Meinung geigte. Und dann war einige Zeit Ruhe. Bis zum

Augenblick, wo die Blatzer-Zwillinge auf den verstaubten Pkw von Herrn Siedler ‚Schwein' schrieben. Die beiden Bengel hatten natürlich keine Ahnung, dass ich an diesem Abend gerade einen Rundgang machte. Wenn ich daran denke, wie kreidebleich der gute Siedler wurde, als ich ihm reinen Wein einschenkte, wird es mir noch heute heiß und kalt."

Der Friedensrichter nickte mit unbewegter Miene. „Danke, Herr Seifert, das war sehr aufschlussreich. Jetzt weiß ich wenigstens, wer für die Klingelaktion verantwortlich ist."

Der Hausverwalter beugte sich interessiert über den Tisch. „Und … wen halten Sie für den Übeltäter?"

„Im Augenblick noch Amtsgeheimnis … Aber Sie werden es ja später erfahren!"

Welcher der in dieser Geschichte vorkommenden Männer hatte Streichhölzer in die Klingeln gesteckt?

19 | Besuch nach Mitternacht

Sie waren zu zweit und standen im Schatten einer Plakatsäule. Schweigend beobachteten sie das am Ende der schmalen Straße liegende Geschäft von Burkhardt & Fisch. Es war das einzige Geschäft in der Straße, dessen Schaufenster mit Eisengittern bewehrt waren.

In einschlägigen Kreisen kannte man die beiden Männer unter den Spitznamen ‚Baron' und ‚Finger-Fred'.

Pünktlich wie jede Nacht erschien um 23 Uhr 55 der Mann von der Wach- und Schließgesellschaft, prüfte gewissenhaft die Gitter vor Fenstern und Geschäftstür und verschwand anschließend in der Fürther Straße.

Die beiden Männer hinter der Plakatsäule nickten sich stumm zu und machten sich auf den Weg. Als sie nach wenigen Metern einen Streife gehenden Polizisten erspähten, begannen sie sich laut zu unterhalten. Sie sprachen über Fußball, Wetter und Verwandte. Und sie taten, als könnten sie kein Wässerchen trüben. Das änderte sich schlagartig in dem Augenblick, als der Polizist in der Querstraße verschwunden war.

„Das war Kuno Killke", sagte Finger-Fred leise. „Der machte mal Dienst auf dem Revier, wo ich mich früher jede Woche zweimal melden musste."

„Verdammt!", schimpfte daraufhin der Baron, „fehlt nur noch, dass er dich erkannt hat."

„Ach was, so gut kennt der mich nicht mehr!"

Als die beiden das Geschäft von Burkhardt & Fisch erreichten, lag die Straße wie ausgestorben da. Alles ging dann blitzschnell und ließ auf langjährige Erfahrung schließen.

Sie betraten die Geschäftsräume über den Hausflur, und der Baron stellte dabei spöttisch fest: „Da lassen sie vor Schaufenstern und Ladentüren dicke Eisengitter anbringen, ohne einen einzigen Gedanken an die restlichen Türen zu verschwenden."

„Riecht komisch hier, was, Baron?"

„Es riecht nach Kultur und Vergangenheit, Fred. Aber davon verstehst du ja nichts."

Finger-Fred schwieg einen Augenblick gekränkt, doch dann stürzte er sich auf eine kleine Kaminuhr. „Hier, Baron, die nehmen wir mit!"

Doch sein Komplize winkte ab: „Quatsch, so viel ist die nicht wert. Noch keine fünfzig Jahre ist die alt. Aber da … sieh dir mal diese Terrine an …"

Finger-Fred zeigte ein gelangweiltes Gesicht: „So was kriegste in jedem Kaufhaus und in jedem Scherbenladen …"

„Du bist wirklich eine ausgesprochene Niete. Diese Terrine stammt aus Meißen und ist über zweihundert Jahre alt … oder hier, das ist garantiert ein Modell von Bustelli …"

„Kitsch!", schnaufte Fred beim Anblick der Figurengruppe und zog gelangweilt eine Schublade aus einem Schrank. „Nun sag bloß, Baron, dass es Leute gibt, die solchen Krempel kaufen…"

Der Baron nickte. „Das ist ein Kabinettschrank. Der dürfte so um siebzehnhundert entstanden sein …"

So gut es ging, das von außen hereinfallende Straßenlicht meidend, trat der Baron auf einen alten Hochschrank zu.

„Suchst du was Bestimmtes, Baron?", erkundigte sich Finger-Fred missmutig.

„Hier im Schrank sind die Gold- und Silbersachen …" Mit einem leisen Quietschen zog er die Türen auf. Da lagen sie: Tabatieren aus Gold, großformatige Goldmünzen, Buddha-Statuen aus Gold und Silber und mit Edelsteinen besetzt.

Während der Baron ein Stück nach dem anderen in einem Matchbeutel verschwinden ließ, kramte Finger-Fred in einem kleinen Nebenverlies herum.

Dann stand er plötzlich wieder neben seinem Kumpan. Links hielt er ein dickes, ledergebundenes Buch, rechts eine Brücke.

„Ist das Zeug was wert, Baron?"

Der Gefragte setzte seinen Matchbeutel ab und betrachtete die Stücke. Dann erklärte er: „Das hier ist eine Buchara-Brücke … und das hier" – er schlug den Buchdeckel zurück und pfiff überrascht durch die Zähne – „das ist eine komplette Münzsammlung!"

„Wertvoll?", keuchte Finger-Fred gierig, und seine Augen begannen zu glänzen.

„Das kann man wohl sagen!", nickte der Baron.

Im gleichen Augenblick zuckten sie jedoch erschrocken zusammen. Kein Zweifel, da war jemand an der Tür …

Die Lampen flammten auf, und die beiden Diebe schlossen geblendet die Augen.

Wahrscheinlich hätten sie sie auch am liebsten zugelassen, als sie die drei Polizisten entdeckten.

„Also hat er mich doch erkannt!", seufzte Finger-Fred elegisch und nickte Wachtmeister Killke zu.

Dieser nickte zurück und erwiderte: „Ich wusste gleich, dass Sie noch einen Bruch nach Mitternacht vorhatten. Wenn sich

schweigsame Spaziergänger beim Anblick eines Polizisten plötzlich laut zu unterhalten beginnen, steckt meist irgendeine Schweinerei dahinter. Aber darüber können Sie ja noch genügend nachdenken."

⊙→ **Um welche Art von Geschäft handelte es sich bei der Firma Burkhardt & Fisch?**

Der Große Preis von Laxton | 20

Noch 13 Stunden bis zum Großen Preis von Laxton. Es handelt sich dabei um eine der schwersten Prüfungen für Motorräder aller Klassen sowie Seitenwagengespanne.

Das seit Tagen anhaltende Sommerwetter hatte Tausende von Motorsportfans angelockt, von denen nicht wenige ihre Zelte und Wohnwagen rund um die Strecke aufgestellt hatten.

Auch jetzt noch, um 23 Uhr, herrschte vielerorts fröhliche Ausgelassenheit. Und wenn man die Ohren spitzte, konnte man auch jetzt noch manchen Badefreudigen in den nächtlichen Fluten des Laxton-River, nach dem die Rennstrecke ihren Namen erhielt, plantschen hören.

Die heutigen Trainingsrennen hatten fantastische Zeiten erbracht, wobei ganz besonders zwei Firmen von sich reden machten: Chamachi und Jonaface. Beide Firmen beteiligten sich zum ersten Mal am Großen Preis von Laxton.

In den Boxen, wo die hochgezüchteten Maschinen streng bewacht auf ihren Einsatz warteten, war bereits Ruhe eingekehrt. Nur bei Suzuki, Gran Decco, Chamachi und der 200 Meter flussaufwärts liegenden Box von Jonaface brannte noch Licht. Doch 20 Minuten nach Mitternacht herrschte auch dort tiefes Dunkel.

Es war inzwischen 3 Uhr nachts geworden. In der Box von Chamachi saß Tom Hardy an eine Kiste gelehnt und versuchte krampfhaft seiner Müdigkeit Herr zu werden. Noch eine Stunde musste er ausharren, dann würde ihn Mike Sylvester ablösen. Der lag jetzt neben ihm auf einem Klappbett und schnarchte mit einem zufriedenen Lächeln vor sich hin. Hardy begann wieder an seinen kleinen Sohn zu denken, dem man gestern den Blinddarm herausoperiert hatte und der ganz traurig darüber war, dass er den Großen Preis von Laxton nicht am Fernsehschirm verfolgen konnte. Und Tom Hardy begann ihm im Geist einen Brief zu schreiben …

Mein lieber Billy! Damit ich nicht einschlafe, werde ich dir jetzt einen Brief schreiben. Ja, und wenn ich es mir richtig überlege, ist es mein erster Brief an dich. Sonst habe ich dir ja immer über alles mündlich berichten können.

Heute war der letzte Trainingstag, und wir haben ganz gut abgeschnitten. Wie du weißt, nehmen wir in diesem Jahr zum ersten Mal am Großen Preis von Laxton teil. Unsere Maschinen schafften auf Anhieb die zweitschnellste Trainingszeit. Eigentlich sollte ich darüber froh sein … ich bin es auch … Und trotzdem wird meine Zufriedenheit durch einen Wermutstropfen getrübt. Die schnellsten Zeiten fuhren nämlich die Maschinen von Jonaface. Auch sie sind in diesem Jahr zum ersten Mal in Laxton … Du hättest sehen sollen, mit welchem Gesicht der Chefmonteur Steve Miller herumstolziert ist. Ich habe ihn natürlich sofort wissen lassen, dass wir unsere Karten noch gar nicht richtig auf den Tisch gelegt haben. Jetzt hoffe ich nur, dass mich unser Rennstar Meko Tabalis nicht Lügen straft.

Du siehst, lieber Billy, es ist nicht einfach, so ganz ohne Neid zu sein … Wie so oft gibt es auch diesmal wieder einen jungen Mann auf der Strecke, der Leichtsinn mit Mut verwechselt. Er fährt eine Gran Decco. Sein Name ist mir entfallen … überhaupt, Billy, ich bin schrecklich müde … müde …

Tom Hardys Kopf sank im Zeitlupentempo auf die Brust, und bald verkündeten tiefe, gleichmäßige Atemzüge, dass er fest eingeschlafen war …
Zehn Minuten vergingen.

Plötzlich zuckte Tom Hardy zusammen. Schlagartig fiel jede Müdigkeit von ihm ab … Da war es wieder: ein leises, metallisches Geräusch. Kein Zweifel: Jemand machte sich an den Maschinen zu schaffen.
Hardy boxte Mike Sylvester in die Seite, sprang auf und versuchte den Lichtschalter zu erreichen. Dass er dabei über einen Kanister stolperte, sicherte dem Eindringling einen entscheidenden Vorsprung.
Als das Licht aufflammte, konnte Tom nur noch ein Paar Beine erkennen, die durch einen Luftschacht nach draußen verschwanden. Beine, die in einer gelben Hose steckten.
Als er das Ende der Hallenmauer erreichte, sah er den Schatten des nächtlichen Besuchers noch einmal auftauchen. Er hastete in Richtung Laxton-River. Dann hatte ihn die Dunkelheit verschluckt.
Keuchend kehrte Tom Hardy um. In der Box erwartete ihn Mike Sylvester, der ihm wortlos einen Fetzen gelben Stoffes entgegenstreckte. Dazu grinste er grimmig und nuschelte ebenso: "Gran Decco!"

Eine halbe Stunde später herrschte in der Chamachi-Box Hochbetrieb. Es wimmelte von Polizei, Chamachi-Monteuren, Herren der Chamachi-Rennleitung sowie Managern des

Veranstalters. Bis auf Inspektor Morris machten sie alle einen reichlich verstörten Eindruck.

Inspektor Morris dagegen hatte die drei Monteure des mittelamerikanischen Rennstalls Gran Decco in einem Nebenraum versammelt und sprach eben ohne großen Stimmaufwand: „Es herrscht kein Zweifel daran, dass dieser Fetzen aus einem Overall Ihrer Firma stammt."

Monteur Rodrina erwiderte spöttisch: „Glauben Sie wirklich, dass dieser Stoff nur für Gran Decco gewebt wurde?"

Und sein Kollege Ramirez fügte wütend hinzu: „Das Ganze ist ein Märchen. Keiner von uns würde durch ein Oberlicht kriechen wie ein Einbrecher. Es würde mich nicht wundern, wenn die ganze Sache von Chamachi inszeniert wurde, um sich interessant zu machen."

Rodrina und Cortez nickten zustimmend.

Und dann ergänzte Cortez: „Dass dahinter eine Gemeinheit steckt, sehen Sie doch daran, dass alle unsere Overalls gestohlen wurden. Und ohne Overalls können Sie uns nichts nachweisen."

Morris sah Juan Cortez an. „Was taten Sie um drei Uhr?"

Cortez stutzte. „Wieso ... ich war bei den anderen ... Nicht am Fluss! Ich war in der Box!"

Inspektor Morris wandte sich Ramirez zu: „Und Sie?"

„Ich war auch in der Box. Rodrina kann bezeugen, dass ich die Box nicht verlassen habe!"

„Stimmt das, Mister Rodrina?"

„Stimmt!"

„Sie haben also nicht geschlafen ... alle nicht?"

Einige Zeit herrschte Schweigen. Dann sprach Rodrina: „Doch, abwechselnd ..."

In diesem Augenblick öffnete sich die Tür, und ein Mann schob sich herein. In der linken Hand trug er eine komplette Anglerausrüstung, während seine rechte ein nasses Bündel schwenkte.

„Ich soll das einem Inspektor Morris geben!", brummte er verdrießlich.

Der Polizist nahm ihm das Bündel aus der Hand und breitete es auf dem Boden aus. Es war ein gelber Overall, aus dem ein Stück Stoff herausgerissen war. Das gleiche Stück Stoff, das Inspektor Morris in der Hand hielt. Er erkundigte sich: „Wo haben Sie das her, Mister ...?"

„Cokney ist mein Name. David Cokney, Herr Inspektor. Ich habe es aus dem Fluss gefischt. Gleich hinter der Halle von Jonaface."

„Und wann?"

David Cokney runzelte die Stirn und dachte einen Augenblick nach. „Irgendwann zwischen drei und halb vier. Ich war gerade angekommen und wollte zum ersten Mal meine Angel auswerfen. Da kam es über einem Brett hängend angetrieben. Und zwar direkt aus Richtung der Chamachi-Boxen."

„Sind Sie immer so früh auf den Beinen?", erkundigte sich der Inspektor.

Da breitete sich ein Leuchten auf Cokneys Gesicht aus. „Ich bin hinter ‚Nelson' her. So habe ich den Kerl getauft ... Es ist ein Hecht ... und einmal hätte ich ihn fast gehabt ... Aber leider kam er noch davon ..."

Juan Cortez war aufgesprungen und zeigte auf das durchnässte Kleidungsstück. „Soll ich Ihnen was sagen, Herr Inspektor ... Das ist das Werk der Chamachi-Leute. Jeder andere hätte aufgepasst, dass der Overall untergeht."

Der Inspektor lächelte: „In der Nacht ist ein treibendes Brett kaum zu erkennen, Mister Cortez."

Wie auf Stichwort erschien in diesem Augenblick Onega Chamachi höchstpersönlich in der Tür. Sein Gesicht war hochrot und seine Stimme heiser: „Vier Maschinen wurden beschädigt, Herr Inspektor. Haben Sie den Täter schon?"

Inspektor Morris zögerte einige Atemzüge lang mit seiner Antwort.

„Ich weiß, dass ich belogen worden bin. Ob der Täter mit dem Lügner identisch ist oder ob die beiden unter einer Decke stecken, das muss ich erst noch feststellen, Mister Chamachi. Auf jeden Fall aber haben wir bereits eine glühend heiße Spur."

Von wem wurde Inspektor Morris belogen? Und woran hatte er es gemerkt?

Der Campingplatz-Schreck | 21

Der Campingplatz mit dem klangvollen Namen **Porta Westfalica** lag, romantisch eingebettet zwischen den sanften Höhen der Weserberge, direkt am Ufer der Weser.
Fast 50 Zelte auf der einen Seite und nicht viel weniger Wohnwagen auf der anderen Seite zeugten von der Beliebtheit des Platzes. Und betrachtete man die Nummernschilder der Pkws, konnte man erkennen, dass sie aus halb Europa kamen.
Doch von einem auf den anderen Tag änderte sich das ruhige Leben auf dem Platz. Man begegnete sich plötzlich mit Misstrauen, ließ Zelte und Wagen nicht mehr unbeaufsichtigt, und einige brachen sogar ihre Zelte auf **Porta Westfalica** ab.
Was war geschehen?
Seit genau 24 Stunden wurden von den Benutzern nicht weniger als 14 Diebstähle entdeckt. Das meiste war aus den abgestellten Autos gestohlen worden.
Dann kam die dritte Nacht.

Es war kurz nach 2 Uhr morgens. Walter Heger aus Nürnberg wälzte sich in seinem Wohnwagen gerade wieder einmal auf die andere Seite, als ihn ein Vibrieren in den Beinen munter werden ließ.
Das Vibrieren jedoch war nichts anderes als das leise Knurren seines Dackels ‚Waldi', der quer über seinen Füßen lag.
Walter Heger war sofort hellwach. Vorsichtig richtete er sich auf, schob seinen Kopf zu dem kleinen Fenster hoch und erstarrte … Doch nicht für lange.

Wütend schleuderte er die Decke von sich und sprang auf. Ohne Zeit mit der Suche nach seinen Sandalen zu verlieren, stürzte er barfüßig aus dem Wohnwagen und hetzte schnaufend dem Schatten nach, der sich eben noch im Kofferraum seines Wagens zu schaffen gemacht hatte … Leider war Walter Heger schon 67 Jahre und nicht mehr der Schnellste. Und der Einzige, der ihn bei der Jagd hätte unterstützen können, suchte ärgerlich bellend nach einem Weg, um unter der Bettdecke wegzukommen.

Wenn Herr Heger auch nicht den Täter fassen konnte, so war ihm doch eine Entdeckung gelungen. Und da er trotz seiner 67 Jahre ein Mann von schnellen Entschlüssen war, wunderte es nicht, dass nach 20 Minuten nicht nur der Platzverwalter zur Stelle war, sondern zudem noch ein Wagen der Landespolizei.

Und Herr Heger erklärte: „Sehen Sie, Herr Wachtmeister, bis hierhin konnte ich ihm folgen. Und dann verschwand er dort drüben … Ich bin ihm langsam nachgegangen, doch von dem Kerl war keine Spur mehr zu sehen … Merken Sie was, Herr Wachtmeister?"

Der Polizist nickte anerkennend: „Verstehe. Wenn das stimmt, was Sie sagen, Herr Heger, dann muss der Täter in einem der drei Zelte sein."

„Richtig!", stimmte der alte Herr eifrig zu. „Dann wollen wir uns mal den Inhalt der drei Zelte etwas näher ansehen."

„Was, jetzt?", stotterte der Platzwart aufgeregt und fügte armwedelnd hinzu: „Wenn sich das herumspricht, kommt kein Mensch mehr auf meinen Platz."

„Umgekehrt!", verbesserte der Wachtmeister. „Wenn man erfährt, dass Sie nichts gegen die Diebereien unternommen haben, kommt niemand mehr auf Ihren Platz. Sollen wir warten, bis sich das Bürschchen aus dem Staub macht?"

Sie waren mittlerweile an der hintersten Zeltgruppe angelangt, wo wenig später ein junger Mann seinen Kopf durch den Eingang des ersten Zeltes steckte. Der Wachtmeister machte ihn mit dem Sachverhalt vertraut. Doch der junge Mann spuckte Gift und Galle: „Na, hören Sie mal, Sie haben wohl einen Wackelkontakt … Ich habe Anderes zu tun, als nachts durch das Gelände zu streichen. Bin ich vielleicht ein Pfadfinder? … Und wenn dem Mann was geklaut worden ist, soll er besser auf seine Sachen aufpassen. Ich habe mein Zelt seit vier Stunden nicht mehr verlassen. Zufrieden?"

Der Polizist beugte sich zu dem Eiferer hinunter: „Ein Menschenfreund scheinen Sie nicht gerade zu sein, was?"

Als sie zu dem zweiten Zelt traten, vernahmen sie lautes Schnarchen.

„Das ist verdächtig!", rief Herr Heger leise.

„Die reinste Kreissäge!", murmelte der Wachtmeister seinerseits, bevor er sich laut bemerkbar machte.

Das Schnarchen verstummte, und ein Mann im Trainingsanzug schob sich aus dem Minizelt.

Stumm hörte er dem Wachtmeister zu, dann zeigte er auf Heger: „Den Mann kenne ich ja gar nicht. Außerdem, wo sollte ich mit den gestohlenen Sachen hin? In mein Riesenzelt vielleicht? Ich habe selbst kaum Platz zum Liegen … Krauchen Sie nur hinein, Herr Wachtmeister!"

„Nein danke, ich habe noch nie gern Schnecke gespielt."

Er tippte sich an die Mütze, als der Mann noch erklärte: „Übrigens habe ich eine Todesangst vor Hunden. Sie sehen, bei mir sind Sie völlig falsch!"

Ohne besonders gute Laune schob sich die kleine Expedition auf das dritte und letzte Zelt zu. Bereits auf den ersten Ruf des Wachtmeisters schoben sich zwei Köpfe aus dem Zelt. Eine Frau und ein Mann. Sie waren pudelmunter, und das nachts gegen halb drei.

Die gleiche Vorrede des Polizisten.

Der Mann sprach zuerst: „Tut mir Leid, Herr Inspektor. Aber meine Frau ist Zeuge, dass ich das Zelt nur ein einziges Mal verlassen habe."

„Stimmt! Franz war nur einmal zum Wasserholen!"

„Wasserholen?", wiederholte der Wachtmeister.

„Ja, aber nur ganz kurz!", beteuerte Franz. „Und da bin ich bestimmt nicht in der Nähe Ihres Wohnwagens gewesen … was sollte ich da? Da gibt's schließlich kein Wasser."

„Nein, Wasser gibt's da nicht!", stimmte Herr Heger missmutig zu. Und zu dem Beamten gewandt: „Was machen wir jetzt?"

Der Wachtmeister zog den Platzwart zur Seite und fragte, ob er genau wisse, was in den letzten beiden Tagen alles gestohlen worden sei. Der Platzwart bejahte. „Fein", sagte der Wachtmeister, „dann werden wir uns jetzt mal ein bisschen in einem der Zelte umsehen. Ich glaube, ich kenne den Täter!"

Und sie sahen sich um. Und sie fanden einen Teil der gestohlenen Sachen.

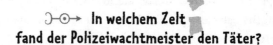

In welchem Zelt fand der Polizeiwachtmeister den Täter?

Pinky, der Schwindler | 22

Polizeisergeant James Pieter Riddlebird vom Landposten Longfield, in der Grafschaft Essex, lehnte sich behaglich zurück und begann die Anzeigen unter der Rubrik **Vermischtes** zu lesen. Eine Tätigkeit, die zu seinen Lieblingsbeschäftigungen gehörte. Doch das Glück sollte nur von kurzer Dauer sein. Der Störenfried kam in Gestalt seines Kollegen Sergeant Tim Lockley. Und Tim platzte ziemlich geräuschvoll in Riddlebirds Mußestunde.

Ärgerlich warf dieser die Zeitung auf den Schreibtisch und fauchte Lockley an: „Ein bisschen leiser ist auch schon laut genug!"

Tim winkte ab: „Rate mal, wen ich heute gesehen habe?"

Riddlebird zuckte nur gelangweilt mit den Schultern.

Da ließ sich Sergeant Lockley auf einen Stuhl fallen und begann aufzuzählen: „Vorige Woche hatten wir zwei Hühnerdiebstähle, einen Automatenbruch, zwei aufgebrochene Autos und den Diebstahl in Peppers Kneipe … Und heute? … Du wirst es nicht glauben, Pieter, heute sehe ich … na wen? Den alten Pinky!"

„Was?", rief Sergeant Riddlebird wie elektrisiert. „Pinky, der Schwindler, ist wieder im Land?"

Tim Lockley nickte: „Ich sah ihn von der Brücke aus. Er hockte zwischen zwei Büschen und angelte."

Riddlebird konnte es noch immer nicht fassen. Doch dann donnerte er seine Faust mit glücklichem Grinsen auf den Tisch und rief: „Hol ihn her, Tim!"

Und Tim Lockley machte sich auf den Weg.

Pinkys Kleidung wies fast so viele Löcher auf wie ein Küchensieb.

Sein Gesicht wurde von einem verfilzten Vollbart eingerahmt, und seine verschmitzten Blicke ließen erkennen, dass er sich darüber freute, wenn sich andere über ihn nicht freuten.

„Vorige Woche, mein lieber Pinky", begann Sergeant Riddlebird, genießerisch jedes Wort auf der Zunge zergehen lassend, „sind in Longfield einige sehr, sehr merkwürdige Dinge geschehen …"

„Ich war nicht in Longfield, Euer Ehren!", grinste Pinky gemütlich. Dabei setzte er sich bequem, als habe man ihn zum Lunch gebeten.

„Da wurden zum Beispiel zwei Hühner gestohlen, Pinky. Ein Automat und zwei Autos wurden geknackt, Pinky. Und in Peppers Kneipe tat sich ein Dieb ebenfalls keinen Zwang an … Na, Pinky, kommen dir bei dieser Aufzählung irgendwelche lieben Erinnerungen?"

„Keine, Euer Gnaden. Wie soll der alte, arme Pinky Erinnerungen haben, wenn er jetzt zum ersten Mal von all diesen bösen Dingen hört? Nein, was es doch für schlechte Menschen gibt …"

Polizeisergeant Riddlebird ließ sich nicht aus der Ruhe bringen.

„Vielleicht kann mir der arme, alte Pinky sagen, wo er gesteckt hat, als das in Peppers Kneipe passierte?"

Der Landstreicher stieß ein meckerndes Lachen aus und drohte mit dem Zeigefinger: „Die liebe Polizei will dem armen, alten Pinky was gar nicht Schönes anhängen … Nein, nein, Euer Gnaden, Pech gehabt. Als das in Peppers Kneipe passierte, lag ich zehn Meilen von hier entfernt unter einem Scheunendach und schlief … Und Zeugen hatte ich keine, weil ich nämlich immer allein schlafe, Euer Gnaden!"

„So, Pinky, hoffentlich hast du auch gut geträumt. Zum Beispiel von einer Angellizenz … Oder hast du vielleicht zufällig eine Angellizenz?"

Pinky begann intensiv in seinen wenigen Taschen zu wühlen. Dazu schnitt er ein Gesicht, als habe er soeben eine 1000-Pfund-Note verloren. Endlich ließ er resigniert die Arme fallen und erklärte traurig: „Ich muss sie verloren haben, Euer Ehren!" Im gleichen Augenblick jedoch streckte er beschwörend einen Arm wieder aus und fuchtelte mit der Hand durch die Luft: „Nicht einen Fisch habe ich gefangen, Euer Ehren. Nicht einen einzigen kümmerlichen Schwanz!"

Sergeant James Pieter Riddlebird strahlte: „So ein Ärger, Pinky. Nun kannst du in deiner Zelle nicht mal von einem Fisch träumen …"

Der Landstreicher legte seine Stirn in traurige Falten und jammerte: „Jetzt muss man schon brummen, wenn man nichts fängt. Was ist das für eine Gerechtigkeit, Euer Ehren?"

„Aber nicht doch, Pinky. Du brummst nicht wegen Schwarzangelei, du brummst wegen der Sache in Peppers Kneipe … Jaja, ich hab's dir schon einmal gesagt: Auch perfektes Schwindeln will gelernt sein …"

Womit verriet sich Pinky, der Landstreicher?

23 | Falscher Alarm

Am Vormittag des 29. März findet Bürgermeister Hofweger in seiner Post einen rosafarbenen Umschlag mit folgender Anschrift:

An Bürgermeister Hofweger, persönlich! Eilt!

Der Bürgermeister öffnet den Brief und liest mit wachsendem Entsetzen:

Sehr geehrter Herr Bürgermeister! Ich liege nachts immer lange wach und denke nach. Ich habe immer das Fenster offen. Heute Nacht hörte ich ganz deutlich, wie sich unten auf der Straße zwei Männerstimmen furchtbare Dinge zuflüsterten. Sie sagten, dass heute, Punkt 12 Uhr mittags, das Rathaus, die Festhalle, die Ammerbrücke und der Aussichtsturm in die Luft fliegen würden. Und gegen Abend das Museum und das Theater. Ich stürzte ans Fenster und sah unter mir zwei Männer stehen. Schnell zog ich mir meinen Morgenmantel über und rannte die vier Stockwerke hinunter. Als ich unten ankam, waren die Männer verschwunden.

Lieber Herr Bürgermeister, Sie müssen sofort die Polizei in Marsch setzen.

Da mein Mann nichts erfahren darf, muss ich leider unbekannt bleiben.

Hochachtungsvoll!   B. K.

Bürgermeister Hofweger wischt sich den Schweiß von der Stirn, schluckt eine Beruhigungstablette und greift nach dem Telefonhörer.

Drei Minuten später steht Kriminalkommissar Bernleitner vor ihm.

Der erfahrene Kriminalist liest den Brief einmal, liest ihn ein zweites Mal … dann sagt er: „Die Briefschreiberin spinnt!"

Bürgermeister Hofweger bleibt misstrauisch: „Sie glauben wirklich, dass uns da jemand verulken will?"

Kriminalkommissar Bernleitner nickt: „Sehen Sie, es sind da einige Ungereimtheiten. Zum Beispiel der Ehemann. Wäre doch komisch, wenn der gar nicht bemerkt hätte, dass seine Frau in der Nacht herumsaust. Oder …? Was aber den Brief in erster Linie unglaubhaft macht, ist …"

Natürlich schickte man trotzdem zur Vorsicht Polizeikommandos an die bezeichneten Orte. Es ereignete sich nichts.

Nur eine alte Frau stand hinter einer Litfaßsäule und kicherte leise in sich hinein.

⌐–⊙→ Welche Tatsache machte den Brief so unglaubwürdig?

24 | Der Aufsatz

In der Nacht vom Sonnabend zum Sonntag wird in den Kopenhagener Musikbasar von Christensen & Söhne eingebrochen. Die sofort eingeleiteten Ermittlungen ergeben, dass es sich um einen einzelnen Täter gehandelt haben muss.
Er zerschlug die Scheibe einer unauffälligen, kleinen Seitentür, die sonst nur vom Personal benutzt wird und die sich im unbeleuchteten Hofraum befindet.
Er brach drei Registrierkassen auf und entwendete daraus 1225 Kronen. Dann stahl er aus einem der Schaufenster das kostbarste Ausstellungsstück: eine goldene Jazztrompete im Wert von 14.000 Kronen. Statt ihrer stellte er ein Serieninstrument gleicher Bauart in die Auslage. Den entsprechenden Trompetenkoffer benutzte er zum Transport des gestohlenen Instrumentes.
Es ist mit Sicherheit anzunehmen, dass der Täter Handschuhe trug, da keinerlei Fingerabdrücke festgestellt werden konnten.

So weit die Fakten zum nächtlichen Einbruch. Bereits 12 Stunden später hat die Spurensicherung der Polizei eindeutig ergeben, dass der Einbrecher in einer benachbarten Lebensmittelgroßhandlung beschäftigt sein muss.
Die Durchsuchung der drei Etagen erbringt die Bestätigung: Im obersten Stockwerk werden in einem leeren Seifenkarton die versteckte Trompete und 1200 Kronen gefunden. 25 Kronen fehlen.

Nach dem ersten Verhör der Großhandelsbelegschaft am Montagmorgen durch Kriminalrat Sörensen konzentriert sich die Aufmerksamkeit des Rats auf drei Lehrlinge der Firma. Einer von ihnen muss der Täter sein.

Sörensen lässt alle drei zum Polizeipräsidium bringen. Die jungen Männer staunen, als man ihnen Papier und Bleistift in die Hand drückt und sie, jeden für sich allein, an einen Tisch setzt. Und ihre Augen werden noch größer, als Sörensen vor sie hin tritt und ihnen gar nicht unfreundlich erklärt:
„Ich habe euch hierher gesetzt, um herauszufinden, wer von euch ein Dieb ist… Ja, einer von euch dreien ist Sonnabendnacht in den Musikbasar eingebrochen. Ihr behauptet zwar alle, dass ihr keine Ahnung habt … Ihr wisst weder, dass eine teure Trompete aus dem Schaufenster noch dass Geld gestohlen wurde … Nun ja, das ist euer gutes Recht. Und solange man euch nicht das Gegenteil beweist, geltet ihr als unschuldig. Hm … ich hätte jetzt gern gewusst: Wie stellt sich ein völlig Unschuldiger einen Einbruch vor. Um das in Erfahrung zu bringen, habe ich euch Papier und Bleistift hingelegt. Ihr habt dreißig Minuten Zeit, um einen kleinen Aufsatz über den Diebstahl im Basar zu schreiben … Versetzt euch in die Lage des Einbrechers … Schreibt, wie ihr euch Zugang verschafft, was ihr gestohlen und wie ihr die Spuren verwischt hättet. Alles klar? Also dann los! Ihr habt dreißig Minuten Zeit. Und vergesst nicht, euren Namen auf den Bogen zu schreiben!"
Kriminalrat Sörensen setzt sich nach einem Blick zur Uhr auf einen Stuhl, zieht eine Zeitung aus der Tasche und beginnt zu

lesen ... Das heißt, er tut nur so. In Wirklichkeit jedoch beobachtet er aus den Augenwinkeln heraus jede Regung der drei, die nur zögernd zu schreiben beginnen.

Pünktlich nach 30 Minuten erhebt sich der Kriminalrat und sammelt die Aufsätze ein. Dann liest er:

„Ole Hansen: Ich bin im Basar eingebrochen. Zuerst habe ich genau geguckt, wo man am besten einbricht. Im Hof ging es am besten, da ist kein Licht. Da habe ich die Scheibe zerhauen und bin rein. Dann habe ich nach Geld gesucht. Ich habe einiges gefunden und in die Tasche gesteckt. Zum Schluss holte ich mir aus dem Schaufenster eine teure Trompete. Alles ging ganz leise, damit mich auch niemand hören konnte. Ich hatte meine Schuhe ausgezogen und trug sie in der Hand. Es war sehr dunkel, und ich musste aufpassen, dass ich nirgendwo anstieß. Als ich Geld und Trompete hatte, bin ich leise davongeschlichen."

„Carsten Laag: Wenn ich im Basar einbrechen wollte, würde ich mit einem Glasschneider ein großes Loch in die Schaufensterscheibe schneiden. Da mich niemand kennt, brauche ich auch keine Handschuhe anziehen. Die Trompete käme statt in einen Koffer unter den Mantel. Die drei Registrierkassen würde ich nicht aufbrechen, das macht nur Krach. Ich würde eben Platten mitnehmen. Die kann man auch verkaufen."

„Arne Björnson: In der Nacht bin ich in den Musikbasar eingebrochen. Und zwar durch die kleine Tür im Hof, weil es da nicht so schnell bemerkt wird. Außerdem ist es da dunkel. Damit ich keine Fingerabdrücke hinterlasse, habe ich Handschuhe angezogen. Zuerst habe ich das Geld aus den Schubladen eingesammelt und dann die Trompete aus dem Schaufenster geholt. Auf die war ich schon immer scharf. Mit dem Geld, das ich gefunden habe, kaufe ich mir dicke, gefütterte Lederhandschuhe. Die Trompete verkaufe ich dann, wenn niemand mehr daran denkt, dass ich sie einmal gestohlen habe."

Kriminalrat Sörensen blickt auf. „Ja, das wär's", sagt er und geht auf einen der Lehrlinge zu. „So, mein Sohn, wir zwei werden uns jetzt einmal gründlich unterhalten. Und du wirst mir erzählen, warum du in den Basar eingebrochen bist …!"

⊃─◉─→ **Welchen der Lehrlinge hatte sich der Kriminalrat vorgeknöpft?**

25 | Gruber ist doof

Als Studienrat Gruber am Freitagmorgen das Klassenzimmer betritt, bleibt er wie angewurzelt stehen. **GRUBER IST DOOF** steht in Riesenlettern auf der Tafel. Geschrieben mit roter Kreide. Ernst Gruber überlegt einen Augenblick … dann glaubt er sicher zu sein, dass es nur einer der vier Schüler gewesen sein kann, die am Tag zuvor nachsitzen mussten. Das waren Günter Fink, Alois Weißpfennig, Michael Kaschel und Lothar Übel. Er dreht die Tafelseite mit der unfreundlichen Feststellung nach hinten und macht sich an seine Arbeit.

Eine halbe Stunde später treffen die ersten Quartaner ein. Gruber lässt sich nicht stören.

Die ersten drei Stunden gehen vorüber, ohne dass sich irgendwelche aufregenden Dinge ereignen. Doch kurz vor der großen Pause geschieht es. Studienrat Gruber schreibt vier Namen an die Tafel: Fink, Weißpfennig, Kaschel und Übel. Dazu verkündet er: „Diese vier bleiben hier!"

Die vier, die sich jetzt vor der Tafel versammelt haben, bemühen sich um möglichst harmlos aussehende Gesichter.

„Auf der anderen Seite der Tafel steht eine Unverschämtheit. Wer hat das geschrieben?", donnert es ihnen entgegen, und erschrocken ziehen die vier ihre Köpfe ein.

„Du, Günter?"

Günter Fink schüttelt den Kopf. „Ich nicht, Herr Studienrat", versichert er mit treuherzigem Augenaufschlag.

„Oder vielleicht der Alois?"

„Ich weiß von nichts, Herr Studienrat!", beteuert auch Alois

Weißpfennig und bekommt dabei knallrote Ohren. Michael Kaschel versucht es ganz besonders schlau anzufangen: „Vielleicht ist heute Nacht einer eingebrochen, Herr Studienrat. Und als er die schöne rote Kreide sah, da …"

„Was Dümmeres fällt dir wohl nicht ein, was?"

„Ich mein ja nur …"

„Und wie steht es mit dir, Lothar?"

Lothar Übel grabscht nach seiner Nase und sagt wenig überzeugend: „Ich bin unschuldig, Herr Studienrat. Ich weiß ja auch gar nicht, was auf der Tafel steht."

„Du weißt nicht, was auf der Tafel steht? Und der liebe Günter weiß das auch nicht?"

„Nein, Herr Studienrat, ich habe keine Ahnung!"

„Michael … Alois … ihr wisst auch nicht, was auf der anderen Seite der Tafel geschrieben steht?"

„Nein, Herr Studienrat!", trompeten die beiden wie auf Kommando.

Gruber langt nach vorn und hat jetzt ein Ohr in der Hand. Dieses und den daran hängenden Quartaner zieht er langsam zu sich heran und erklärt mit leiser, freundlicher Stimme: „Gut, dann werde ich mich eben an denjenigen halten, von dem ich genau weiß, dass er lügt. Und ihr … ihr könnt jetzt auf den Schulhof gehen!"

⊃─◉─► **Wen hatte Studienrat Gruber als Lügner entlarvt?**

337

Lösungen zu den letzten 25 Fällen

1 Das Alibi
Seite ⊙→ **241**

Oxter brauchte zum Restaurant 30 Minuten Fahrzeit. Er verließ die Wohnung nach seinen eigenen Angaben um 20 Uhr und entdeckte den Diebstahl um 21 Uhr 15. Er hätte demnach also nur 15 Minuten zum Bestellen, Essen und Entdecken des Diebstahls gehabt. Und das ist unmöglich!

2 Fahndung nach Tom Kölle
Seite ⊙→ **245**

Die beiden Fehler waren:
1. Obgleich offensichtlich Kölle allein war, wurde in der Meldung von einer Mittäterschaft gesprochen.
2. Wie sollten alle Einzelheiten so bekannt sein, wenn es doch keine Tatzeugen gab?

3 Die Aussage
Seite ⊙→ **247**

Das „Loch" in der Aussage war der Zeitraum von einer halben Stunde. Bei der ersten Vernehmung sprach Dorn von 90 Minuten, gerechnet ab 22 Uhr. Bei der zweiten Vernehmung hatte er die Party aber erst um Mitternacht verlassen.

4 Der Schwarzfahrer
Seite ⊙→ **250**

Der echte Schwarzfahrer saß auf Platz Nr. 73. Er behauptete, in Doorn zugestiegen zu sein, obwohl der Zug dort, laut Text, „durchbrauste"!

5 Ein Lebenslauf

Seite ⊃—◉→ **253**

Wegmann hatte sich in seinem Lebenslauf um ein Jahr verrechnet. Nach dem Geburtsdatum war er knapp 39 Jahre alt. Nach den Jahren der Ausbildung und Beschäftigungen müsste er aber schon 40 Jahre alt sein.
Über diesen Fehler stolperte der Personaldirektor.

6 Der Test

Seite ⊃—◉→ **255**

Diese Geschichte enthielt sieben sachliche Fehler.

1. Rembrandt war kein deutscher Künstler, sondern ein Holländer.
2. Rembrandt malte herrliche Bilder, hat aber nichts komponiert.
3. Beethoven schuf wunderbare Musik, konnte jedoch nicht malen.
4. Zuerst kamen die Gäste zum Geburtstag, dann zur Ernennung zum Präsidenten.
5. Mulligan hatte drei Beamte mitgebracht, setzte aber vier ein.
6. Erst war es ein anonymer Anrufer, dann plötzlich ein anonymer Brief.
7. Zwölf Uhren wurden eingesammelt, aber nur elf Herren suchten später danach.

7 Das Schloss der roten Affen
Seite ⟩–◉–→ **258**

Der erste sachliche Fehler: Hunderte von Stearinkerzen beleuchteten den Saal, dann knipste der alte Herr plötzlich das Licht aus, und der Raum lag im Dunkeln.

Der zweite sachliche Fehler: André Passou entdeckte, dass sein Zimmer zu ebener Erde lag. Später aber schaute er zu dem „Zimmer im zweiten Stock" hinauf, in dem er mit den sieben roten Affen allein gewesen war.

8 Der Bildband
Seite ⟩–◉–→ **271**

Frau Stolze war die diebische Elster. Wie konnte sie aus mehreren Metern Entfernung den Buchtitel erkennen, da sie doch extrem kurzsichtig war und ihre Brille vergessen hatte?

9 Die Uhr aus Elfenbein
Seite ⟩–◉–→ **275**

Bei der fünften Führung durch das Schloss wurde Sebastian Hoff durch den Busfahrer abgelenkt. Der Dieb der kostbaren Uhr musste also ein Teilnehmer der Gruppe gewesen sein, die genau zu diesem Zeitpunkt das Schloss besichtigt hatte.

10 Die Geburtstagsparty
Seite ⟩–◉–→ **278**

Inspektor Boult hielt den Trompeter für den Hauptverdächtigen. Denn – Musik wurde ja bekanntlich von einem Streichquartett gemacht.

11 Die Blüte

Seite ➝ **281**

Der Täter in diesem Fall konnte nur Körner heißen, denn nur er bezahlte mit einem Hundertmarkschein. Da die beiden anderen Gäste jeweils mit zwei Hundertmarkscheinen zahlten, wäre dem Portier der Unterschied der Geldscheine bereits zu diesem Zeitpunkt aufgefallen.

12 Der Augenzeuge

Seite ➝ **285**

Der Dieb hieß Martin Sänger. Er hatte sich mit der Bemerkung: „Ich habe nämlich zur Tatzeit die literarische Sendung ‚Von Mitternacht bis eins' im Radio angehört." selbst überführt. Dass die Tatzeit in diese Zeitspanne fiel, konnte außer dem Tatzeugen nur noch – der Täter wissen.

13 Das Protokoll des Mister William Duffleport

Seite ➝ **292**

Das Protokoll wies vier Fehler auf.

1. Er gab erst Dover, dann London (Kensington) als Wohnort an.
2. Er brachte die Anzahl der ein- und ausgestiegenen Fahrgäste ständig durcheinander.
3. Zuerst fuhren alle bis Lonfield, dann aber stiegen sie unterwegs aus.
4. Er behauptete, der Koffer sei zu einer bestimmten Zeit gestohlen worden, gleichzeitig aber, er hätte den Diebstahl nicht bemerkt.

14 Die Orchesterprobe

Seite)-⊙-→ **295**

Als Täter kam nur der Pförtner Härtle in Betracht. Woher wollte er wissen, dass der Bote zwischen Hüten und Mänteln wühlte, wenn er doch, nach seiner eigenen Aussage, den Platz an der Tür nicht verlassen hatte.

15 Nächtliche Störungen

Seite)-⊙-→ **299**

Männig war der Einzige, der ein eigenes Telefon besaß. Da es sich um eine Montage handelte, konnte nur er es gewesen sein; schließlich kannte er sich in „Tonbandspielereien" aus.

16 Die Sammlung

Seite)-⊙-→ **302**

Es handelte sich um eine Sammlung von Streichholzschachtel-Aufklebern.

17 Der Trickdieb

Seite)-⊙-→ **305**

Der Einbrecher war kein anderer als der Küchengeräte-Vertreter. Er erfuhr von Frau Lechner nicht nur, dass sie zum Frisör müsse, sondern auch, dass die Nachbarin verreist sei. Das Letztere erwähnte sie weder dem Teppich-Händler noch dem Abonnenten-Werber gegenüber.

18 Die bösen Nachbarn

Seite)-⊙-→ **309**

Es war der Hausverwalter Seifert. Wie wollte er wissen, wer zuerst an der Haustür gewesen war, da er doch angeblich geschlafen hatte und erst vom Krach munter wurde. Außerdem war klar, dass ihm nichts größere Freude machte, als die drei Familien mit seinen Sticheleien und Denunzierungen gegeneinander aufzuhetzen.

19 Besuch nach Mitternacht
Seite ⟩–◉–→ **312**

Bei der Firma Burckhardt & Fisch handelte es sich um ein Antiquitätengeschäft.

20 Der Große Preis von Laxton
Seite ⟩–◉–→ **317**

Der Angler sprach die Unwahrheit.
Wenn man etwas in einen Fluss wirft, treibt es flussabwärts und nicht flussaufwärts. Die Box von Jonaface befand sich vom Standort der Chamachi-Box aus gesehen 200 Meter flussaufwärts. Es war also unmöglich, dass der Overall aus der angegebenen Richtung kommen konnte.

21 Der Campingplatz-Schreck
Seite ⟩–◉–→ **323**

Der Dieb befand sich im zweiten Zelt. Angeblich kannte er Herrn Heger nicht. Woher wusste er dann, dass dieser einen Hund hatte?

22 Pinky, der Schwindler
Seite ⟩–◉–→ **327**

„Als das in Peppers Kneipe passierte, lag ich zehn Meilen von hier entfernt unter einem Scheunendach und schlief." Mit dieser Aussage lieferte sich Pinky selbst der Polizei aus, denn kurze Zeit vorher wusste er angeblich noch gar nicht, dass man in Peppers Kneipe eingebrochen hatte. Und von einer bestimmten Zeit hatte keiner der beiden Polizisten gesprochen.

23 Falscher Alarm
Seite ⊃–◉–→ **330**

Die anonyme Briefschreiberin teilte mit, dass sie im vierten Stock wohne. Wie aber wollte sie aus dieser luftigen Höhe ein Geflüster auf der Straße verstehen?
Über diese Unwahrscheinlichkeit stolperte auch Kommissar Bernleitner.

24 Der Aufsatz
Seite ⊃–◉–→ **332**

Der diebische Lehrling hieß Carsten Laag. Er verriet sich durch die Kenntnis, dass die Trompete in einem Koffer transportiert wurde und dass sich im Laden drei Registrierkassen befanden. Außerdem war es sehr dumm von ihm, in seinem Aufsatz immer genau das Gegenteil von dem zu beschreiben, was wirklich geschehen war.

25 Gruber ist doof
Seite ⊃–◉–→ **336**

Das Ohr zwischen Studienrat Grubers Fingern gehörte dem Michael Kaschel. Der Schlingel wusste als Einziger, dass der Satz auf der Tafel mit roter Kreide geschrieben worden war.

Das verräterische Tagebuch

In der Nacht zum 2. Januar 1970 brachen unbekannte Täter durch eine Kellertür in die Lager- und Verkaufsräume der renommierten Parfümerie ‚Reichle & Samtegger' in der Münchner Innenstadt ein. Sie entwendeten teure Parfüms und Essenzen im Wert von mehreren tausend Mark.

Die sofort eingeleiteten Nachforschungen verliefen zunächst ergebnislos, da es weder Fingerabdrücke noch sonstige verwertbare Spuren am Tatort gab. Doch bereits wenige Tage später begann sich der Nebel um den Einbruch zu lichten: Eine ältere Frau erschien auf der Polizei und gab zu Protokoll, dass ihr in der fraglichen Nacht vor dem Geschäft von ‚Reichle & Samtegger' ein junges Paar aufgefallen sei. Sie sagte aus:

„Gegen Mitternacht bin ich noch einmal zum Briefkasten gegangen. Auf dem Hinweg sah ich vor dem Geschäft ein junges Paar stehen. Sie schwiegen und rauchten. Als ich nach ungefähr zwanzig Minuten zurückkkam, war nur noch das Mädchen zu sehen. Sie stand inmitten von mehreren Koffern."

Soweit ihre Aussage. Sie erwähnte noch, dass sie sich nichts weiter dabei gedacht hätte. Erst als sie von der Geschichte in der Zeitung gelesen habe, sei ihr die Erinnerung an den Vorfall in jener Nacht wieder gekommen.

Das, wie gesagt, war der erste Lichtblick im Fall ‚Reichle & Samtegger'. Niemand ahnte zu diesem Zeitpunkt, dass er sechs Stunden später so gut wie gelöst sein sollte.

Um 15 Uhr nämlich rief ein Kriminalbeamter aus Landshut an und sagte durch, dass man einen jungen Mann aufgegriffen habe, der in einigen Lokalen versucht hatte, teure Parfüms weit unter dem üblichen Preis an den Mann zu bringen. Von einem Mädchen in seiner Begleitung sei allerdings nichts bekannt.
Drei Stunden nach diesem Telefongespräch befand sich der Festgenommene bereits im zuständigen Kommissariat der Landeshauptstadt.
Nach weiteren zwei Stunden Verhör, es war inzwischen 20 Uhr geworden, gab Thomas Bichel den Kampf auf und unterschrieb sein Geständnis. Nur – von einem Mädchen als Komplizin wisse er nichts. Und dabei blieb er auch.
Inspektor Kramer zuckte mit den Schultern, gab Anweisung, Bichel ins Untersuchungsgefängnis zu bringen und sagte ‚Gute Nacht'.

Am anderen Morgen war der Inspektor früher als üblich im Büro. Bevor sich Kriminalassistent Werder, sein Mitarbeiter, von seiner Überraschung erholt hatte, forderte ihn Kramer auf:
„Kommen Sie, Werder, wir schauen uns mal ein bisschen in Bichels heimatlicher Umgebung um. Ich hab so das Gefühl, als ob wir dabei erfahren könnten, wer seine Komplizin war."
Thomas Bichel, der in einem Lehrlings- und Gesellenheim wohnte, hatte zwar viele Bekannte, aber wenig Freunde. Trotzdem gelang es den beiden Beamten nach fast dreistün-

diger Fragerei Name und Adresse eines Mädchens zu erhalten, die angeblich Bichels Freundin war. Ihr Name war Gisela Kampner, und wohnen sollte sie in der Ollendorfer Landstraße 127.

Es war kurz vor Mittag, als Inspektor Kramer und Kriminalassistent Werder an der Tür mit dem Schild **KAMPNER** klingelten.

Eine Frau im Mantel öffnete: „Bitte, sie wünschen?", fragte sie, und aus ihren Augen sprach eine Mischung von Ablehnung und Argwohn.

Inspektor Kramer wies sich aus: „Wenn Sie Frau Kampner sind, dann hätten wir Sie gern einmal gesprochen."

Die Frau nickte und ließ die beiden Männer ein. „Ich war eine Woche verreist und bin gerade erst zurückgekommen ..." Der Argwohn in ihren Blicken war jetzt ernster Sorge gewichen: „Ist was mit meiner Tochter Gisela?"

Der Inspektor antwortete mit einer Gegenfrage: „Ist sie nicht zu Hause?"

Frau Kampner schüttelte den Kopf. Und sie schüttelte ihn noch mehr, als sie erfuhr, unter welchem Verdacht ihre Tochter stand: „Ich kenne keinen Thomas Bichel ... und was Sie da sagen, Herr Inspektor ... nein, das kann ich einfach nicht glauben ... Hier, das lag auf dem Tisch!"

Inspektor Kramer nahm ihr den Zettel aus der Hand und las:

„Liebe Mutti, ich bin zum Einkaufen gegangen. In der Thermosflasche ist heißer Kaffee. Wenn du gern wissen willst, was ich in der Woche gemacht habe, kannst du es in meinem neuen Tagebuch nachlesen. Bis später! Gisela"

Der Inspektor gab den Zettel zurück.

„Seit wann führt Ihre Tochter ein Tagebuch?"

Frau Kampner zuckte mit den Schultern, und es sah ein wenig hilflos aus. „Wissen Sie … eigentlich verstehe ich das gar nicht … Gisela hat nie ein Tagebuch geführt … Es ist das erste Mal. Soll ich es holen?"

„Bitte!"

Zwei Minuten später war Frau Kampner mit einem kleinen schwarzen Heft zurück.

„Danke!", sagte der Inspektor, ließ sich auf einen Stuhl fallen und schlug das Heft auf. Dann las er laut vor:

Mittwoch, 31. DEZEMBER:

Mutti den ersten Tag weg. Ich habe bis mittags gearbeitet, bin anschließend ins Kino (Beatles-Film). Dann zu Elfriede, Silvester gefeiert. Um 1 Uhr nach Hause gegangen.

1. JANUAR:

Feiertag. Bis 11 Uhr geschlafen, dann Suppe gekocht und Brief an Christel geschrieben. Nachmittags die weiße Spitzenbluse gewaschen. Am Abend mit P. zum Tanzen gegangen. War genau Mitternacht zu Hause. Starke Kopfschmerzen.

2. JANUAR:

Noch immer Kopfschmerzen. Streit im Büro wegen neuer Lohnsteuerkarte. Nach der Arbeit Tante Anna angerufen. Um 21 Uhr ins Bett und gelesen.

3. JANUAR:

Mit Barbara nach Karten für Eisrevue gegangen. Dann spazieren gewesen in Hellabrunn. Ab 6 mit Barbara Fernsehen geguckt.

4. JANUAR:

Zuerst einkaufen gegangen. Erst Bäckerei, dann zu Metzger Hufschneider. Anschließend im Kaufhaus Nähseide für Bluse gekauft. Mittags auf Leopoldstraße Bratwurst gegessen. Nachmittags mit Barbara in Discothek. Um 21 Uhr wieder zu Hause.

5. JANUAR:

Inspektor Kramer warf das Heft auf den Tisch: „Ab 5. Januar kein Eintrag mehr …"

Frau Kampner sah ihn mit großen Augen an: „Meinen Sie nicht, Herr Inspektor, dass man das alles nachprüfen kann?"

Der Beamte lächelte: „Sicher. Manches wird auch stimmen. Das ändert jedoch nichts an der Tatsache, dass dieses … dieses Tagebuch eigens für die Polizei angefertigt wurde. Und das, Frau Kampner, war ein unverzeihlicher Fehler."

„Aber wie wollen Sie das beweisen?", rief Frau Kampner mit erstickter Stimme, während ihre Hände hilflos mit einem Stück Papier spielten.

Der Inspektor wies auf das Heft: „Den Beweis hat Ihre Tochter selbst geliefert. Sehen Sie sich das Geschriebene nur genau an. Ich bin sicher, dass Sie dann ebenfalls merken werden, welcher Irrtum Ihrer Gisela unterlaufen ist." Und da in diesem Augenblick von draußen der Schlüssel ins Schloss geschoben wurde, fügte er hinzu: „Sie selbst wird sich am meisten über diesen Fehler ärgern ..."

⊃—⊙—► **Um welchen folgenschweren Irrtum in dem ‚Tagebuch' handelte es sich?**

Die Lösung dieses Falles wird nicht verraten – nur, in welchem Buch „Das verräterische Tagebuch" und weitere 19 Fälle zum Selberlösen zu finden sind: „DER MANN IN SCHWARZ" von Wolfgang Ecke (RTB 2063).